グローバル時代の平和学

◆第3巻　しおり

◇目　次◇

法律文化社

日本国憲法を権力非武装論で理解する事の意義

太田　一男

私は、日本国憲法は「権力の非武装」を定めた憲法であり、日本と言う国家は、「警察力を超える実力組織を常備しない」国家であるべきだと説いてきた。

通常、国家は、国家秩序や国益の保護のために武装常備軍を組織し、政治の手段として、権力掌握勢力が、軍を用いて政策の実現を図るものとなっている。だから日本国憲法が政策遂行の手段として軍を保有しない事を宣言した時、人はそれを、「特異」と考え、ある人達は、非現実的であると考えたのであった。

日本国憲法は、軍備を放棄しただけではなくて、国の交戦権をも放棄した。日本に権力非武装の思想が形成されていれば、緊急時や災害時等に、緊急対策や災害救援等の任務を担う集団組織を常備しておく事は、不可欠であった。

同様に、権力非武装国家は、国際的な緊急事態に際しても、非軍事的な組織で、事態に対応できる機能を有する組織を準備しておくべきであった。

日本が再軍備をしようとした際、言論界が、国民に、権力非武装国家の実像を提示することが出来ていれば、日本に「自衛隊」などと言う誤魔化しの軍隊を常備する事もできなかったのである。

くわえて、その際、この「自衛隊」と言う軍事組織は、その本来の目的として、日本国民に銃を向け、国民を抑圧しうる組織であると言う事を、国民に示して、「国民の自衛組織」などではないと言う事を鮮明にすべきであったのである。ちなみに、自衛隊法七八条で「内閣総理大臣は、間接侵略その他の事情により、一般の警察の力によっても秩序の維持が困難と判断される場合、自衛隊や慣習等に表れる相当に固定的な社会関係は、パソコンからは把握できない。選挙制度がいかに民主化されたとしても、実際には民族や宗教・宗派、文化的土壌等のアイデンティティが投票行動で決定的な意味を持つことが少なくないが、そうした無形の要素もパソコンには組み込まれない。第三に、こうした情報化社会の恩恵に浴していることと、そのユーザーに知性や見識があることは同一ではない。最先端のIT情報の恩恵に浴している超大国の政策決定者層と反知性主義とが結びつくと、容易に暴力への信仰が政策化されてしまう。

二一世紀の平和研究は、パソコンを一層駆使した研究方法が可能になるだろうが、その画面の向こう側に絶望的な隔絶があるという認識も、今までより一層必要になると思う。この平和学シリーズが、学生や研究者や社会活動家、および一般読者の方々に、現在の問題の所在について知的な刺激を与え、広く活用されることを期待している。

（しゅとう　もとこ：筑波大学教授）

内海愛子＋山脇啓造❖編

歴史の壁を超えて

●和解と共生の平和学

グローバル時代の平和学3

法律文化社

下、現代世界の深層を明らかにしつつ、明日への希望を与えてくれるような知的な道標が、いま、切実に求められているように見える。刊行委員・編集委員一同、本シリーズが、平和の問題に対する市民の知的関心に応えうるものであることを願ってやまない。

本シリーズの企画の最初から刊行に至るまでの全プロセスは、法律文化社編集部担当者、小西英央氏の的確なアドバイスとかじ取りによって支えられた。各巻の表紙カバーにおける作品利用に関し、第2巻については、福田繁雄氏、第3巻については、小柏二郎氏と窪島誠一郎氏、第4巻については、世界身体障害芸術家協会関係各位のご好意を得た。記して感謝申し上げる。

刊行委員：ロニー・アレキサンダー（第4巻編集にも参加）、小柏葉子、岡本三夫
（第1巻編集にも参加）、北沢洋子、藤原　修（編集委員長を兼ねる）
村井吉敬（刊行委員長）、最上敏樹（五十音順）

編集委員：第1巻　藤原　修、第2巻　磯村早苗、山田康博、第3巻　内海愛子
山脇啓造、第4巻　高柳彰夫

刊行に寄せて

小柏　葉子

「グローバル時代の平和学」シリーズ第3巻『歴史の壁を超えて――和解と共生の平和学』である本巻の表紙を飾るのは、一枚の女性のレリーフである。一見するとブロンズ製のように見えるこのレリーフは、実は石膏にブロンズの粉を吹きつけた粗末な素材のものである。美術よりも武器製造が優先され、制作したくても鋳金材料がなかった時代に作られたためである。

レリーフの女性は、物思いにふけった顔で何やら遠くを見つめている。そのまなざしの先には、いったい何があるのであろうか。作品を制作した人には、それが見えていたのだろうか。だがこの作品を残した人は、何一つ語らずに二六歳で戦争末期にフィリピンで戦死してしまっている。東京美術学校を繰り上げ卒業して、戦場に赴いた制作者の若者と私を結びつけるものは、私の祖母が再び戻らなかった息子の「生きた証し」として、生涯大切に守ってきたこの女性のレリーフである。

奇しくも、後年、この若者の姪にあたる私が研究対象としたのは、第二次世界大戦中に戦場であった南太平洋の島国であった。そうしたことから今から数年前、激戦地の一つであったソロモン諸島の住民が戦争体験について回想した聞き書きを翻訳出版したことがある。

その本の中に、こんな場面があった。ある若いソロモン人兵士が、戦闘中ジャングルの中で同じぐらいの年頃の日本兵を見かけ、思わず、「タバコでも一本どうだい」と話しかけたくなる思いに駆られる。しかしすぐに、殺さなければこちらが殺されると思い直し、発砲する。戦場では正気を持ち合わせていられなかったと、当時を回想して彼は述懐している。* もしかしたら、私の伯父も、戦場でこうした体験をしていたかもしれない。そしてもし時代が違っていたら、留学先の南太平洋大学で多くのソロモン人の友人にめぐり合えることができた私のように、伯父たちも国をこえて友人を作ることができていたかもしれない。

伯父が生涯最後の作品となるこのレリーフを残して、戦場へ赴いてから、六〇年がたった。あれから私たちは、伯父の生きた時代には望むべくもなかった平和で希望に満ちた世界を築きあげることができたのだろうか。今は、信州・上田の戦没画学生慰霊美術館「無言館」のほの暗い片隅に展示されているレリーフの女性が見つめる先は、漆黒の暗闇なのだろうか、それとも一条の光なのだろうか。

自分の人生を自分で選択することが叶わなかった若者が残した一枚のレリーフは、平和の意味を、そしてそれを実現するための人間の意志を私たちに問いかけている気がしてならない。

＊ジェフリー・ホワイト他編（小柏葉子監訳）『ビッグ・デス―ソロモン人が回想する第二次世界大戦』（現代史料出版、一九九九年）一三四～一三五頁。

（おがしわ　ようこ・広島大学助教授）

目　次

第Ⅲ部　共生の未来に向けて

序論　歴史と平和――戦争責任から平和責任へ

藤原　修

「重ねられた歴史への想いが、新しいものを生むエネルギーになる」（加藤登紀子）(1)

歴史と平和――この「判じ物」の心は何か。二〇世紀の終わりに、世界のさまざまな地域で噴出した歴史認識やナショナリズムをめぐる多くの紛争や対立を念頭に置くとき、「歴史」はあたかも平和を脅かすものであるかのように見える。「従軍慰安婦」問題や小泉首相の靖国参拝問題に象徴される日本の戦争責任や植民地支配責任の問題は、戦争終結から半世紀以上を経てなお、日本とアジアの周辺諸国との間の心の溝の深さを物語っている。冷戦後に、バルカン半島や中央アジアなどで多発した民族間紛争は、数百年にさかのぼる歴史的な宿怨がまとわりついている。欧米においても、過去の植民地支配や奴隷制度の歴史的清算を求める声が、人種差別や階層間格差の固定化・悪化とともに、聞かれるようになった。

総じて歴史の怨念ともいうべきものは、国家間、民族間、集団間の感情的な対立、場合によっては、暴動・紛争やジェノサイドにまで結びついている。そして、歴史をめぐる悲劇は、過去の怨念の噴出にとどまらない。二〇〇二年九月の日朝首脳会談において、過去の戦争や植民地支配とはおよそ何の関係もないはずの、一三歳の少女を含む日本の若者たちが次々に北朝鮮工作員によって拉致された事件が明るみに出た。この一連の事件は、一面において、日本の朝鮮半島支配・戦争終結以来続いている日朝間の歴史的な不正常な関係を背景としている。「歴史」は、それとは無縁に見える者たちにすら、かくも理不尽に襲いかかってくる。

二〇世紀最大の歴史家の一人であるエリック・ホブズボームは、二〇世紀後半期の大きな特徴として、「過去の破壊」、即ち人々の同時代的経験と上の世代の歴史経験とのつながりが断ち切られる、いわば歴史の不在を指摘している。豊かさと便利さを求めてひた走ってきたこの時代において、世紀末を生きる大部分の若者は、社会における歴史的な経験との有機的なつながりを欠く「永遠の現在」を生きているという。(2) そのような「歴史の不在」における「歴史の逆襲」は、皮肉としてすますには余りにも酷薄で無惨な現実と結びついている。

しかし、歴史と平和は、こうした否定的な結びつき方しかないのであろうか。論理的には両者には、否定・中立・肯定的の三通りの結びつき方がある。中立的とは、歴史と平和は無関係とするものである。政治思想史家の橋川文三は、かつて、戦争体験と歴史意識に関する論文を力をこめて書きながら、「よい判断さえあれば歴史は要らないのだというゲーテの言葉が、悪魔のように一瞬も耳を離れることがなかった」と述懐したという。(3) しかし、そのことは裏返せば、人は常に判断を誤る恐れがあるから歴史を知らなければならないということでもある。その場合、歴史は戒めとしての役割を担うことになる。これは、歴史と平和を積極的・肯定的に結びつける第一歩であろう。

他方で、戒めとしての歴史は、なお、否定的な過去との結びつきを強調する面において、逆にナショナリズムや歴史的事実の否定の言説[4]を惹起して、和解や共生から集団同士を遠ざけていくという面も持つ。しかし、過去の不正義に正面から向き合うことは、実は、特定国家の罪責の追及にとどまらない普遍的意義を伴っている。この問題を考察する上で重要な示唆を与えているのが、戦争責任論の古典的著作である、ドイツの哲学者カール・ヤスパースの『戦争の罪を問う』である[5]。

ヤスパースは、戦争責任を四つに分けて論じる。第一が法的、刑事上の責任である。これは、基本的に個人が負う責任であるが、しかし単なる個人としてではなく、政治・戦争指導者、将官、兵士として罪を問われる。即ち、戦争という国家の行為の一環として生じる責任である。第二にヤスパースは、政治的責任を挙げる。これは、国民が公民たる地位において、この国家の行為によって生じる結果に対して負う責任であり、集団的な責任となる。これは、政治的反対者・隠遁者も含めて、すべての国民が等しく負う責任である。近代国家においては「埒外に立つ」ということはない。善意でやったことなどという弁解も許されない。政治は結果責任である[6]。

第三に挙げるのが道徳的責任であり、これは、人間の全ての行為に伴うものであるが、基本的に内面的なもので、外部から要求されるべきものではない。「自己を照らし出すという意味での個人に関する罪」である[7]。そして最後に挙げるのが、形而上的な責任である。これは人間相互の最も緩やかな意味での一般的連帯関係より生じるものであり、結果の回避につき何らかの実現可能な行動がとり得たか否かにかかわりなく、およそ世に不正が行われることに関して生じる責任である。大犯罪が行われた後でも生き長らえていることから生じる後ろめたさであり、道徳上からみて意味のある要求が尽きてしまった後でも残る責任といえる[8]。

ここで重要なのは、第二の政治的責任と第四の形而上的責任である。なぜ国民は、その地位や権限に関わりなく、等しく政治的責任を負わなければならないのか。それは、結局、政治的自由の有無に由来する。政治的自由のない場合、権力に服従はするが、国家の行為に対して責任、したがって罪の意識を感じることはない。「自己の罪を感じ、したがって自ら責めを負うべきことを意識することこそ、政治的自由を実現しようとする内面的変革の始まりである[9]」。徐京植の言うように、民族的伝統のある部分が戦争犯罪につながったかもしれないとの反省は必要である[10]。しかし、それは、およそある民族が犯罪的性格を持つということではない。もしそうであるならば、そもそも「反省と謝罪」などを要求することはできないはずである。換言すれば、民族的伝統の別の部分は、国際的に尊敬され得る行動につながるかもしれない。そうであるがゆえに、それが正反対の方に流れ、国家が国際的信用を失ったことに対して、時の政治指導者およびこれを許した国民の責任は厳しく問われることになる。愛国的であればあるほど、政治指導者への責任追及と国民の自己反省とは鋭く、深くなるはずである。

第四の形而上的責任は、世代間、空間を超えた責任に関して重要な示唆を与える。第一の刑事上の責任や第二の政治的責任は、直接には同時代の人間の行為に対するものである。これに対して、第三の道徳的な責任は、他者に強制されて負うものではなく、自己の内面的倫理の帰結として生じるものである。この第三の道徳的責任は、戦勝国・敗戦国を問わず、戦争という大きな犠

刑事責任――政治的責任――――道徳的責任――形而上的責任

外面的←――――――――――→内面的

集団的（国家・民族とのつながり強）←――――→個人的（国家を超えた視点）

戦争の同時代の世代←――――→後の世代

加害責任の自覚←――――→被害者側への共感

＜政治的自由への道＞←――→＜国境を超える人間の連帯＞

性を払った人々にとり、自発的に負うことは心理的な困難を伴うであろう。彼らには、「われわれもまた被害者である」という意識が存在する。これに対し、後の世代の国民は、そうした同時代的、体験的拘束から離れてより純粋な倫理的判断が可能となろう。そのことは、戦争世代からは、苦労をした体験のない者の後知恵的な断罪に過ぎないという批判を受けることもあるが、国民として対外的に負う責任を世代を超えて分有ないし分担する方法と見ることもできる。しかし、こうした後の世代の倫理的純粋さの指向は、国民としての連続性、伝統的つながりにおける責任の分有というよりも、むしろ国民的枠組みをはみ出る部分において広く観察されよう。これが、即ち、第四の形而上的責任である。

上に触れたように、戦争経験のある世代の場合は、むしろ反省に結びつきにくい面がある。後の世代は、一方で国民的な記憶が薄れ、そもそも戦争責任といった意識を持ちにくくなることがある反面、むしろ戦争責任を客観的にとらえることが容易になる。したがって、この世代の責任意識は、当事国民としての加害者性の意識というよりも、一人の人間としての、戦争犯罪の被害者への人間的共感を基盤にした普遍的正義実現への欲求に由来する面が強くなるであろう。

以上の四つの責任の性格を図式的に整理すると上のようになる。

この図から分かるように、図の左側部分、即ち、国民的な枠組みに依拠した戦争責任論は、決して「自虐的」なものではなく、むしろ国民が政治の主体であるかどうか、真の政治的自由を国民が自分のものにしているかどうかの問題となる。他方、図の右側部分、即ち、世代が下り、そうした国民的枠組みが余り強い規制を持たなくなる場合は、どの国民に属するかではなく、個々の内面的倫理に依拠し、被害者側への共感を基盤とする責任感へと移行する。いずれにせよ、戦争責任を負うことは、国民的枠組みに依拠するか否かに関わりなく、政治社会における主体の確立と集団を超えた人間的連帯という、国の内外における社会秩序形成に関してきわめて積極的な意味を持つものであることを、ヤスパースの戦争責任論は教えている。

このように戦争責任の性格を理解するとき、それは単に過去に対する断罪ではなく、国民としてまた一個の人間として果たすべき政治・社会責任という意味を持っていることが分かる。即ち、そこでは、内外における平和な社会秩序を築く主体としての自覚―平和責任―こそが、問われているといえよう。こうして戦争責任をより積極的に平和責任と読み替えるとき(11)、それは戦勝国・戦敗国といった特定の国家・民族を超えた、人類の普遍的な課題となるのではないだろうか。人類社会のさまざまな怨念の源となってきた歴史の壁を超えて、歴史を正義の実現のための戒めとして、さらには普遍的価値を持つ個性あふれる文化を創造していく源泉として、人類の共通の遺産に変えていく―歴史的に分断されてきた社会に和解と共生をもたらすための、平和責任を果たす方法は具体的にどのようなものであるか。こうした問題意識をもって、本巻は企画された。

本巻第Ⅰ部には、日本の対外政策と世界史的文脈それぞれにおける歴史認識問題を扱う総論的論文を置く。進藤榮一論文は、大きく断絶しているように見える戦前戦後の日本の対外政策の根底において共通する歴史認識として、大国中心史観の存在を指摘し、これに代わる「非極の視座」によって複雑な東アジア情勢に展望を切り開く可能性を示唆する。荒井信一論文は、西欧の植民地帝国崩壊後もなお、人種差別や民族紛争という形で根強く残る帝国の負の遺産を、多文化共生の実践によって克服していく事例を描く。

第Ⅱ部は、記憶・責任・和解という、歴史認識をめぐる論争や対立の一連の問題群を取り上げる。中尾知代論文は、日本、オランダ、インドネシアという二つの先発・後発帝国と植民地が複雑に交差する歴史の展示をめぐる国際交流（軋轢）の事例を通して、歴史認識をめぐる「記憶の政治」の諸相を分析する。内海愛子論文は、戦後半世紀を経てなお問われ続ける日本の戦争責任の問題に関し、その追及の出発点となった連合国による戦犯裁判の経緯を実証的に明らかにしつつ、積み残された問題が何であったのかを指摘する。大越愛子論文は、歴史的不正義を克服する原理を、「ジェンダー正義」の視点から、戦時性暴力に対する民間法廷の実践に即して解明する。永原陽子・徐勝両論文は、それぞれ南アフリカおよび韓国において、かつて犯された歴史的不正義（アパルトヘイトと済州島事件）をいかに克服し国民的な和解を実現しようとしてきたかにつき、その実績と限界を明らかにする。

第Ⅲ部は、共生社会のあり方を論じる。現代世界における歴史の問題は、「過去の克服」という問題群とともに、むしろ日常的には、特にグローバル化の進展に伴い、社会における異なる民族間の共生という課題となって現れている。山脇啓造論文は、日本の地方自治体における外国人政策の比較分析を通じ、日本社会における多文化共生の課題を明らかにする。浪岡新太郎論文は、フランスのイスラム系移民集団における新たなアイデンティティー確立の動きの中に見られる、新しい市民権概念を論じる。阿部浩己論文は、EUにおける国境管理政策を取り上げ、域内社会における外国人の人権に関わる課題と国際社会との関連を検討する。

全体として本巻は、歴史的に形成されてきた民族集団および個人をめぐる対立や悲劇を、国内・国際社会を通じて、和解と共生の未来へとつなげていくための条件を多面的に考察したものになっている。

注

（1） 長崎新聞一九九六年九月一九日。

（2） Hobsbawm, Eric, *Age of Extremes : the Short Twentieth Century 1914-1991*, MICHAEL JOSEPH, 1994, p.3.（邦訳：エリック・ホブズボーム（河合秀和訳）『20世紀の歴史：極端な時代　上・下』三省堂、一九九六年）

（3） 橋川文三・中島　誠・中林賢二郎『現代の発見　第二巻　戦争体験の意味』（春秋社、一九五九年）一九〇頁。

（4） ジェノサイドなどの大規模な違法行為は、一般に、「知りつつ知らない」という否定の言説につながりやすいことについては、Shaw, Martin, *War and Genocide : Organized Killing in Modern Society*, Polity,

2003, pp. 119-120, を参照。

（5）K・ヤスパース（橋本文夫訳）『戦争の罪を問う』（平凡社、一九九八年）（Jaspers, Karl, Die Schuldfrage, Lambert Schneider, Heidelberg, 1946）。

（6）前掲書（注5）、九三～九六頁。

（7）前掲書（注5）、四九、九七頁。

（8）前掲書（注5）、四九～五〇頁、一一〇～一一三頁。

（9）前掲書（注5）、一二〇頁。

（10）徐京植『プリーモ・レーヴィへの旅』（朝日新聞社、一九九九年）一七三～一七四頁。

（11）この「平和責任」という概念は、沖縄タイムス二〇〇四年一月六日付夕刊にある相原滋弘のコラム記事での、「…地上戦を経験した沖縄県民は、…「平和への責任」をより強く感じ、行動をしてもらいたい」との文言からヒントを得た。

第I部

歴史認識問題をめぐる国際政治的・世界史的文脈

第1章　戦後日本の対外政策と歴史認識
——非極の視座から問い直す

進藤　榮一

1　はじめに

第二次世界大戦から半世紀以上を経て、小泉首相の靖国参拝をめぐる日本と中国・韓国との軋轢や、日朝平壌会談の際に明るみに出た拉致問題など、日本とアジアの間に横たわる歴史ないし歴史認識をめぐる問題は、依然として日本の対外政策における大きな制約要因ないし重要課題となっている。さらにアジアのみならず、米国における原爆投下機「エノラ・ゲイ」のスミソニアン博物館での展示をめぐる問題、米英連合軍の捕虜虐待をめぐる訴訟など、米欧と日本との関係においても、戦争の歴史をめぐる問題は、依然影を落とし続けている。こうした歴史認識をめぐる問題は、多くの場合、戦争・植民地支配の責任、被害の補償や謝罪といった、法的・道義的な対応の次元において議論されてきた。しかし、核開発や拉致問題など北朝鮮をめぐる問題の対処につき日中間の緊密な協力が強く要請されるときに、小泉首相の靖国参拝問題をめぐって日中間で正常な首脳交流が行えなくってしまったことに見られるように、歴史認識問題は、対外政策の遂行においても深刻な影響を及ぼしている。本章は、戦後日本の対外政策に即して、歴史認識をめぐる問題を改めて位置づけ直し、日本外交のあり方を再検討しようとするものである。

2 序論——日露戦争をどう見るか

本年、二〇〇四年は、日露戦争勃発から百周年の年に当たり、メディアなどでも日露戦争につきさまざまな見直しの議論が行われている。その多くは、日露戦争を東亜解放の先駆けであり、国民が総力を挙げて支援した初めての「国民戦争」であったという、近代化途上の日本が大きく発展していくきっかけとしての戦争というイメージを伴っている。司馬遼太郎の言う、日本は「坂の上の雲」を見て、ひたすらに坂道を上ってきたという見方であり[1]、そこには「健全なナショナリズム」が息づいていたとされる。松本健一氏が指摘しているように、確かに、司馬は、坂本龍馬や土方歳三、秋山兄弟のようにこれまで左派がシリアスに取り上げて来なかった人格を描き出し、「もう一つの日本」を私たちに見せてくれた。それが「健全なナショナリズム」論につながっていよう。

しかし、こうした日露戦争イメージとは裏腹に、この戦争は実際にはさまざまな矛盾をはらんだものであった。まず、日露戦争の過程において、日本は、朝鮮併合の手順を着実にかつ密かに進めていた。韓国から外交権を剝奪し保護国化を進める過程で、一九〇五年二月一五日、日本は独島いわゆる「竹島」を島根県に編入している[2]。また、同年、アメリカとの間に「フィリピンをアメリカの保護国、朝鮮を日本の保護国にする」ことを約束し合った桂＝タフト協定が結ばれている。日露戦争をめぐるこうした基本的事実関係が、一般に広く認識されているとは言えない。

他方、戦争をはじめ日本の近現代史を批判的にとらえる見方に対しては、「自虐史観」であるとの決めつけもしばしば行われている。そうした立場からすると、今日、日韓（朝）間で政治的争点になっている韓国併合は、合法的なものであることが強調される。また、山県有朋らの対朝鮮政策の根底には、朝鮮永世中立化構想があったとの指摘も行われている。こうした見方は、日本の対朝鮮政策には、朝鮮王国の「内政改革」という善意の目的もあったとの理解につながる。

しかし、日清・日露戦争期の日本の対外政策を肯定的、積極的に評価する議論を行う場合でも、その前提として、この時期の先行歴史研究として古典的な地位を占める、山辺健太郎の『日韓併合小史』、信夫清三郎の『日清戦争』などが参照されなくてはならないはずだ。これら先行研究において、韓国の保護国化過程などにおける日本側の謀略的手法が如実に明らかにされている。[3]

問題は、しかし、なぜ例えば「永世中立化」論を山県らの行動を正当化する文脈で評価した歴史認識が、今日多く見られるようになってきたのかである。あるいは、日韓併合の視点など一切抜きにした日露戦争論が、多くのメディアの歴史認識として出てきているかということである。すなわち、かつては保守派の歴史認識とされてきたものが、今日ではリベラルな層にも広く浸透しているように見える。そして、こうした認識は、軍事介入によって「民主主義」や「人道」を実現しようとする、今日のイラク派兵の正当化に連なる対外関係観と無縁であるまい。

このことは、次のような解釈によって整合的に説明できるだろう。日露戦争以前、日清戦争当時から、日本は「脱亜入欧」路線に駆け込んで、帝国列強の仲間入りをする。日露戦争を積極的に評価しようとする今日の歴史認識に欠けているのは、いわば「非極の視座」である。すなわち、近代化に遅れて先進国の踏み台になった途上国への視座である。あるいは、先進国であれ中進国であれ、権力の踏み台になる民衆への視座、エンパシーが抜け落ちている。国際関係の本質を大国間政治と規定し、その大国間政治の現実で見る限り、かつての日本の対外政策は正当化されるであろう。日韓併合を当時の万国公法つまり国際法に則っているとする議論に関しても、そもそも当時の国際法が大国間政治の妥協の産物、ないし大国政治の対外行動の正当化の表象であったことを忘れてはならない。

さらに言えば、当時の日本の行動は、その頃の国際法の手続きにすら違反している現実がある。独島（竹島）領有も、その一〇年前の一八九五年一月一四日の「尖閣列島」の時もそうであるが、近代国際法上「無主の土地」を自国領とするためには、政府官報にまずその事実決定を記載し、次いで諸外国に通報し、併せて「先占」表示の標杭を立てなくてはならない。しかし、日本政府は、尖閣列島の場合は日清戦争の最中に当時の沖縄県に、竹島の場合は日露戦争の最中に島根県に編入することを閣議決定しながら、近代国際法上の手続きを一切とっていない。同じことは、日露戦争時の一九〇五年八月に結ばれた第一次日露協約についても言える。(4)

しかし、こうした法的な瑕疵も、国際関係の現実主義的な見方からすると、「マイト・イズ・ライト（力は正義なり）」の主張でかき消され、大国間政治こそ国際関係の現実であって、むしろ国家はそれにどう適合していくのか、それこそが明治の外政家たちの役割であったということになる。そして、こうした国際関係観に基づく歴史認識こそが、日露戦争期の日本の対外政策を肯定的にとらえる見方を支えていると言えよう。そして同じ認識および同じ問題性は、最近における吉田茂の再評価にも見出すことができる。

3　吉田外交再評価について——非極の視座に立つこと

最近刊行された『吉田茂の自問』が評判を呼んでいる。[5] 吉田は、一九五一年一月、サンフランシスコ講和交渉を始めるに当たって、外務省の若手外交官たちに「日本外交の過誤」と題することになる報告書を作成させた。その報告書を基に著されたのがこの本である。それは、リアリスト吉田の真髄が見えてくるものとされる。そして著者は、その機密解除された報告書に詳細なコメントを付け、それを今日のイラク派兵問題を含めた日本外交批判にまで高めている。そこから、リベラル左派の知識人までもが、同書によって吉田の慧眼がこれまで不当に過小評価されていたことが明らかになったという。

しかし、同書に対するこうした評価には、いくつかの隠された問題があるのではなかろうか。まず、機密解除された外務官僚たちの第二次大戦外交分析と、著者の外交分析とは直接つながっているわけではない。著者の日本外交分析、とくに最近の安保体制に見る対米追随主義への批判は傾聴に値するものがある。しかし、それは、外務官僚たちの機密解除報告書の論理というよりも、そこで示された事実分析をもとに展開された外交論という性格を持つ。しかも遺憾ながら、これら二つの外交論と、吉田茂の実際の外交経綸とのつながりが見えてこないのである。

この本は、著者のすぐれた外交論ではあるけれども、吉田茂の外交論とは言い難い。そもそもここで取り上げられている報告書には、吉田の筆がどこにも入っていない。一九五一年五月に吉田がその文書を外務官僚たちに命じてつくらせたというのだが、いったいそれが、同報告書作成前後に開始されている吉田＝ダレス会談でどのように生かされたのか、あるいはその五一年末から二月初めにかけての第一次交渉を含め、三次にわたる吉田＝ダレス交渉の展開とどう関係しているのかが明らかにされていないのである。そもそも、外務官僚たちの原稿用紙五〇枚の「敗戦分析」から吉田はどんな歴史の教訓を学んだのだろうか。歴史家なら通常、欄外に書き込まれた文言が何であったのかとかに最初の関心を寄せるはずだが、画竜点睛を欠くの感なきにしもあらずと言わねばなるまい。

吉田は、外務官僚たちの分析から、軍事力を安易に外交の道具として使うべきでないという「歴史の基本的な教訓」を引き出したことが同書の中で示唆される。しかし、もしそうであるなら、それが、吉田のその後のダレスとの対米交渉で繰り返す外交譲歩の数々とどう結びつくのかが明らかにされねばなるまい。豊下楢彦は、この外交交渉の貴重な記録となっている堂場文書を駆使して、吉田の対米譲歩の実態をすでに明らかにしている(6)。吉田は、ダレスとの交渉の最も早い段階で、すでに「望むだけの軍隊を、望む場所に、望むだけの期間、駐留できる権利」をアメリカに供与するという法外な譲歩をしているのだが、この譲歩は「吉田茂の自問」とどうつながっているのだろうか。吉田の知恵袋であった高橋道敏・条約局長は、吉田の対米譲歩を知って、これでは「むき出しの（軍事）同盟ではないか」と反発し、早くから吉田の交渉姿勢に警鐘を鳴らしていた。吉田は、一九四七年の米比同盟でも約束されなかったような広汎な基地利用権をアメリカに早々と与え、加えてその米軍の行動範囲を、朝鮮半島以外の地域にまで拡大することを認めている。

総じてこの機密報告から導かれる歴史の教訓とは、むしろアジアのナショナリズムを戦前期日本外交が十分理解できなかったということではなかろうか。もっとも機密報告は、そうしたことをけっして明示的に語っているわけではない。機密報告は外交の道具としての軍事力の問題性に焦点を据えているが、そもそもそうした軍事力行使がなぜ失敗に終わったのかについての洞察を欠いている。とくにアジアのナショナリズムや民衆の共感を得た上での対外行動でなかったことが、日本の失敗を招いたことへの言及がないことにこそ、注目すべきであろう。したがって、むしろ問題は、吉田がそのような理解を欠いたまま対米講和条約を進めていったことにあろう。その点では、戦前期吉田の大アジア外交と、戦後期吉田のそれとの連続性さえ見えてくる。端的に言えば、「非極の視座」がここでもまた欠落しているということではあるまいか。

そのことは、外交文書第一一回公開で明らかにされた、吉田のアジア反共逆浸透工作機構設立の提案にも伺える。吉田は、この構想を一九五四年一一月の訪米時にアイゼンハワー大統領らに得々と打診している。池田慎太郎の研究によれば、当時アメリカ側は、吉田外交に何の期待も寄せていないのに、吉田は、アメリカの支援を得るためにその構想を持ち出し、政権延命をはかろうとするのである。(7) 米国にとって、吉田は使い手がなくなっていた。同盟の有効な維持にとって邪魔にすらなり始めた。そもそもこの吉田構想―反共逆浸透工作構想は、なんとも時代錯誤的なものであった。この頃の世界政治では、前年三月のスターリンの死後、七月の朝鮮休戦を経て、デタントの流れがとうとう強まり始めていた。翌五五年四月には、インドネシアのバンドンで、アジア・アフリカ会議が開かれ、非同盟中立主義の平和十原則が共通の外交指針として打ち出された。こうした中で反共逆浸透工作を進めるというのは、時代の流れと明らかにずれていた。

4　バンドン会議を再考する――いま歴史認識とは何か

バンドン会議で打ち出された非同盟中立主義は、東西冷戦の終焉とともにその役割を終えたかのように見えた。一九八九年にアジア・アフリカ非同盟首脳会議は第九回大会を旧ユーゴスラビアの首都ベオグラードで開く。そしてその翌年からユーゴ解体が始まる。まさにそれは、非同盟主義の終焉を思わせるものであった。実際、非同盟会議はその後、何回か開かれるが、参加国は先細りの様相を呈し、往年の活気を失っていく。

私は、二〇〇三年末からマレーシアに滞在し、その年の大晦日をジャカルタで過ごした後、正月一日にバンドンを訪れ、一九五五年のバンドン会議の会議場をじかに見た。五五年当時出席した第三世界の指導者たちの顔ぶれを改めて知って、正直圧倒される思いであった。ネルー、ナセル、ウー・ヌー、カストロ、中国からは周恩来である。日本からも高崎達之助を団長に、藤山愛一郎はじめ与野党の外交通が、外務省随員を従えて、大挙参加している。その時の代表団たちは、会議場を道路一本はさんだホテルを宿泊先にしていたが、そのホテルで高崎は、周恩来と極秘裏に会談し、日中国交正常化の手順を、政府代表機関の秘密設置を含めて打診し合う[(8)]。このように、保守外交には、吉田流の外交だけではなく、もう一つのアジア派の流れがある。しかし、ここで私が強調したいのは、高崎らがそこまで歴史の行方を見据えながら果敢な外交行動を展開していたのに、吉田は同じ頃それと全く逆のことを考え、それをアメリカに売り込みに行った、その時代錯誤性である。

私はこの旅行で、クアラルンプールに一〇日近く滞在し、マハティールの国家戦略シンクタンクＩＳＩＳ（戦略国際研究所）に所属し、ＡＲＦ（アセアン地域フォーラム）をテーマに現地調査に従事した。そして、調査の足をジャカルタからバンドン、シンガポールへ延ばした。その時、改めて「非同盟主義」が依然として生きている、むしろ見事に蘇生し始めていることを実感した。一九九八年ダーバンでの第一二回非同盟首脳会議を経て、昨年のクアラルンプールの首脳会議では一一六ヵ国、第一回ベオグラード大会の二五ヵ国に比べて五倍の参加国を見ている。このように力強い再生を見せているのはなぜか。

一つには、アジア、とりわけ中国の興隆と関係している。軍事同盟外交に表象される国際関係は、つまるところ、西欧近代のウェストファリア体制（主権国家システム）の外交原理である。その西洋近代にさんざん踏み台にされたアジア・アフリカ諸国が、冷戦終結後、アジア金融危機を経て、再び、自分たち流の外交のあり方を手にし始めたという面がある。いわゆるアジアン・ウェイである。その中核として、内政不干渉、軍事力不行使、主権尊重を軸にした平和十原則が、

再び クローズアップされているのではあるまいか。それが、一極支配下でのアメリカによる対イラク戦争の〝挫折〟と重なり合っている。

一般に、外交というものは、上から、すなわち西欧近代の目で眺められてきた。しかし外交を下から、すなわちアジア・アフリカの南の世界から見直した時、近代五百年の西欧諸国の帝国主義の横暴が否応なしに眼に飛び込んでくる。冷戦が終わった後で、欧米が出してきたのが、今度は文明の衝突論であり、民主主義平和論である。こうした見方からは、アジア・アフリカの非民主主義国家群を民主主義体制に変えるために、軍事介入が逆に求められることになる。儒教イスラム連合と、キリスト教連合の最終戦争が、ハンチントンの「文明の衝突」論のシナリオとしてまじめに描かれる。ユーゴ解体の過程で、一九九三年に「人道的介入」を行ったNATO・国連軍の現地当局は、共同でハンチントンを特別講師に招請し、その講義を受けている。

確かに、イスラム原理主義と言われるものは、パレスチナやアルカイダに見られるように過激で危険である。共産主義の脅威なきあと、共産主義北朝鮮とともに、人類にとって大きな脅威とされる。東南アジアにおいても、フィリピンやインドネシアなどでテロの動きが多く見られる。しかし、私の友人であり、故・馬場伸也のバークレーでの親友でもあったステファン・レオン博士は、次のようなエピソードを、私に明かしてくれた。すなわち、二〇〇三年、コソボから代表団がやってきて、マレーシア社会の実態を知って驚いたという。周知の通り、マレーシアは、一九五七年に独立した後、マレー人と中国人とインド人からなる混合社会ゆえ、多民族国家の例にもれず民族紛争を繰り返す。そして一九六八年に中国人富裕層を狙った反中国人大暴動が起き、内乱に転化する。それが契機となって民族和解政策、プミプトラ政策がマハティールの指導下に進められた。全人口の三割以上をイスラム教徒が占め、仏教徒の中国人やヒンドゥー教徒のインド人も各々三割内外いるのに、今や見事に民族協和が貫かれている。コソボの代表たちは、その現実を見て、自分たちはなんと愚かな失敗をしたのだろうとひそかに述懐していたという。なぜ、チトーの多民族融合政策を捨ててまで、民族自決原則を掲げ、血で血を洗う凄惨な内戦を繰り返したのであろう。なぜ、ハンチントンでなく、チトー・モデルならぬプミプトラ・モデルに習わなかったのだろうという。[9] こうした理解の仕方が、内政不干渉や軍事力不行使、主権尊重などの平和十原則の再評価につながっているのである。

したがって、アセアン諸国は、たとえどんなに隣国で専制独裁政治が行われていようと、干渉し合わない。それがアセアン流の外交とされる。国家が民主化されるためには、何十年もの歳月と経験を必要とする。性急に民主主義を押しつけることなどはできない。民主主義国家にするのだといって軍事介入を行うことは、却って問題を複雑にする。[10] こうした彼らの歴史認識が、冷戦後の一〇年の混沌と経験を経て、共通の外交像として結実し始めたと言える。

アセアン諸国は、まずカンボジア問題の処理で、アセアン・ウェイの実践に自信を持つ。他方で、一九九七年には深刻な通貨危機に襲われる。グローバリズムの波である。その危機が試練となってまた、アセアン・ウェイの再評価につながっていく。アジア通貨危機は、アセアン諸国家のクローニー（仲間内）資本主義の露呈に他ならず、アセアン流の国造りの失敗であり、したがってそれが、九八年のスハルト独裁の崩壊につながっていく、といった見方が一般に有力である。

しかし、南の世界から見るとそれほど単純ではない。むしろ、ジョージ・ソロスらのタイガー・ファンドなどに象徴される国際金融資本が、脆弱な途上国経済を踏み台にして巨額の利益を稼ぎ出した。グローバリズムという名の金融経済帝国主義が、形を変えて襲ってきていると見ている。その最先鋭が、マレーシアのマハティールである。マハティールは、アジア金融危機の後、ドル・ペック制から離脱して固定相場制に変え、日本が申し出たアジア通貨基金構想に熱いエールを送ることになる。アジア通貨基金構想は、アメリカと世銀、ＩＭＦなどの猛反対でつぶされる。一九九七年九月の宮沢構想挫折がそれである。(11)

宮沢構想の失敗は、事前に中国の承認を得ていなかったことも原因として指摘されている。その中国が、今度は、アジア共通通貨基金に支援のシグナルを出し、同時にアセアン・テン・プラス・スリー（日中韓）を軸に、東アジア共同体創設にグリーン・サインを点滅させ始めている。この点で注目すべきは、ベトナム戦争終息の翌年一九七六年に結ばれたＴＡＣ（東南アジア友好協力条約）である。二〇〇三年末一二月のアセアン東京会議で日本は、急遽(12)ＴＡＣ加盟を決めた。それも一〇月にインド、中国のＴＡＣ参加を見て日本はあわてて動き始めた。日本ではＴＡＣの存在はこれまでほとんど認識されてこなかった。吉田外交に見られるのと同様の、戦後日本外交を貫くアジア不在を象徴していよう。私自身、非極の世界像を説きながら、ＴＡＣを知ったのは最近のことである。アジアの南で一九七六年に結ばれたＴＡＣの意味を、いまだ私たちは歴史認識の中にまともに位置づけることができていないのである。

実はＴＡＣこそ、バンドン会議の平和十原則を引き継いだものである。そしていまアセアン原加盟国五ヵ国が中心になり、中国とインドに働きかけ、両国は参加した。日本は、例によって、TACは日米安保体制に矛盾するという外務省主流派の反対で参加が見送られてきたのだが、中印両大国の加盟で参加を決め、東アジア共同体創設にコミットし始めた。ただし日本外交が、どこまでTACの精神、いやバンドン会議の遺産を理解しているか、はなはだおぼつかない。TACは軍事同盟ではない。非同盟主義である。それも集団安全保障でもない。むしろ協調的安全保障を目指している。しかし、そうした区別は日本では浸透していない。

近年、日本ではリベラル左派の知識人らによって、「アジア共同の家」などの構想が打ち出されている。またかつては、日本の指導的な平和研究者らによって「平和基本法」制定の呼びかけが行われたことがあった。しかし、いずれも、その目指す国際秩序に関する理論的認識が十分とはいえないのではなかろうか。後者は、専ら集団安全保障をめぐる議論が中心であったが、むしろ時代の流れとしては、集団安全保障システムそのものが見直され、協調安全保障システムの必要が議論されていた。この協調安全保障システムの動きに沿ったものが、ARFであり、OSCE（全欧安保協力機構）であり、KEDO（朝鮮半島エネルギー開発機構）であった[13]。

確かにKEDOは挫折し、ARFにも「おしゃべりクラブ」との批判がある。具体的に、たとえば北朝鮮問題や台湾海峡問題の解決に対してとくに貢献があるわけではない。そこから、国際政治の現実はやはり力、すなわち軍事力であるとするリアリズム外交、日米同盟基軸論が主張されることにもなる。東アジア共同体に関しても、アーロン・フリードバーグ（プリンストン大学）は「昨日のヨーロッパは今日のアジアではない」と言う[14]。EUの創設の元になった西欧諸国と違って、アジア諸国は違いが大きすぎると言われる。また、日本の場合、むしろ大東亜共栄圏の焼き直しとすら見なされかねない。

東アジア共同体はさておき、ARFについては、確かに東アジアの抱える問題の大きさに比べ、その実効性に疑問が持たれることになる。しかし、九〇年代にあれほど危険視された南シナ海の複雑な領土資源問題の過熱化を見事に沈静化させた主役はARFである。その歴史的事実はもっと評価されるべきであろう。また、東アジア海域で横行している海賊に対する共通の取締り体制や、アジア版インターポール（国際刑事機構）の創設への動きなどもそうである。「殴り合うのでなく話し合うこと」、それが地域ガバナンスだというのが、ARFの基本哲学である。またARFは、北朝鮮も二〇〇〇年に参加させている。朝鮮問題での六者協議もアセアン・ウェイの朝鮮半島版ともいえる。

しかし、北朝鮮問題は深刻な核開発や核拡散の問題を伴い、高度に軍事的な性格を帯び、拉致問題や脱北者問題に見られるような重大な人権問題が重なっており、単に「話し合い」だけでは問題の解決が困難なように見える。そこから「ならず者」国家に対する、軍事同盟の強化や経済制裁などの圧力が盛んに議論されることになる。

5　朝鮮半島問題をどう見るか——冷戦起源論を再考する

戦後の日本外交は、なにより国際社会との和解、これへの復帰としてはじまった。その最初の大きな機会が、一九五一年のサンフランシスコ講和条約の締結であり、米国をはじめとする西側諸国を中心に国交再開を成し遂げた。次いで、一九五六年の日ソ共同宣言によりソ連をはじめとする社会主義国との国交を正常化し、待望の国連加盟も果たす。しかし、植民地支配や戦争など、日本が歴史的な大きな負債を抱える朝鮮半島や中国との国交正常化はさらに遅れた。一九六五年には日韓基本条約が結ばれ、七二年にはようやく中国との国交が回復する。こうしてかなり長い年月をかけて日本と国際社会との「和解」は進行し、一九七〇年代には概ねそれは完成の域に近づいた。ところが、日本にとり最も近い隣国である朝鮮半島の北半分については、二一世紀を超えてなお、不正常な関係を持ち越している。そしてその北朝鮮との間に拉致や核開発問題を抱え、二〇〇三年現在、日朝関係はいまだ歴史的に残された、深刻な対外政策上の課題となっている。拉致問題をはじめ、その解決は、複雑かつ、いかようにしても政治・社会的な困難を抱え込むものであるが、ここでは歴史認識という視点から、朝鮮半島問題を原理的に検討してみよう。

朝鮮半島問題を考察する場合、半世紀前の朝鮮戦争にどうしても一度は帰ってみる必要がある。ありきたりの日本外交「断罪」論だけでは展望は開けてこないであろう。まず、そもそも戦争を仕掛けてきたのは北朝鮮である。しかもそれに毛沢東もスターリンも直接関与していた。その歴史的事実が、ソ連邦崩壊後に公開され続けている旧ソ連や中国、韓国の機密文書で実証されてきた。まさに、冷戦史研究の正統派の泰斗ジョン・ルイス・ギャディス（エール大学）の言うように「いまやわれわれは［すべてを］知っている」[15]。その意味では、冷戦勃発の責任はソ連側にあり、共産主義の「膨張主義」が主要因であったとする正統派の解釈は正しく、これに批判的な修正主義歴史解釈は誤っているように見える。

しかし他方で、冷戦史研究の大きな争点の一つであるアメリカの原爆投下決定にかんしては、修正主義的な解釈は依然十分な根拠があるように見える。すなわち、原爆投下は、日本の降伏を引き出すための決定的な必要条件ではなかった、むしろソ連の対日参戦こそが日本政府内の和平派も主戦派も降伏へと動かし始めたのであって、原爆投下は日本に向けられたというよりむしろ、対ソ冷戦戦略の手段として使われた[16]。その修正主義解釈の延長上に、真珠湾攻撃謀略説を位置づけることができるだろう。すなわち、真珠湾攻撃がE・ローズベルトやスキムソンらによって「仕掛けられた」攻撃であり、日本はアメリカの外交戦略にはめられていたという歴史像である。その歴史過程が、最近機密解除されたマッカラン文書などで明らかにされている[17]。アメリカ外交の全過程を正統派的解釈か修正主義的解釈のいずれかですべて説明できるわけではないにしろ、日本の平和研究者たちは私たち自身の現代史の根本問題をなぜ正面から取り上げようとしないのだろうか。

ここで注目したいことは、朝鮮戦争にせよ、原爆投下や真珠湾攻撃にせよ、ギャディスらいわゆる正統派歴史家たちに共通した重要な要素があることだ。それは、ここでもまた歴史を上から、すなわち大国の側から見ているということではなかろうか。しかも、ここではその大国中心史観が、「大国は悪をなさず」という大国「正義派」史観と重なり合っている。大国、つまり覇極は謀略などしはしない。悪いのは、ドイツや日本であれ、イラクや北朝鮮であれ、秩序破壊勢力だという見方である。国際政治学の学説で言えば、ハンス・モーゲンソー流リアリズムもしくはケネス・ウォルツ流ネオリアリズムが、大国主義史観と裏腹の関係にあるといえる。[18] もちろんだからといって、私は、中西輝政が主張するように、日本が太平洋戦争勃発に責任がなく、悪いのはアメリカやローズベルトであって、戦後民主主義を見直し、戦前日本の正しさを再評価すべきだなどと主張するものではない。そうした国権主義的右派の議論もまた、形を変えたもう一つの大国史観だろう。しかもそこではさらに自国中心主義が加わって、問題の本質を歪めてしまっているように見える。

では、朝鮮戦争のソ連側の責任、金日成の責任はどう見るか。ここで大切なことはまず、戦争を見る時に問題の本質を、誰が戦争をはじめたかといった「戦争責任」論に矮小化させて単純化させないことである。戦争、ゲリラ戦など不正規戦も含んだ、現代紛争の本質を、もっぱら侵略対防御というヨコの権力関係の二項対立像で見てしまっては、事態の本質を見誤ることになる。むしろ多くの場合、[19] 紛争の本質は、上からの支配と下からの自立とのタテの権力関係にあり、両者のせめぎ合いにあると見るべきだ。それもヨコをタテにしただけのもう一つの二項対立像ではない。上と下の動きが互いに入れ子状態になり、せめぎ合う変動構造を意味している。現代の紛争は、巨視的な歴史から見れば、五世紀に及ぶ欧米近代の帝国主義支配の所産でもある。そのことが、ここにいう上からと下からとの複合的な対立構造をもたらしている。こうした紛争の変動構造に着目するとき、朝鮮戦争の第三の解釈が浮上してくる。

確かにこの戦争は、金日成のイニシアチヴで始められた。それも毛沢東の強い支援を得、さらにスターリンのゴーサインを五〇年一月一九日に手にした。その意味では、正統派歴史家たちがいうように、北の共産主義者たちが冷戦ならぬ熱戦の火蓋を切った。しかし、そこで見落としてならないのは、金日成ら北の朝鮮労働党の対南侵攻の動きが、同時に朴憲永ら南の朝鮮労働党と緊密な協力連携下に進められていたことである[20]。しかも、南の李承晩側にもまた、対北侵攻の動きが蠢動していた。たとえば李は、五一年六月一九日、戦争勃発のちょうど一週間前に、ソウルでダレスと会談し、北に兵を侵攻させて南北統一を進めたい、しかも韓国軍は、解放軍として北の抑圧された民衆の支援を得て早期勝利統一が実現できる、とダレスを説得させて、アメリカ軍の協力を求めていた。つまり、この戦争は、三八度線という人為的な仮の国境線で分断された、朝鮮民族の統一国家体制の選択をめぐる内戦――インターナル・ウォー――を基軸としていた。これは、朝鮮戦争の起源をめぐる浩瀚な指導的研究書の著者であるブルース・カミングズ（シカゴ大学）も強調していることである[21]。

他方、毛沢東やスターリンなどの関与に見られる「赤い帝国主義」戦争という側面はどうであろうか。ここで注意すべきは、戦争の勃発が、なぜ五〇年六月であったのか、なぜこの時点で内戦の本格化を見たのかということである。そして、なぜ毛沢東は早くから、四九年秋の段階から金日成の南進戦略を支持し、スターリンは五〇年一月一九日までゴーサインを出さなかったのか。現代紛争の本質を、膨張主義勢力による現状破壊行為――アンチ・ステイタス・クウォ・ビヘイビア――ととらえる国際政治学のリアリズム理論では説明がつかない。朝鮮戦争の本質を内戦ととらえた時にはじめて、内戦のそれぞれの当事者たちが、いわば下からと内側から、上と外からの力の導入をはかって戦局を、自己に有利に展開しようとする構造が見えてくる。こうした点において、金日成や朴憲永にしろ、李承晩らにしろ、同様である。

しかし、アメリカの政策決定者らが一枚岩でないように、「赤い帝国主義」も一枚岩でない。中ソは別々の利害を朝鮮半島に持っていた。少なくとも一九四九年秋まで、ソ連はアメリカとの共存路線になお賭け続けようとしていた。東欧は欲しいけれども、極東は遠すぎる。それに中国との関係は、大戦中から悪化含みであった。したがって、四九年秋までのソ連は現状維持政策を極東でとり続けていた。

しかし、四九年一〇月、中国の内戦つまり中国革命に毛沢東が勝利したのを見て、スターリンは朝鮮内戦像を変え始める。中国人民軍の支援を得るなら、そしてソ連が兵站を提供するなら、北は南を「解放」できるのではないかと考え始めるのである。その転換のプロセスが、いまやトルクノフの邦訳書でも手に取るように分かる。ウィルソン・センターの冷戦史プロジェクトに依拠してウェザースビーやマンスーロフ、和田春樹らが、モスクワのアルヒーフ解禁文書を元にそれを裏付けてきている。[22] しかも、毛沢東や周恩来たちは、ベトナム民族解放闘争にも熱い期待をかけ続けるのである。

こうした展開を私は、内戦におけるスピル・オーバー（波及効果）、スピン・オフ（連関現象）と呼んでいる。[23] すなわち、内戦のスピルオーバーが、時差を伴いながらスピンオフ現象を朝鮮半島に引き出していく。かつて信夫清三郎や神谷不二らが早くから言っていた「国際化された民族解放戦争」としての朝鮮戦争の本質は、こうした分析と一致する。このように見てくると、ギャディスら正統派外交史家は朝鮮戦争を、現状破壊勢力の膨張主義の顕在化として単純化、矮小化していることが分かる。朝鮮戦争におけるこうした内戦の国際性に着目する時、「第三次世界戦争の代替物」[24]とか「東北アジア戦争」ととらえる見方が浮上してくる。ただ朝鮮戦争が、中国革命やベトナム民族解放戦争と連動していたことを視野に入れると「東北アジア戦争」[25]という呼び方はやや狭く、むしろ、一九三一年の満州事変勃発から一九七五年のベトナム戦争終結に至る、東アジア「四五年」戦争の一環と見ることすらできるだろう。その時、国際化された内戦としての朝鮮戦争の本質が、いっそうはっきりと見えてくるのではあるまいか。

朝鮮戦争の性格をこう規定した時、戦争に対するアメリカの動きはどう位置づけられることになるか。当然、その位置づけは、吉田外交やアイゼンハワー＝ダレス外交の評価につながる。そして、戦後日本の対外政策を画することになる日米安保体制やサンフランシスコ講和体制をどう評価するかにつながってくる。さらに言えば、こうした朝鮮戦争像は、今日の冷戦終結後の北朝鮮問題、いや終結以前からあった拉致問題やテロリズムの問題とも関わってくるはずである。ここでは、本章の主題である戦後日本の対外政策を規定する歴史認識にかかわる原理的側面を指摘して、本章の締めくくりとしたい。

6　むすびに——未発の可能性を求めて

歴史を見る鍵は、未発の可能性が何であったのかを探ることにある。いったいどんな条件の変化があれば、東アジアにあの時点で「共生の歴史」が可能になったのかを考えることが重要である[26]。もしアメリカが対ソ共存路線を一九四九年時点で取っていたなら、おそらくスターリンが金日成の南進政策にゴーサインを出すことはなかったはずである。モスクワでは、四八年までディキシー・ジャズが市民の間で人気を博し、親米感情がなお根強く残っていた[27]。それ以前、四六年段階でアメリカが、金九らの土着の民族主義路線にもっと依拠して統一の途を残し続けていたなら、四八年以降の南北両朝鮮の内戦の本格化はなかったはずである。さらに言えば、四五年二月、もしアメリカが、周恩来らの要請に応えて中国共産党を中心とする民族解放路線を支持していたなら、「解放後」の中国は、むしろ親米路線へ傾斜していたと見ることもできる[28]。

しかもアメリカ政府内には、そうした外交路線を支持する勢力もあった。フランクリン・ローズヴェルトの流れをくむニューディーラーである。ダニエル・ヤーギンの言うヤルタ派である。しかもそのヤルタ派、つまり共存派が日本の中道左派路線を支援していた。GHQ内のGS（民政局）を中心とする民主改革派である、ケーディス、エマソンやハーバート・ノーマンらの動きである。戦後日本をニューディール改革の精神によってつくり変えていこうとする、しかもその変革の担い手を日本国内の土着の民主派に求めていく動きである。しかし、吉田や宮廷は、これと違う動きをし続ける。一九四七年に天皇が米側に沖縄の長期軍事占領を提言した、いわゆる天皇メッセージなどの沖縄問題もその一点に関わってくる[29]。

米国を中心とする西側の冷戦体制に組み込まれていった戦後日本の対外政策を不可避ととらえる正統派的歴史解釈あるいは大国中心史観は、こうした未発の可能性を一つ一つ検証していく時、けっして「客観的」な正しさを持つものだとはいえず、実際にとられた選択がかならずしも不可避のものでなかったことがわかるだろう。むしろこの歴史過程は、アジアをはじめとする戦争や植民地被害国との和解と共生の芽が一つ一つつぶされていった過程でもあった。その根底には、歴史を動かすものとしての民衆に対する視座の欠如、彼らの持つ苦しみや希望、可能性に向けての想像力の欠如があり、他方で、彼らの主体性を押しつぶしていった数世紀に及ぶ西欧帝国主義とこれにならった日本の膨張政策、そしてそれを支えた大国中心的歴史観があった。いま、私たちは、再びそうした大国史観に立つ戦後外交を「再評価」しようとするのか、それとも「非極の視座」に立って、民族間の異なる歴史経験という歴史の壁を超え、和解と共生の未来を実現しようとするのか。私たちの歴史認識のあり方自体が、その行方を左右する大きな鍵を握っているといえそうだ。[30]

注

(1) 例えば、毎日新聞二〇〇四年二月九日夕刊の特集対談中の、加藤陽子の発言。また中村政則『近現代史をどう見るか——司馬史観を問う』(岩波ブックレット、一九九七年)を参照されたし。
(2) 進藤榮一『戦後の原像——ヒロシマからオキナワへ』(岩波書店、一九九九年)一一頁。
(3) 山辺健太郎『日韓併合小史』(岩波書店、一九六六年)。信夫清三郎『増補・日清戦争』(南窓社、一九七〇年)。日本外交史の最近のスタンダード・テキスト、井上寿一『日本外交史講義』(岩波書店、二〇〇三年)はすぐれた労作ではあるが、これらの文献はいっさい取り上げられていない。
(4) 山辺・前掲書(注3)。

（5）小倉和夫『吉田茂の自問』（藤原書店、二〇〇三年）。

（6）豊下楢彦『安保条約の成立』（岩波書店、一九九一年）。

（7）池田慎太郎「中立主義と吉田の末期外交」豊下楢彦編『安保条約の論理』（柏書房、一九九九年）。

（8）進藤榮一『分割された領土』（岩波現代文庫、二〇〇三年）第一〇章。バンドン会議については、宮城大蔵『バンドン会議と日本のアジア復帰』（草思社、二〇〇一年）がすぐれている。

（9）例えば次を参照。鈴木隆「東アジア地域主義研究序説——マレーシア、ＡＳＥＡＮ、グローバリズム」筑波大学大学院法学研究科・博士論文（二〇〇三年）。

（10）もちろんこのように言うことは、独裁政治や政治弾圧を傍観すべきだということではない。問題は、そのような独裁や弾圧をなくしていくことは、外部からの軍事力では達成し得ないであろうということであり、かえって問題を拡大してしまうということである。民主主義や人道の実現のため、民主化や人権の擁護の活動が内外において強化されなければならないのは言うまでもない。そうした活動の発展のために、外部からの軍事介入はむしろマイナスになるのではないかという問題である。

（11）その周辺の問題は、Hirakawa, Hitoshi, et. al, eds., *Co-design for a New East Asia After the Crisis*, Springer, 2004, Chapt. 2.

（12）船橋洋一「日本@世界」asahi.com：コラム、2003/12/11

（13）進藤榮一『現代国際関係学』（有斐閣、二〇〇一年）第十九章を参照。ＡＲＦについては次がすぐれている。黒川修司「冷戦後のアジアの安全保障」中野実編『リージョナリズムの国際政治経済学』（学陽書房、二〇〇一年）。

(14) Friedberg, Aaron, "Ripe for Rivalry : Prospects for Peace in a multipolar Asia," *International Security*, vol. 18, No. 3 (winter).

(15) Gaddis, John Lewis, *We Know Now : Rethinking Cold War History*, Oxford U. P., 1997. ギャディス史論批判として，Leffler, M., "Review Essay", *The American Historical Review*, vol. 104, no. 2. (1999) がすぐれている。

(16) 進藤・前掲書（注2）。次も参照。同『敗戦の逆説』（筑摩書房，一九九九年）。

(17) 本多勝一氏との拙対談を参照。本多勝一編『貧困なる精神S』（朝日新聞社，二〇〇四年）第一章，所収。

(18) 進藤榮一『敗戦の逆説』第一二章参照。

(19) 進藤榮一『現代紛争の構造』（岩波書店，一九八七年）。

(20) 平山龍水『朝鮮分断の起源』（信山社，一九九九年）がすぐれている。和田春樹『朝鮮戦争全史』（岩波書店，二〇〇三年），Matray, J. I., *The Reluctant Crusade*, Univ. of Hawaii, 1985, も参照。

(21) Cummings, Bruce, *The Origins of the Korean War*, Princeton Univ. Press, 1981.

(22) Weathersby, Kathryn, "New Russian Documents on the Korean War," *Cold War Internationary History Project Bulletin, Iss. 6-7*, Mansourov, A. Y., "Stalin, Mao, Kim and China's Decision to Enter the Korean War," *Ibid.*（邦訳：アレクサンドル・トルクノフ（下斗米伸夫他訳）『朝鮮戦争の謎と真実』（二〇〇一年））。饗庭孝典・NHK取材班『NHKスペシャル・朝鮮戦争』（日本放送協会，一九九〇年），萩原透『朝鮮戦争』（文藝春秋，一九九三年）も参照されたし。

(23) 進藤・前掲（注19）。

(24) Stueck, W., *The Korean War*, Princeton U. P., 1995, p. 3.

(25) 和田春樹『朝鮮戦争全史』序章。なお、邦語文献としては、本書がいわば決定版といえようか。内外の一次文献、二次文献をよく精査している。

(26) 色川大吉『歴史の方法』(大和書房、一九七七年)。

(27) Zabok, V., & Pleshakov, C., *Inside the Kremlin's War*, Harvard U. P., 1996.(邦訳：A・Y・マストニー『冷戦とは何だったのか』秋野豊、広瀬佳一訳、二〇〇〇年(原著は一九九六年))。

(28) 進藤・前掲(注2)第四、五章、特に一四九〜一五〇頁。

(29) 最近の研究では、天皇メッセージによって沖縄に対する日本の主権が確保されたのであり、サンフランシスコ講和条約交渉でも吉田やシーボルトら知日派外交官らの尽力で、沖縄に潜在主権が残されたとの解釈が出てきている。R・D・エルドリッヂ『沖縄問題の起源』(名古屋大学出版会、二〇〇三年)。河野康子『沖縄返還をめぐる政治と外交』(東京大学出版会、一九九四年)。これらはいずれも日本側沖縄確保論の立場に立つ。日本外交史の保守主義観の系譜を継いでいるといえよう。これに対する批判的視座として、明田川融『日米行政協定の研究』(法政大学出版局、一九九六年)、および進藤・前掲書(注8)第十章参照。

(30) 次を参照されたい。進藤榮一「歴史政策学のすすめ」『歴史の教訓』(アーネスト・メイ(進藤榮一訳)二〇〇四年、岩波現代文庫)所収の訳者解題、および「東アジア共同体と新国際関係」日本経済新聞二〇〇四年五月七日朝刊。

〔付記〕 脱稿後、日露戦争に関する次のすぐれた著作が日韓同時出版された。参照されたい。崔文衡(朴喜熙訳)『日露戦争と日本の韓国併合』(藤原書店、二〇〇四年)。

なお、本稿作成に当たりご協力賜った藤原修氏に謝意を表する。

第2章　帝国主義と脱植民地化——人種主義と多文化主義

荒井　信一

1　脱植民地化を見る視点——「帝国の二日酔い」

世界史認識と人種主義

脱植民地化（decolonialization）の進行は、第二次世界大戦後に顕著となる世界史の重要な転換の指標となった。枢軸諸国の敗北にともなうイタリア地中海帝国・大日本帝国の崩壊から一九七五年のポルトガル帝国の崩壊にいたるまでの戦後過程の特色となった。世紀転換期までに、ダンコース流にいえば「ソビエト帝国の崩壊」という一章がつけくわわった。

脱植民地化は、一方において、第三世界に一〇〇をこえる独立国の出現をもたらした。それは一六世紀以来の世界史のあり方に根本的な転換をせまるものであった。しかし同時にそれが、本国社会のあり方にも深刻な影響を与えたことも重要である。とくに近代の初発以来形成されてきた世界システムの中軸に位置した西欧社会におおきな波紋をひきおこしてきたことが注目される。

一九世紀後半には、おおくの列強により世界が「分割」され帝国主義が世界体制となった。帝国主義の時代に、世界は、対立競合をつづける列強の支配のネットワークに組みこまれる。同時に帝国主義に由来する国際的契機が国内の体制にも再編をうながし重層的な支配、非支配の関係がつくられた。

木畑洋一は「この時期に世界を覆った諸帝国の〈中心〉が国民国家としての性格を備えていたこと」を「これまでの世界史における帝国のあり方とは質をことにする事態」とし、「国民国家の統合と帝国の拡大・強化が相互補完的な意味をもつなかで、帝国主義は推進されていった」と回顧している。[1]

周知のようにフランス革命以来のナショナリズムが最高の価値をおいたのは「民族」と「国家」の領域が一致する「国民国家」の形成であった。後進的とされたイタリア、ドイツの一九世紀後半における統一によって目標はほぼ達成され、西欧の諸地域はいち早くこの歴史の到達点をクリアーしたものとかんがえられた。このようなかんがえ方を反映して西欧中心の人種主義的歴史認識が主張された。一八七〇年代にかかれ、今でいえば大学の教養課程でさかんに使われた世界史の教科書にスイントンの『世界歴史概論』(William Swinton *"Outlines of World History"*)がある。日本でも七六年に『万国史』の名前で翻訳され、日本で最初の世界史教科書として大学予備門などで使われた。[2]

スイントンは世界史を「文明の歴史を構成する著名な民族(famous people)の興隆と進歩についての叙述」と定義する。「著名な民族」とは「自然状態または原始状態をぬけだし、政治的共同体に結集した民族」、すなわち国民国家を形成した民族のことである。世界史の叙述は、国民国家を形成した西欧諸国民に限られることになり、「歴史はそれ自体を、世界的な出来事の一般的潮流に影響をあたえた国民（nation）に限定する」。それでは非西欧地域の人々はどうなるのか。スイントンはきわめてドライに「ネイション以外にも人類があって、興味ありかつ価値ある知識をあたえてくれるが、しかしそれは歴史ではない」とのべてこれらの人々の大部分を歴史から切りすてる。

こうしてスイントンは「歴史を指導的な文明国民のシリーズに限定する」が、「その歴史というものはもっぱら人類のおおきな分枝のひとつ、コーカサス人種または白人種のみにかかわることになる」。ここでコーカサス人種とよばれているものは、本来は十九世紀の人類学の考案した一種のフィクションである。すぐれた環境に生まれた人種は美しい頭蓋骨と優秀な頭脳をもつとし、そのような好環境としてコーカサス山脈の南面をかんがえ、そこから白人種の祖型が生まれたと主張する人種主義的独断である。スイントンは人種主義的なフィルターを通して歴史をながめ、「コーカサス人種のみが真に歴史的な人種を構成する。ここからわれわれは文明というものは、この人種の頭脳の産物だということができよう」とまで断言した。

スイントンは、コーカサス人種にアーリア人のほかセム人（ユダヤ人、アラブ人）、ハム人（エジプト人、カルデア人）をふくめる。しかし「歴史の主要な潮流に影響をおよぼさなかったこと」などの理由でセム人、ハム人を排除し、世界史をアーリア人の歴史にほとんど還元してしまう。「かくしてわれわれは完全なる権威をもっていおう。アーリア人はすぐれて進歩的な人種である。そして世界史のほとんど大部分は、アーリア人が文明の共有財産にたいしておこなった貢献の説明にあてられなければならない」。

スイントンのアーリア人至上主義の世界史認識は、二〇世紀にはヒトラーによって実践にうつされた。また「未開」の地に「文明」と「進歩」を伝えることこそ神によりキリスト教徒に与えられた明白な使命（manifest destiny）だというかんがえ方とも紙一重であった。マニフェスト・デスティニーはアメリカ合衆国の西部開拓や領土拡大を正当化するイデオロギーであったが、列強が帝国主義を推進する際にも多かれ少なかれこれと同種の主張がみられた。木畑の指摘する「国民国家の統合と帝国の拡大・強化」の「相互補完関係」は「未開」の地への領土拡大―帝国主義の実践をささえた意識形態において顕著であった。

しかし、一世紀をへだてた今日、言語・文化の境界と国境がほぼ一致する状態を理想とする国家や文化のあり方は、もはや西欧社会の現実には合わなくなっている。むしろ多文化的主義なあり方がもとめられ、あらためて人種やエスニシティの意義が問い直されている。

「帝國の二日酔い」

「英国は多文化の国になりつつある。英国とは、英国人とは……。かつて英国人はそれぞれに確信にみちた正解をもっていたが、今はない」。

欧米ジャーナリズムにより「英国文学界の若き獅子」とされた日本人作家カズオ・イシグロは、英国人とは何を意味するかがさかんに論じられ、彼自身をふくめて非アングロ・サクソン系の作家が活躍する英文学界の現状について、このように語った。そしてさらに「それはインドやアフリカからさまざまな民族がやってきて移民社会を形成、そしてかれらがすでに二、三世の時代を迎えている英国の、社会そのものの多文化化の鏡だと思う」とのべ、脱植民地化が英国の社会・文化のあり方に根本的な変化をおこしている事実を指摘した[3]。

程度と位相のちがいはあるにせよ、同様の変化が難民問題、外国人労働者問題などと交錯しながら西欧各国で起こったことは比較的容易に指摘できる。

西欧と北米の著名な現代史家のほとんどを編集スタッフにふくむ研究誌『現代史ジャーナル』(*"Journal of Contemporary History"* 以下 *J. C. H.* と略記)は、一九八〇年一月号および二月号を'Imperial Hangover'の特集にあてた。このタイトルを直訳すれば「帝国の二日酔い」である。二日酔いの原因は昨日飲んだ酒にあるが、その後遺症は今日の頭痛や胸のむかつきとなって現れる。おなじように植民帝国はもはや崩壊し過去は清算されたけれどその後遺症は現在の本国社会にさまざまな病理現象を残しているというのがタイトルの含意であろう。

脱植民地化が本国社会にもたらした衝撃や変容を、今日の西欧社会(日本もふくまれているが)における多文化、多エスニック状況とかかわらせて解明しようとする企画であった。特集全体のintroductionをかいたイギリスの長老歴史家シートン・ワトソン(Hugh Seton-Watson)は企画の狙いをつぎのように説明した。「それは帝国崩壊の本国国民にあたえた衝撃である。寄稿者たちにもとめられたのは、直接の政治的結果などではなく、世論の動向、社会的政治的行動様式、思考そのほかにたいする、より広汎な影響を長期的な視点から検討することである[4]」。

脱植民地化が本国社会に及ぼした影響を主として社会、文化の面から探ろうとする試みであった。イギリスの場合でいえばその形成に三〇〇年を要した英植民帝国は第二次大戦をおもな転換点としてわずか二〇年で消滅した。崩壊があまりにも急速であったためさまざまな「二日酔い」現象ははげしかった。そのひとつは英国民にとっての「アイデンティティの危機」であった。

連合王国（ブリテン）はいうまでもなくイングランド王国が中心となりウエールズ、スコットランド、北アイルランド諸王国を統合して成立したが、帝国消滅後英国民の意識から統合的国民意識が後退し、むしろ地域主義的帰属意識が増大した。筆者の経験でもイギリスからの留学生にnationalityを問うと、ブリティッシュではなくウエールズ人とかスコットランド人だとか答えるのが今ではふつうのことになっている。単一なブリテン意識が後退しむしろ多文化的主義的意識が前面に出てきているのが事実であると思える。

英国民の帰属意識の変化を帝国の喪失と関連して説明したのは、外交史家アンソニー・ハートレイである。かれは国力の衰退のような実際的レベルだけでなく、自信の喪失という心理的レベルでも帝国の衰退が感じられる、これまでは未開地域を文明化するという国民的使命感があったが、消え去った大志を社会的影響力のある他の理想でおぎなうことはできず、それが変化のもっとも重要な結果であるとのべた。自信の喪失は、連合王国の他の部分よりとくにイングランドにおいて顕著であった。なによりもブリテン（連合王国）はイングランド人によりかれらの国民性に応じて建てられたからである。同様に、スコットランド人、ウエールズ人、アイルランド人がいかに多くを貢献したにせよ、英帝国はイングランド人のナショナリズムの発現であった。イングランド人にとって、帝国の衰退という経験はきわめておおきな心理的試練であった。[5]

「黒いイギリス人」

脱植民地化が連合王国の内部にひきおこしたポストコロニアルな変化として、旧住民の帰属意識の変化とともに重要であったのは「黒いイギリス人（black British）」とよばれる新住民の増加であった。「黒いイギリス人」とは、おもにカリブ海とパキスタンの旧植民地から戦後のイギリスが迎えた大量の移民たちであった。一九八一年の人口調査では総人口の四・二％にあたる二三一万人であり、世紀末には人口の六％に達するとみられていた[6]。かれらはイギリスに定住し二世、三世と世代交代がすすむにつれイギリス社会に根をおろした。それとともに深刻な社会問題が発生するようになった。とくに深刻であったのは雇用、住宅、教育の問題であったが、その際注目されたのが、根底にある人種差別であった。

おそらく同様の状況認識から、イギリスの歴史家ジョージ・モッセは七八年の著書の中で、次のようにかいた。「ホロコーストは終わった。しかし人種主義そのものは残った。以前と同じように多くの人が人種的な枠組みで思考している。いたるところに人種主義の遺産がある。もし戦後世界がホロコーストのショックで反ユダヤ主義の一時停止を布告したとしても、黒人は全体として一八世紀以来さして変わらない人種主義的心構えのなかに封じ込まれている。さらにナチスと戦ってきた諸国民は黒人を人種的劣等者として戦後ながく受けいれてきたし、ユダヤ人を対象にするにせよ黒人を対象にするにせよ、すべての人種主義は同じ布の一片だということを理解していないようだ[7]」。

モッセがこの文章をかいた七〇年代後半には、「黒いイギリス人」の中・下層階級にたいする

「白いイギリス人による脅迫・暴行・放火・殺人などの人種差別」が大都会と中都市の両者を問わず、「日常茶飯事と化している」状況が報告されていた。[8] 帝国喪失後もかつての帝国支配者としての意識─帝国意識が克服されておらず人種主義の遺産と結びついて人種問題の激化に一役演じた。旧植民地からの移民流入というマテリアルな側面だけでなく、意識・文化の面でも「帝国の二日酔い」が社会を不安定にした。政治的には六七年に結成された「国民戦線(National Front)」が注目される。民族の同質性と異人種の排撃をかかげる右翼政党である。成立当時の構成団体は次の団体である。「国家社会主義運動(National Socialist Movement)」、「大ブリテン運動(Great Britain Movement)」、「イギリス国民党(British National Movement)」、「帝国護持連盟(League of Empire Loyalists)」、「人種保存協会(Racial Preservation Society)」などである。[9] 名前をみただけでも、帝国へのノスタルジアと人種主義がないまぜになって、純血の国家(幻想の白人国家)への希求をかきたてている姿がうかぶ。九〇年代に入りイギリスはヨーロッパ共同体に加入し多文化主義の道を選択する。もはや右翼的潮流に向かうことはありえない。しかしイギリスの例は「帝国の二日酔い」――帝国意識と人種主義の克服が、旧植民帝国の戦後史のなかで重要な課題となっていることをしめすものである。

2　ダーバン会議以後——ひとつの人間家族

アパルトヘイトと「民族浄化」

イギリスの各都市で人種差別が「日常茶飯事」になっていると報告された一九七〇年代後半は、国連の「人種主義と人種差別とたたかう最初の一〇年——一九七三〜一九八二」にあたった。当時、人種差別反対の焦点になっていたのは、南アフリカ共和国のアパルトヘイト（人種隔離）政策であった。白人に全土の八七％の土地所有を認める一方、黒人は指定された地域で居住、営業しなければならなかった。人種間の通婚は禁止され黒人は非白人用の公共施設しか利用できなかった。人種間の平等をうたった「自由の憲章」（五四年）をかかげ人種差別撤廃闘争をおこなっていたアフリカ民族会議（ＡＮＣ）はすでに六〇年に禁止されたままであった。また南ア共和国が白人の特権を維持するためナムビアを不法占拠したことをはじめ、モザンビーク、アンゴラ、ジンバブエなどの周辺地域にたいし直接間接の軍事介入を行ったことは南アフリカ地域全体の情勢を不安定にし平和を脅かしてきた。

国連は七三年にアパルトヘイトを犯罪として禁止する条約を成立させたが、西欧諸国が経済制裁を実施するのは八〇年代に入ってからであった。アメリカは制裁に反対であり、日本も制裁に逃げ腰で八八年には国連総会で名指しの非難をうけた。国内のアフリカ人解放運動弾圧の行き詰まりと国際的孤立、経済苦境などから南アフリカがアパルトヘイト廃止を宣言するのはようやく九〇年代に入ってからであった。九四年にはかつて二七年間獄中にあったANCの指導者ネルソン・マンデラ（Nelson Rolihulahla Mandela）が大統領になり初のアフリカ人政権が実現した。

しかし九〇年代には冷戦終結後の地域紛争や内戦のなかでむしろエスニックな対立が表にあらわれ、平和と安定の擾乱要因として人種主義と人種差別がさらに問題となった。とくにヨーロッパではユーゴスラビアの解体にともなう内戦と混乱のなか「民族浄化」のような極端な暴力的形態まであらわれた。国連安保理事会は九三年五月の決議で旧ユーゴスラビア戦犯法廷の設置を決議、裁判は今でもつづいている(10)。

ダーバン会議

ポスト冷戦の九〇年代は、市場原理とテクノロジーの発達にうながされ伝統的な経済システムは衰退し国を隔てる政治的な障壁は低くなった。しかし世界経済のおおきな変動のなかであたらしい経済格差、社会的格差がうまれエスニックな対立や人種差別が促進された。旧ユーゴのように極端な形をとらないまでも、グローバリゼーションが人種やエスニシティにもとづく排除の傾向をつよめ不平等を増大したことは否定できない。

人種主義や人種差別の活性化のなかで新しいテクノロジーの象徴であるインターネットのような新しい媒体の役割も注目されている。九五年にデンマークで認可されたネオ・ナチの経営する地方ラジオ局が、ヒトラーの『わが闘争』の朗読を放送して問題になった。ラジオやテレビであれば国や地方が認可を取り消せば人種主義宣伝に歯止めをかけることができる。世界の大部分の国が加盟している「あらゆる形態の人種差別撤廃に関する国際条約」は、人種差別思想の流布や煽動を犯罪とし、宣伝活動を違法と宣言している(第四条、a.b.、日本は批准の際にこの条項を留保した)。

げんにフランスの裁判所は右翼政党、国民戦線の党首ルペンの、ホロコーストは「歴史の細部」にすぎないなどの発言を人種差別禁止法に違反するとして有罪判決を下した(九七年)。しかしインターネットの場合にはその性質上、権力による取り締まりにはなじまず、結果的に野放しになりがちである。オランダのNGOは、サイトを外国に移すことで国内法をバイパスして人種主義宣伝がおこなわれていると報告をしている。

複雑かつ多様な形で展開する人種主義、人種差別が国際社会を不安定にしている事実がある。「文明の衝突」論も下手をすれば人種差別を導きかねない。9・11同時多発テロの直前、二〇〇一年八月三十日から九月八日にかけてひらかれた「人種主義・人種差別・外国人排斥・関連する不寛容に反対する世界会議」(ダーバン会議)は国連の準備文書によれば「人種主義に対処するあたらしいツール」として召集された。

会議の結果、「ダーバン宣言」などの基本文書が採択された。宣言が強調したのは、すべての人民と個人がひとつの人間家族であり、多元主義と多様性の尊重により調和と包容力のある社会を建設することであった。人種主義や人種差別が武力紛争の根源であり、帰結であること、「武力紛争のあいだにはとくに用心深くし」、人種主義と戦いつづける必要があることが強調された。個別の問題としては、子どもと女性の人身売買、アフリカ人とアフリカ系人民が社会の支配的な偏見と差別の犠牲となっていることに注意がはらわれている。

会議に参加した法律学者、前田朗（東京造形大学教授）は宣言の採択について「西側諸国と第三世界諸国の厳しい意見の対立が顕著だったため、宣言採択が危ぶまれ、会議の成立そのものがときに危機に瀕してさえいたが、ともあれ圧倒的多数の諸国の参加のもとに宣言は採択された」とかいている。(11) 会議の難航は人種主義とのたたかいが容易ではないことを予告するものであった。会議を主催した人々が強調したのも、会議が「あたらしいスタートとあたらしいロード・マップ（行程表）に合意をあたえた」（ズマ議長）ことであった。

日系人の記憶とアラブ系の受難

ひとつの人間家族への道を切り開くうえで克服すべき課題が多いことをしめしたのは、ダーバン会議終了三日後にはじまるテロにたいするアメリカ社会の反応であった。FBI長官によれば、九月一一日から一週間のあいだにアラブ系アメリカ人またはアラブ系と思われた人々にたいするヘイトクライムが四〇件以上発生した。アリゾナでは、シーク教徒のガソリンスタンド経営者までが射殺された。ふつうシーク教徒はインド系で、アラブ系でもイスラム教徒でもない。

人種差別的ヘイトクライムの続発がよびおこしたのは、ともすればこれまで人種的な偏見や差別の槍玉に挙げられがちであったアジア系マイノリティの受難の記憶であった。九月二〇日付の『ワシントン・ポスト』紙は、その一週間をつうじて、「第二次大戦中に鉄条網の背後に囲いこまれた日系アメリカ人と、現在国民の怒りの矛先にたたされているアラブ系のアメリカ人三百万人とのあいだに、考えも説明もつかなかった親近関係が生まれつつある」と報道した。アラブ系アメリカ人の受難は、大戦中に人種差別の対象になり、犠牲となった日系人の記憶を再活性化した。アラブ系が九・一一以後に感じつつある恐怖を、日系の人々はわがことのように理解した。

九月一九日、ワシントンの国立日系アメリカ人記念施設で、アラブ系アメリカ人を支援する集会がひらかれた。集会には日系、アラブ系だけでなく、シーク教徒やコリアン系アメリカ人も参加した。「アジア系アメリカ人として、私たちはこの会場で記憶されている過去の過ちが繰り返されないようにする特別の責任を負っていると信じます」と日系の女性、カレン・ナラサキは語った。

アラブ系アメリカ人研究所の創立者、ジェームズ・ゾグビィはアジア系アメリカ人からたくさん支援の呼びかけをうけたことを感謝していった。「人々はやってきた。そしてわれわれを抱いていった。『われわれはあなたたちを守ります』と」。

ハーバード大学教授フランク・ウーは「今でも抑留収容所の経験が、アジア系アメリカ人の市民権運動の高まりをたすけており、最終的には異質の背景をもつ人たちを結束させている」と評した。ウー教授は中国系アメリカ人であるが、ブッシュ政権成立直後に、領空侵犯した米軍機を中国空軍が打ち落とす事件が起きた。そのとき中国人と見なされた人は敵扱いされた。少数であったが、ラジオ解説者のうちには中国系アメリカ人の抑留を呼びかけるものもあった。「有色の肌とアクセントを持つ人が、人違い攻撃にさらされた」[12]。テロを契機とする社会的危機と緊張が、これまで人種差別の対象になりがちであったアジア系アメリカ人たちを結束させ、そこに人種主義とたたかいつつ「ひとつの人間家族」の萌芽がうまれつつある姿を見ることができる。

3　人種主義から多文化主義へ——カナダの事例

カナダの決断

反テロ戦争を理由にアフガニスタン攻撃に踏み切ったブッシュ政権は、二〇〇三年三月二〇日にはイラクにたいし一方的に戦争をはじめた。その頃、私はカナダのヴァンクーバーに滞在していた。週のはじめにはブリティッシュ・コロンビア州（以下BC州と略記）の教員組合の反戦集会に加わった数百の教員がヴァンクーバーのアメリカ領事館に押しかけて平和を訴えるなど全国で反戦ムードがたかまっていた。与党の中でも戦争をめぐりはげしい論争が行われていた。開戦にたいしジャン・クレティエン首相がどのような態度をとるのか、注目されていた。最後には首相は国連決議によらないアメリカの戦争は正当化できないと明言して開戦を支持しなかった。

カナダは南北をアメリカの領土にサンドイッチ状にはさまれ、安全保障の面では北大西洋条約機構（NATO）の一員であるだけでなく、北米航空宇宙防衛司令部（NORAD）に加わりアメリカの軍事態勢にガッチリ組み込まれている。9・11以後にはアメリカの宣言した反テロ戦争には協力し三隻のフリゲート艦をペルシア湾に派遣した。経済のうえでも天然ガス、自動車部品などカナダの輸出の大半がアメリカに向けられている。それだけにイラク戦争不支持は、即座に戦争支持を宣言した日本よりはるかにリスクはおおきかった。アメリカ国務省のスポークスマンはただちに「カナダをふくむわれわれの緊密な同盟国がさしせまった行動の必要にこたえなかったのには失望した」と感想をのべた[13]。

ヴァンクーバーでは、二〇日から「人道に対する罪を阻止するためのカナダ会議——アジア太平洋戦争の教訓」がひらかれた。開会式で議長は「六〇年前、戦争が世界を荒廃させた。一九三一年の満州事変から日本帝国軍は人間性を踏みにじる犯罪を数かぎりなくおこなってきた。他方、カナダも自国民である日系カナダ人にたいして人種差別にもとづく強制移動、収容をおこなった。人道にたいする罪は今日も繰り返されており、われわれは今般の国連決議を無視した米、英、豪等によるイラク攻撃に抗議する」とのべた。ヴァンクーバー市内の緊急反戦ラリーに会場から参加する人たちのためにバスが用意され、昼食が手配された[14]。

会議の内容については別の機会にゆずるが、私が興味深く思ったのは、ブリティッシュ・コロンビア大学のキャンパスにたてられたFirst Nations Longhouseが会場となったことである。Longhouseは北米大陸の先住民であったインディアンの共同小屋であり、First Nationsは今日のカナダにおける先住民の呼称である。

ロングハウスは一九九三年につくられた学習の場である。先住民の伝統的な建築様式によりつくられた重厚な木造建築で、周囲の自然に溶け込んだ開放的な建物であった。インテリア・デザインにも伝統的なアートが多用されていた。私が目を奪われたのは、室内の各所に配置されたおおきな柱——ハウス・ポストでシンボリックな動物や人間の姿が刻まれ先住民文化の威厳とおおらかな美しさが示されていた[15]。私は大学のある関係者の次の言葉を連想せざるをえなかった。「カナダではFirst Nationsは固有の住民として認知され、彼らの文化は高く評価されている。ブリティッシュ・コロンビアでは地域の文化的シンボルやイメージをFirst Nationsのアートと美に基礎付けようとする努力さえ存在する」。

多文化主義の発展

しかしカナダでも最近まで先住民は差別と同化の対象であった。かれらはインディアン居留地（Indian Reserves）におしこめられ全体として市民社会から排除された。選別された一部は寄宿学校制度（Residential School）での同化教育や非ネイティブへの養子制度により民族性を奪われ非先住民社会に統合された。会議では、寄宿学校制度によりエスニックな文化や言語―アイデンティティをうばわれ、みずからの出自にたいする「恥じ」と「癒されない精神的傷」を抱えた先住民に関する報告（クリスヨーン「寄宿学校の犠牲者にたいする癒しと補償」）もおこなわれた。

カナダで多文化主義の用語がひんぱんに使われるようになったのは一九六〇年代になってからであった。フランス系住民の分離、独立運動が高まったことが背景にあった。多文化主義の用語は、はじめは東部のオンタリオ州（イギリス系）とケベック州（フランス系）の協調、融和をはかる英仏二言語二文化主義を意味した。しかしやがてカナダの多文化主義は、先住民やアジア系の人々の文化をも包含するようになった。七七年には、カナダ人権法が制定され、人種、出自、皮膚の色、宗教、性別による差別が禁止された。八二年の憲法では先住民の独自な権利がはじめて公的に認められた。First Nationたちの復権であった。さらに戦時中に強制抑留された日系人にたいする補償問題を解決したことでアジア系マイノリティの権利も認知された。八八年にはカナダ連邦の、九三年にはＢＣ州の多文化主義法が制定された。ＢＣ州の多文化主義法がかかげた法律の目的は「人種、文化的遺産、宗教、エスニシティ、祖先と出身地の多様性がＢＣ州と州民の生活を豊にすることを認めること」である。今ではカナダのエスニック政策をあらわす標語は、モザイクに変わった。モザイクは異質の材料の小片を組み合わせ、はめ込んでデザインや絵を表す。多様な小片の個性を生かしながら全体として複雑で豊かな図柄を作り出す。

八〇年代から九〇年代にかけて、日系人の補償運動、他のエスニックグループのそれへの協力、先住民などマイノリティの人権運動がパラレルに進み、そのなかで日本の家永教科書訴訟支持の署名運動がおこなわれるなど、アジア系カナダ人のあいだの壁を修復する試みがおこなわれた。歴史の残した傷跡を修復しアジア系コミュニティの結束を進める動きであった。多文化主義は他のエスニック集団にも及び、かれらの権利と人権を確立する運動の目標として発展した。

多文化主義の発展は、それ自体グローバル化の現れであった。六〇年代からカナダでは移民の増加が顕著になった。量ばかりでなく、質的な変化が注目された。移民問題の研究者、カールトン大学（オタワ）のエリオット・テッパー教授は、変化を次のように要約している。「移民のパターンは、きわめて顕著にアジアやその他中東のような地域に移行したので、現時点で利用できる新しいデータのしめす限りでは、これらの新来者がいまやカナダの外国生まれの半分以上を構成している。これはカナダ史の分水嶺となった。最近の八一年人口調査ではヨーロッパ系の移民がカナダへの全移住者の六七％を占めていた――今では半分以下、四七％だ。九六年の調査では、外国生まれが全住民の一七・四％で、とくにアジア系移民が急激に増えている」[16]。

4　脱植民地化と「過去の清算」——日本と朝鮮

植民地化の法的歴史的評価

一九六〇年代以降、とくに九〇年代に加速するアジア系移民の激増は、カナダ社会のモザイク化、多エスニック化を促進するとともに、多文化主義の潮流を早めた重要な要因であった。それとともに人種主義などの人権侵害に対する警戒もつよまった。ヴァンクーバー在住の在日コリアン、黄圭（Kay Hwan）は、多文化主義は、「民主主義社会の鍛錬にとって非常に役立つ考え方」だ、それは「炭鉱のカナリアのように、人権侵害の危険にまっさきに気づくのがマイノリティの人だから」だ、「マルチカルチュアリズムの発展、カナダの民主主義の成長は、こうした声を発するマイノリティグループの役目なしにはあり」えないと断言してマイノリティグループの激増が多文化主義の潮流を早めたとかんがえている[17]。

黄圭は在日の経験があるだけにマイノリティの人権侵害に敏感であった。私とともに日本から上述の世界会議に参加した在日の立命館大学教授徐勝は、日本の政府と社会が世界の人権運動から立ち遅れている「異常性」を指摘し「アジア諸国と真に協力しあうためには、みずから植民地時代の旧弊を捨て去らなければならない」と強調した。

徐勝のいう「植民地時代の旧弊」の清算にかんし、ポスト冷戦時代のはじまりである一九九一年に、象徴的な出来事が韓国でおこっている。ソウル国立大学の文書保管庫、圭章閣から、一九〇五年の第二次日韓協約（乙支条約）の原本が発見されたことである。日本が大韓帝国を正式に植民地とするのは、韓国併合条約（一九一〇年）であったが、その前に外交権と内政権をつぎつぎに奪い保護国としていた。乙支（ウルサ）条約は最初の保護条約で、ソウルに日本の統監府がおかれ日本人統監（初代は伊藤博文）が大韓帝国の外交をしきった。

乙支条約は、天皇の特使として派遣された伊藤博文が、軍隊を引き連れて王宮に乗り込み、大臣ひとりひとりにイエスかノーかをたずね強引に成立させたもので、条約代表者にたいする強制によって成立した疑いがつよい。当時の国際法学者のうちにも無効を主張するものがあったし、最後の皇帝、純宗は一九二六年の最後まで無効を訴えつづけた。

条約の強制以外にも問題があった。圭章閣で発見された原本には、タイトルがなく、署名も外部（外務）大臣の署名だけであった。ふつう条約の締結にあたっては、締結権者（日本の場合では天皇）の全権委任状が必要である。外務大臣も委任を受けて職務にあたるが、委任を受けるのはおもに日常の政務をおこなう職権である。さらに批准書も見当たらなかった。条約の発効に必要な批准の手続きがとられなかった可能性がつよい。条約の形式からは外相の日常の職権によるきわめて簡略な条約として締結されたことになる。一国の主権の喪失を規定した条約の内容と形式とはあまりにもバランスをかいていた。[18]

第二次大戦後、日本は講和条約で植民地の領土権を放棄したが、そのあと一三年におよぶ国交正常化交渉ののち一九六五年に、日韓基本条約が成立して日韓の国交が回復した。過去の清算に関連があるのは、併合条約およびそれ以前の条約の無効を規定した第二条の規定であった。しかし無効になった時点については日韓それぞれが別の解釈を保留して調印した経緯があった。すなわち日本側は、大韓民国が樹立された一九四八年八月一五日まで有効とし、韓国側はすでに締結の時点で無効であったと主張した。日本側の主張は併合条約等の旧条約は適法かつ有効に締結されたという主張にもとづくもので、これが現在でも日本政府の公式態度になっている。韓国側の主張はいうまでもなく日本による植民地化の適法性を根本から否定し、日本の主張とは真っ向から対立する。

日韓基本条約は、日本の植民地支配の法的歴史的評価に関してそれぞれが対立する解釈を保留するきわめて変則的な形で成立した。過去の清算があいまいになった理由はまず第一に当時の冷戦的環境にもとめられる。ベトナム戦争拡大、中国の影響力増大という東アジアの新事態に対処するため日韓の融和を促進しようとするアメリカの東アジア戦略が圧力となった。日本からの資金をテコとし経済発展をはかろうとする韓国軍事政権の期待がバネとなって、停滞していた日韓交渉が急速に妥結にむかったことはよく知られている。しかし九〇年代、冷戦の終結とともに民主化運動のたかまるなかで軍事政権のあいまいな対日政策がつよく批判された。九一年の条約文書発見がそれに拍車をかけた形となった。九五年一一月一四日、当時の村山富市首相は「(併合条約等の旧条約は) 民族の自決と尊厳を認めない帝国主義時代の条約であることは疑いを入れない」とのべた書簡を韓国大統領に送った。一六日には韓国国会が日韓条約 (一九六五年) 破棄決議を満場一致で可決した。

これが和解のおおきなチャンスであった。翌年には日韓両政府が合意して、日韓歴史研究支援事業がはじまった。和解のためにはまず過去の事実を明らかにすることが必要である。その意味で学者、ジャーナリストによる共同の歴史研究が日韓の和解プロセスのスタートとされたことにおおきな意味があった。しかし共同研究支援を決めた外相会談の直後、「(日本の)外務省幹部は『歴史認識の研究を合同ですすめるといっても、基本条約の解釈をふくむ法的な部分では譲れる余地はないのだが…』とかたった」と報じられた[19]。外務省は学問的対話にあらかじめ政治的な枠をはめ旧条約無効論を封じ込めようとしたのであろう。おそらく外務省の見解を反映して、政府は日本側の歴史共同研究の責任者に元外務省官吏を任命した。その後共同研究事業は核心部分について何の成果をあげることができず、この点については過去の清算は先送りされたままである。

六五年条約が過去の清算を曖昧にした国内的理由は、日本の保守的政治指導層やエリート官僚の間に広く共有されていた帝国意識であった。帝国意識の残存は、一般大衆の間にも認められ、かつての植民地支配に対する日本人の責任意識を稀薄にしてきたことは否めない。日本の植民地政策は、異質なものを選別し、差別し、排除する同化政策(その極限が皇民化政策)として強行された。そのことは同化政策の歴史の長い旧帝国の被支配民族にたいする差別、排除を特徴とする帝国意識[20]として残存し、脱植民地化の今日でも一般大衆のビヘーヴィアにまで影響を及ぼしている。確かに六五年条約成立以来四半世紀の間に全体としては帝国意識は弱まってきたが、帝国意識に由来して外国人(とくに韓国・朝鮮人、中国人)に対する差別、排除を特徴とする対外意識は、国民としての同質性の強調と近隣諸民族に対する優越意識の上に、国民としてのアイデンテイティを作り上げようとする最近のさまざまな反動的な試みに手がかりを与えている。

帝国意識の克服

私はこれまで過去の清算が帝国意識の克服にいかに貢献できるかという視点を強調してきた[21]。最近の事例を挙げれば、二〇〇〇年四月、自衛隊駐屯地での石原慎太郎東京都知事の「第三国人」発言がある。石原はこの表現で在留外国人を犯罪予備軍扱いし、災害時の「騒擾」とそれを鎮圧する自衛隊の治安出動を正当化しようとした。その直前に刊行されたある雑誌では石原は「関東大震災の際、朝鮮の人たちたちが殺されたりして気の毒だったけど、今度逆のことが起こる恐れがある」として、在日韓国・朝鮮人をはじめとする外国人に対する恐怖をあおった[22]。また九月三日、多数の自衛隊員を動員して行われた東京都の総合防災訓練でも、石原知事は「想定されるかもしれない外国からの侵犯にたいしても、まず自らの力で、自分自身を守るという気概を持たなければならない」とのべて、ことさら外国に対する不安を強調した。

石原の発言自体も問題であるが、それ以上に問題であるのは、石原発言を支持する気分が都民の間に広くあると伝えられたことである。私はその基底に石原の発言によって呼び覚まされた帝国意識があると考えたい。そしてこの帝国意識こそ、それを手がかりに国民としての同質性を強調、拡大し、自民族中心主義的なナショナリズムを鼓吹する最近の右翼的風潮の大衆的な基盤を形作っていると思う。

しかし二〇〇二年九月一七日の日朝首脳会談の結果発表されたピョンヤン宣言では過去の清算

は、村山談話の引用ですまされ、旧条約の有効、無効論には言及されなかった。また朝鮮側は一九四五年八月一五日以前に生じた損害について請求権を放棄した。かわりに日本は経済協力を約束した。私はこれまでの日本政府や関係者の発言を総合してみると、「過去の清算」が金銭の問題にすりかえられるのではないかという危惧を感じていたが、それに近い結果となった。もちろん帝国意識の克服は時間のかかるプロセスであって、国家間の会談のみで解決できる問題ではないが、やがてはじまる日朝正常化会談のなかでそのプロセスに活力が与えられ、促進されることを期待する以外にない状況となった。

しかもピョンヤン宣言の後あいついで表面化した拉致問題と核開発問題で、日朝間の外交は停滞し、むしろその間にテレビのワイドショーなどでは北朝鮮バッシングが横行している現状がある。拉致問題の解決には、国家による重大な人権侵害問題として政治やメディアの思惑と切り離した国際基準による解決が望まれるがなかなかその糸口がつかめない。いまだに日本の社会は「帝国の二日酔い」に悩まされ、頭の痛い問題をかかえている。[23]

5 むすび

平和の論理と人権

ピョンヤン宣言の直後に、在日コリアンの金栄（キムヨン）が「拉致事件と『在日』」という短い文章を書いている。金栄は朝鮮学校に通う子供たちの母親である。

「九月一七日の夜、『拉致事件』が報じられてまもなく学校からの『連絡網』が回ってきた。明日は制服を止めて私服で登校すること、集団登下校にすること、通学路には教職員や朝鮮総連職員らが警護にあたること、が伝えられた。こうした素早い対策を当然と思いつつも、なぜ事件に関係のない朝鮮学校がこんな警戒態勢をとらなければならないのかが悲しく、そして悔しかった」[24]。事実、拉致問題が公然化するとただちに「在日朝鮮人団体などに嫌がらせや抗議の電話が相次」ぎ「生徒の安全のため、一八日を休校にした朝鮮学校もあった」[25]。在日の子供たちへの罵詈雑言や嫌がらせはその後もつづいた。関東地方の朝鮮学校児童・生徒二〇七〇人にたいする東京の弁護士グループによるアンケート調査結果が報告されている。それによれば二〇〇二年九月一七日以後、五二二人（一九・三％）が「北に帰れ、拉致するぞ」と脅かされ、石を投げられ、民族服を切られるなど、脅迫と暴行を受けていたことが分かったという[26]。

一般に在日コリアン社会の拉致問題にたいする反応は、加害の事実に衝撃をうけ拉致を恥ずべき出来事としながらも比較的冷静であった。それだけに排外主義や一部に根強く残る帝国意識の露頭が、コリアン社会にうまれたというだけの理由で子どもたちに罪をとい、糾弾の対象とするのはなんともやりきれない事態であった。

ピョンヤン宣言が優先したのは平和の論理であった。二〇〇二年春に暴露されたアメリカ国防省の秘密文書は、核戦争の想定される地点として中東とともに台湾海峡と朝鮮半島をあげている。どちらの地域の緊張も冷戦の産物であるが、冷戦という過去の未清算が地域への、アメリカの覇権主義のあらたな軍事介入の口実となっている。この現実を変えることが植民地支配の過去の清算からはじまる日朝国交正常化の国際政治的課題である。まず北東アジアにおける国家関係を安定させることが地域の平和を確実にする出発点となるだろう。しかしピョンヤン宣言が平和の論理を優先し人権の論理を後退させたことは達成されるべき平和を不安定にし紛争と不信の種を残すことになるのではないかが憂慮される。平和を永続させるためには、人権を基礎とした平和でなければならない。日韓国交正常化が日韓条約に似た経済協力方式でおこなわれることに反対する人が多かった理由もそこにあった。とくに問題となるのは、ピョンヤン宣言第二項の請求権放棄条項により植民地支配の過去の清算があいまいにされたことである。われわれは正常化交渉開始後も、ピョンヤン宣言の限界をつよく批判し、なんらかの是正措置をとるよう要求していかなければならない。

注

（1） 木畑洋一「現代世界と帝国論」歴史学研究七七六号（二〇〇三年）。
（2） 荒井信一「黎明期の世界史論——白鳥庫吉とスイントン」『高校社会科教育』（三省堂ブックレット一三号、一九八八年）。本論文で筆者が用いたスイントンの原著は、明治初年に東京の同人社からだされた英文の復刻版である。『万国史』の訳者の中村正直の蔵書であるが、本文中の引用は、筆者の訳による。
（3） 「カズオ・イシグロ氏に聞く」朝日新聞一九八八年一一月二九日夕刊。
（4） *J. C. H.*, Vol. 15, No. 1, p. 3.
（5） Hartley, Anthony, "The Lost Vocation" in *Ibid.*, pp. 67–79.

（6） Mosse, George L., *Toward the Final Solution : A History of European Racism*, J. M. Dent & Sons, 1978, pp. 235-236.

（7） 中村平治「現代世界の紛争とエスニシティ」思想七七号（一九八七年）。

（8） 中村・前掲論文（注7）五頁。

（9） Fielding, Nigel, *The National Front*, Routledge & Kegan Paul, 1981, p. 9.

（10） 主要な事件については朝日新聞一九九六年八月二四日朝刊をみよ。

（11） 前田朗「ダーバンへの道、ダーバンからの道——人種差別に反対する世界会議に参加して」季刊戦争責任研究三四号（二〇〇一年）。

（12） Ly, Phuong & Dvorak, Petula, "Japanese Americans Recall ?40s Bias, Understand Arab Counterparts' Fear," *Washington Post*, September20, 2001.

（13） *National Post*, March20, 2003.

（14） *Nikkei Voice : A National Forum for Japanese Canadian*, Toronto, April 2003, p. 16.

（15） Kirkness, Verna J. and Archibald, Jo-Ann, *The First Nations Longhouse—Our Home Away from Home*, University of British Columbia, 2001.

（16） Tepper, Elliot L., "Multiculturalism and Racism : An Evaluation," in Laquian, Eleanor and Laquian, Aprodicio and McGee, Terry, eds., *The Silent Debate : Asian Immigration and Racism in Canada*, Institute of Asian Research, University of British Columbia. 1997. p. 53.

（17） 黄圭「マイノリティグループの役割」移住者の会会報二七一号（The Greater Vancouber Japanese

Immigrant's Association, February, 2003)。

(18) 荒井信一「第二次日韓協約の形式について」季刊戦争責任研究一二号（一九九六年）。

(19) 朝日新聞一九九五年一一月一六日朝刊。

(20) Nish, Ian, "Regaining Confidence—Japan after the Loss of Empire" *J. C. H.*, Vol. 15 (1980) No. 1. pp. 181-208.

(21) 荒井信一「日韓対話の試み　歴史における合法論、不法論を考える」世界一一月号（二〇〇〇年）。

(22) 内海愛子・高橋哲哉・徐京植編『石原都知事〈三国人〉発言の何が問題か』（影書房、二〇〇〇年）。

(23) 荒井信一「日朝国交正常化とピョンヤン宣言」季刊戦争責任研究三九号（二〇〇三年）。

(24) VAW NET JAPAN ニュース九・一〇月合併号（二〇〇二年）。

(25) 朝日新聞二〇〇三年九月一八日朝刊。

(26) 朝日新聞二〇〇三年六月二一日夕刊。

第Ⅱ部

記憶・責任・和解

グローバル時代の平和学
3

歴史の壁を超えて
和解と共生の平和学

第3章　戦争の記憶──植民地をめぐるオランダ展示からわかること

中尾　知代

1　はじめに

戦争の記憶─それはどの戦争であっても、常に、戦争の体験を束ねるものとして、語られ、集められ、集団の記憶となり、そして一般・公の記憶へと変えられていく。戦争直後から時代がたつうちに、「私の経験」「個の経験」から「お父さん、お母さんの経験」、「おじいさん、おばあさんの経験」へと変容し、さらには、「昔の人の記憶」「前の時代の記憶」という、茫洋とした空間へと拡散していく。近年、元兵士らの戦友会や慰霊祭の多くが最終回を迎え、戦争経験者は、もののいわぬ記念碑や記念樹、靖国神社の提灯や奉納舞へと次々と姿をかえていき、生きた声が失われつつある（以下文中敬称略）。

2 「戦争の記憶」の継承とパブリック化

戦争の記憶がパブリック化されるには種々の形態がある。国家の儀式や行事は、「集団の記憶」として戦争体験の共有を強化する。慰霊祭や原爆記念日は戦争の記憶が一般共同体に共有されるための装置でもある。慰霊碑、戦没者記念碑《モニュメント》は、戦争の記憶を土地に刻み込み、次世代以降と戦争の記憶・体験を共有し意味付ける試みだ。だが一番重要な課題は、この戦争の記憶を、どう記録し継承するか、次代が受け継ぎ解釈し「国民共通のもの」として伝え、「パブリック」＝公のものにするかである。日本では現在、裁判所・教科書・平和記念館などにおける戦争展示をアリーナとして、一種のバトルが続いている。

日本における「戦争の記憶」には三つの局面ないし段階がある。まず「被害」が中心となった。占領軍による一定の情報コントロールが終わった後、マジョリティを占める市民の空襲飢餓経験や、植民地からの引き揚げ、兵士らの戦場体験、敗退の悲惨さ、遺した戦友への思い、特攻隊や、BC級戦犯裁判、シベリア抑留者など、戦後処理における問題が記憶のメインとなった。全体として非戦の思いとリンクした「受苦」の語りであり、戦争は人類の悲劇か自然災害のごとく認識された。

次に、日本の元植民地・東アジアに与えた苦痛の記憶・体験は「受苦」ならぬ「授苦」へと複雑化した。敗戦直後から元植民地の朝鮮・台湾から徴用された兵士や労働者は認知を求めていたが、一九八二年にアジア各地に対する軍事占領の「侵略」/「進出」表現をめぐる教科書問題とともに、近隣諸国からの抗議が起こり、授苦認知要請は活発化。一九九三年に河野官房長官（当時）が「慰安婦」にされた女性に対する強制性を認知し、中学の歴史教科書に「慰安婦」の記述が登場するとともに、九〇年代半ばから論争は白熱した。

さらに旧連合国との戦争体験の照合が起こった。開戦に至る経緯や、原爆使用の是非の問題とともに、英・米・蘭・ニュージーランド・オーストラリア・カナダの元連合軍捕虜（Prisoners of War: POW）や占領地（植民地）で抑留された民間人抑留者による対日認知・補償要請の動きが九〇年代から活発化。[1] アイリス・チャンの「レイプ・オブ・ナンキン」は欧米諸国を刺激し、日本の加害側面の再確認の要請が国際的に急速に強まった。[2]

これらに対するリアクションとして反論の動きも急速に活発化した。一九九四年に「自由主義史観研究会」が結成され、第二次大戦（大東亜戦争）はアジアを西洋列強支配から解放した正義の戦いである、との位置づけが展開された。「新しい歴史教科書をつくる会」は、教科書採用過程を通して次世代にも同様の主張を展開、「加害面」の記述は偏向教育との非難を繰り返した。ポピュラーなレベルでは、小林よしのりの漫画『戦争論』が解放戦争認識を若者に広めた。[3]

一方、言論・学術界では、諸事件の「真実性」をめぐる諸議論が起こった。とりわけ、元「慰安婦」に関しては、軍の関与の度合い、証言の信憑性をめぐって、口述証言《オーラル・テスティモニー》の信頼性や、日本兵側と女性の側の体験認識の差異をめぐり、フェミニズムも関わり百家争鳴の様相を呈した。[4] また最近では、史実の確認可能性と「感情の記憶」をめぐる議論も展開している。[5]

3　戦争展示における「戦争の記憶」をめぐる戦い

教科書とならび、展示資料館もバトル・フィールドとなった。米スミソニアン博物館の一九九五年の原爆展中止が示すように、「博物館展示」の役割は事物展示だけでなく、歴史資料を収集し、戦争に関する一定の記憶を選択し、解釈を提示することだ。日本では、戦争に関する資料館として、一九五五年に、原爆資料を展示する広島平和記念資料館および長崎国際文化会館が開館した。八〇年代は、冷戦期の核戦争の危機の中、各都市が平和都市宣言や非核都市宣言を出し、その一環として自治体立の平和博物館が続々建造された。私立の展示館もいくつか作られた。だが九十年代には、「加害」の側面の導入に対し、「教科書をつくる会」とほぼ同一メンバーによる各団体は、「偏向展示」「資料捏造」としてこれらの展示に対し批判・妨害を行った。[6]

このような軋轢・圧力ゆえに、公の機関が作る「戦争の記憶」展示の場は、批判回避を目指さざるを得ない。[7] 靖国神社付近に戦没者遺族援護の一環として厚生省が建てた「昭和館」（一九九九年）がよい例だ。出征兵士に贈った旗や千人針、戦中戦後の耐久生活などが展示されるこの場所は、遺族が喪った父、兄、弟、息子をしのび、辛さを想起・共有する場所である。遺族の想いや実感は貴重だが、本質的には「我が痛み」を内輪で確認する場所であり、痛みの意義や歴史的コンテクストを考える場ではない。ましてや戦争当時「国民」だった朝鮮人や台湾人の記憶や、沖縄戦の記憶は織り込まれていない。[8]

東京都が企画した「平和祈念展示資料館」も、石原慎太郎知事の介入後、「東京大空襲の被害」記録から「戦争体験の労苦を語り継ぐ」目的になり、シベリア抑留者・満州からの引揚者・戦況悪化後の兵士（特に恩給欠格者）の苦境、という三つの「労苦」に絞られた展示に変容した。[9] 例えば元兵士のフィリピン戦の口述ビデオ記録は、あくまでも〈個人の悲惨さ〉中心の語りと解説だ。[10] そこには、「敵」米兵はもちろん、米国の対日戦記憶のメインのひとつ「バターン死の行進」も存在せず、ましてやフィリピン人の姿は皆無である。植民地の豊かな暮らしも、引き揚げの苦労に覆い隠されている。これではあまりに内向的で、戦争記憶の国際共有化の必要には対応できまい。では、一体どうすればよいのだろうか。

以下、オランダの「戦争の展示」をめぐって起こった摩擦・交流をもとに、今後のよりよいありかたを考えてみたい。

4　オランダ「戦争の記憶」展示

オランダにおける対日「戦争の記憶」概観

かつてのオランダ領東インド、現在インドネシアとして独立した地域を日本が占領した時代は、日本では通常「戦争の記憶」の範囲外である。

四世紀あまり植民地統治が行われたオランダ領東インドに対し、日本は、第二次大戦下三年半の占領を行った。アジア人を白人支配のくびきから解放し、天皇のもとアジア共栄圏をつくるという「大東亜共栄圏」構想の理想の下にはゴム・石油・すずなど天然資源確保の南下政策が存在した。支配層だったオランダ人は日本軍の抑留所に収容され、オランダ人とインドネシア人との混血の人間《ユーレイジアン》は、オランダ血統の強い者は収容されるか生活に制限を受けた。女性・男性・少年に分別された抑留所では手厳しい取り扱いがあり、死者も多数出た。栄養不足、非衛生、恐怖感から心身に障害・トラウマを残す者が多く、捕虜とともに強制労働で死亡した民間人男性もいる。[11]

大戦終結後四年間は、インドネシアの対オランダ独立戦争が起こり、蘭軍の支配下に入った日本兵は、インドネシア人によるオランダ人への襲撃を防衛する役割も果たした。インドネシアの独立後、オランダ人は本土に引き揚げたが、彼らを迎えた母国はヒトラーに抵抗した記憶で覆われており当初関心は薄かった。後に、捕虜（POW）扱いの過酷さ、死亡率の多さ、民間人抑留者の苦難は、種々の作品・回顧録・テレビ番組となり、広く共有され、国際的にも影響力を持つに至った。ニュージーランド・オーストラリアへの移住者も多く、日本への反感は、各地に分散している。

日本に対する嫌悪・抗議は、オランダ内に根強く、ときに表面化する。一九七一年の昭和天皇訪蘭時には激しい抗議デモが起こり、九一年の海部首相訪蘭時には、ハーグの抑留所犠牲者記念碑に捧げた花輪が捨てられた。二〇〇〇年に今の天皇夫妻が戦争記念碑に花輪を捧げたが、花輪は鉄囲いで覆われ、抗議のデモは三時間後にずらされて対日プラカードも報道関係者前では降ろさせるなど、メディア・コントロールが行われた。王宮と国際法廷のあるハーグは、引揚者が多く、「蘭領東インドの未亡人」と呼ばれる。オランダ政府としても、これらの者が一定の納得をするためにも以下の展覧会を開催せぬわけにはいかなかった[12]。

「戦争の記憶」をめぐる日蘭交流

西暦二〇〇〇（平成一三）年、日蘭政府は交流四〇〇周年記念のイベントを二〇〇余り組んだ。その中で、オランダ側の公式行事として、戦争期を扱う唯一のイベントが、『日本占領下の記憶――日本・オランダ・インドネシア』展覧会であった。展示を企画構成したのは、オランダ国立戦争資料館（Nederlands Instituut voor Oorlogsdocumentatie：以下ＮＩＯＤ）である。国家機関の責任のもと、過去の敵国との間に戦争の全体像を作り出す試みは初めてであり、そのため、この展示は一種の異文化衝突をともなう「戦争の記憶」交流の機会となった。

一九九五年以後、通称村山資金と呼ばれる財源を主として、日英・日蘭では、記憶のすりあわせの試みが各種行われた。英国の場合は、学者間の会議か、元捕虜と日本市民の交流という具合に、学術界と一般が分割された。それに対しオランダの場合、展示企画は学者や識者だけでなく、一般人と戦争体験当事者たちを巻き込み、その応答を組み入れる参加型イベントであり、大がかりな国際間対話の試みとなった。

展示を企画したエリック・ソーメルズは言う。「戦争という負の出会い方を経た者たちにとって、お互いの解釈を完全に、すりあわせたり、納得することは不可能だろう、だが、相手がどう考えているかを理解することは、今後、同じようなことを繰り返さないためには不可欠である。私たちは長い間、自国の歴史にのみ目を注いできた。そろそろ、相手の見かたを知るべきときだ

……展示の目的は、日本とオランダにおいて、日本占領下のインドネシアにおける、日本・オランダ・インドネシアの国民の経験に気づかせること。三者ともに、お互いの経験や、これらの年月がどう記憶されているかをほとんど知らない[13]。」だが、この展示が日本で実現される道は決して平坦ではなかった。展示場候補として受容を決めていた施設が次々と断り、開催は危ぶまれた。紆余曲折を経た後、一九九九年から二〇〇一年夏にかけて、京都市、福岡市、福岡県遠賀郡水巻町、大分県臼杵市、長崎市、東京都、高知市の七箇所で、多くは市民に支えられて開催された[14]。

具体的な展示内容

この展示は、当初蘭日インドネシア三カ国で開催する予定であり、観覧者の反応の比較も目的としていた。まずアムステルダムの国立美術館一階の広い一廓で、一九九九年八月から一一月まで、以下のようなつくりで開催された。正式名称は、『オランダ人・日本人・インドネシア人：日本によるオランダ領東インド占領の記憶』であり、会場は二部構成で、第一部はオランダ・日本・インドネシアの三つのセクションから構成された。各国十名ばかりのパーソナルな思い出とライフ・ストーリーの一部が、日記や写真、絵画、思い出の品々とともに展示された。

三つの部屋を抜け、インドネシア独立戦争期を過ぎUターンすると第二部に移り、戦後の〈パブリックな記憶〉（公というより、一般的な記憶）を、オランダ・日本・インドネシアの順で観ながら現在に戻る。各セクションにビデオが設置され、映像インタビューによる経験談が流された。

第一部の展示では、各人の思い出の品とともに、それぞれの語りが記述されているため、人の情感・体感記憶が人類共通のものとして感じられる。たとえば、捕虜になり泰緬鉄道と日本の鉱山で働かされ、戦後は日本との和解に努めたドルフ・ウィンクラーはこう語る。「地下五〇〇メートルでふんどし一枚……坑内ランプ用の電池を背負い、炭塵と汗にまみれて背中がすりむけ傷だらけになってしまう。ときに電池から液が漏れる。電池の酸が傷に触れるときは、地獄の責苦を受けるようだった。」また、インドネシアで行方不明になった日本兵士クマダの日記には、一九歳の出征兵士が新妻との別れに際し、こらえていた辛さが控えめに記される。「わが尊い母上は涙を抑えられなかった。弟は悲しげな顔をした……くにさか駅に、妻は他の人たちと一緒に見送りにきた。これが最後の別れになるかもしれないが、僕は二度と車外には出なかった[15]」

後半の第二部では、ソーメルズの言葉によれば、「個人の経験だけではなく、社会一般が持つイメージに関する展示として、報道写真、ドキュメンタリー映画、プロパガンダ映画など、社会の持つイメージを展示物とする。国家権力が創った歴史観が社会全体の記憶を形成する役割を果たしていた。映画、文学、漫画、玩具や雑貨なども戦争の歴史をつくり、各国の退役軍人会にも焦点をあてている[16]」。全体的にオランダ側の記述がより細やかで、〈蘭・日から独立するインドネシア〉という解釈が可能な展示だが、対話や批判の自由は保証された空間であった。オープニングでは、展示に一貫して協力した元主計中尉大庭定男、池上信雄元抑留所所長、第一六軍司令官代理馬淵逸雄少将の子息も参加し、セミナーが開かれた。だが、当初は展示に賛成した池田駐蘭日本大使は欠席し、第二部のビデオ展示物の昭和天皇訪蘭の際のデモ報道が好ましくなく展示記念論集『日本・オランダ・インドネシア、日本占領下の表象[17]』が日本批判に偏る、とされた。その間に、日本では展示受容をめぐる動きが起こっていた。

日本側展示をめぐる反対および受け入れの動き

では、展示に反対した人々の行動とその理由はいかなるものだったか。ことのはじめは、NIODが企画を持ち込んだ際に、日本会議に連なる加藤裕や一部元軍人が抱いた懸念であった。「ピースおおさか」の「インドネシアの戦争の記憶」展において、インドネシア人「慰安婦」の資料協力を行った件や、日本軍が戦時中にインドネシア人を殺傷したとされる言い伝えを報告した件で、NIOD協力者リストにのった一部の学者は、「反日」とされた[18]。反対派は、NIODの展示も「偏向」になると懸念し、結局、林田悠紀夫を委員長にたて、戦時体験者らと「日蘭戦時資料保存委員会」を作り、日本側の被害面や独立援助の側面を中心に詳しい資料・証言を収集し、英訳も添えNIOD側に提供した[19]。

オランダ側はその資料を一部反映した。だが、オランダ版展示を視察した同会書記加藤裕は、インドネシア人「慰安婦」、労務者・兵補の表現、昭和天皇訪蘭時のデモ報道などに憤慨し、展示の日本上陸反対の姿勢をとりはじめた。その主張を要約すれば、①BC級戦犯裁判・JSP(降伏日本軍人)[20]など日本人に対するオランダ人の横暴さの表現が不十分、②展示資料に虚偽・誇張がある(兵補の服、「慰安婦」強制連行、捕虜刺殺の絵など)、③個人証言への不信、④植民地統治期とインドネシア独立戦争期のオランダの加害面の表現不足、⑤インドネシアの独立への日本の援助・貢献について言及不足となろう[21]。

日本に好意的ともとれるような、インドネシア独立記念式典に「日本兵」役が参加する国家儀式もビデオ展示されていたが、批判的な視察者の目には映らなかったようだ。反対声明が出た時点で、受容先の千代田区の施設や長崎市には匿名の電話や展示反対の強い意見が送られ、騒ぎを怖れた施設は展示を断念した。

オランダ側の視点に偏り植民地支配反省の視点が不足という点は、展示受容に積極的な施設や中立的な視察者からも、つとに指摘されていた。ただし、理由は、植民地支配への無反省は日本の無反省と通底するというものだった。NIODは、日本側の展示反対派・受容派双方の批評・批判を展示に反映、植民地支配の反省文を導入し、第二部の「表象」「一般の記憶」セクションを全部削除、さらに日本の主張を示す平行展示や対話セミナー、シンポジウムの同時開催などを申し出、日本側の再受容をもとめた[22]。すでに南京に関する展示への反対攻勢を受けていた「ピースおおさか」や、他の平和展示館は手を引いたが、メディアでその件が報道されたため、かえって他の場所が手を上げた。そこでは、日本とオランダばかりではなく、市民・公機関・大学・メディア・左派・右派が交錯し交流する場が次々と生まれていった。

各地での開催と交流、「記憶」の掘り起こし

オランダとの縁をもつ臼杵（オランダ人が一六〇〇年最初に漂着した土地）、水巻（オランダ人捕虜が炭鉱で働いた場所。日本で戦時中死亡した八〇〇余名のオランダ人捕虜の記念碑があり、元捕虜・抑留者が毎年訪問する）が、公の団体として受容を決めた。長崎では、民間人一〇団体が実行委

員会をつくり、長崎市に受け入れを要請、それに対して「長崎・原爆展示をただす会」（日本会議系）が反対活動を行い、メディアも加わり白熱した議論が展開された。

長崎では市民の無念さが動機となった。オランダ側は、日本の展示と交換の形で、オランダで戦後初の原爆展を開催する予定だったが、そのプランが流れたのである。長崎の市民らは、スミソニアンの展示中止の二の舞にならぬよう、オランダ側に植民地主義反省点の付加を申し入れ、かつ手作りの「原爆展」を同時開催する案を提出、場所を市民会館ホールに移し、結局「日蘭戦争原爆展」としてこれを実現させた。

この「原爆展」は、捕虜・朝鮮人・中国人強制労働者の被爆の展示により、日本の植民地主義を示し、「原爆は日本人独自の被害」という従来のイメージを脱却させた。同時に、米政府が捕虜収容所の存在を承知で原爆を使用した事実や、当時の文書から、核兵器は戦争終結に不必要であったとする説を前面に押し出す展示となった。新発見の、被爆直後の写真が展示され報道されると、写真に写る女性本人が名乗り出、写真の中で手に持つ鍋にまつわるエピソード（親族の遺骨を拾う入れ物）を語るというライブ感も存在、市長も参観した。

立命館大学平和ミュージアムでは、市民主催の「戦争展示を実施する会」と大学が、初の共催としてセミナーとともに開催した。福岡では武田正勝医師が私財を投じて受け入れた。高知では「草の家」という小さな平和資料館が主体となり憲政ホールで開催した。最も抵抗の強かった東京では、東京外国語大学海外事情研究所が受け入れた。セミナーも開催されたが、時期的に「女性国際戦犯法廷」の直後であり、反対の矛先は「慰安婦」に集中、いわゆるナショナリスト・右派が妨害・恫喝を行い、揶揄・嘲笑・ののしりの大声などを披露したが、開催者の断固たる態度で、一定に抑えられた。オランダ側の参加者が自国の植民地支配批判を展開しているにもかかわらず、揶揄する者の姿は、日本側の大人気なさと主張の展開のまずさを際立たせ、逆にオランダ側の誠実さを印象づけた。

結局、この〈さまよえるオランダ展〉は、一宿一飯の恩義を受ける旅行者のように、各地に寄港しながら、開催されていった。そこでは、常に、元兵士、研究者、民間人平和活動者らが、交流し討議する、対話の場がひらかれた。

オランダには、ポルデル・モデルというものがある。沼や湿地を干拓するのに、土地を持つ人は土地を、道具を持つ人は道具を、労力を提供する人は労力を、それぞれ提供しあいながら、平等に土地を干拓し、所有する、そういう協力モデルを指す。今回の展覧会は、一種のポルデル・モデル的な開催方法であったといえる。ポルデルの中では、日本の言い分も伝えようとした反対派も、交渉法に問題はあったものの、ダイナミズムの大切な一部であったといえよう。来観者のアンケートには、展示から触発された戦争の体験・記憶・感情・目撃談が記されており、日本にもまだまだ記録もされていなければ理解もされていない、様々な「戦争の記憶」の豊かな地層と土壌が存在する事を示した。

その後

このように多くの実りを結んだ展覧会であったが、残念ながら、オランダにおける原爆展は、まだ実現に至っていない。約束どおり、エリック・ソーメルズはアムステルダムのレジスタンス・ミュージアムの一角を展示に提供することを可能にした。原爆被害展示がオランダ人抑留者らの抗議を受けるのは必至であり、その覚悟からオランダ側は学芸員と専門家による史実の保証を希望した。だが長崎市民の手作りでは、要請に見合う規模・精度・資金を整備できず、昨年一二月予定のプランは流れ、現在、市民らは体制を思案中だ[23]。

展覧会の交渉には難関もあった。翻訳上の問題や、休日意識、経済感覚の差異、日本側の自己犠牲感や、黙しても態度から事情察知を期待する「あまえ」の感覚とオランダ側のずれなど、文化差異や相互の事情の理解不足から起こる誤解はあった。だが日蘭摩擦より国内での摩擦が大きく、特に日本側の民間に、経済負担よりも心身への負担を強くもたらした。開催準備中、武田医師は心筋梗塞で入院、大庭もセミナーの帰途に倒れ入院、長崎の求心力だった鎌田定夫は一年後に逝去、草の家の主催者西森茂夫もやはり病に倒れた。日蘭戦時資料保存委員会副委員長の総山孝雄（元独立義勇軍指導者）も昨年逝去。大所高所から意見を述べるのはある程度楽だ。だが批判・交渉の矢面に立つ者たちのストレスは相当なものであり、それを乗り越えて共同作業をしようとした覇気は讃えられる。国外・国内の「交流」を経ねば不明な点も相互に大きかったのだから。

5　「戦争展」反対運動の〈草の根?〉的展開

日本会議と「戦争の記憶」再編の活動

展示の受容反対を通して浮かびでた、「戦争の記憶」を現在大きく動かしている問題をいくつか整理しておきたい。まず、日本全国に存在する「日本会議」の活動の規模の幅広さである。日本会議は「新しい歴史教科書をつくる会」や神社系列や商工業諸団体や議員とリンクし、①皇室崇敬、②憲法改正、③軍事防衛力の整備、英霊の賛美などを目的に掲げ、正規軍隊保持や徴兵制度も謳い、国旗国歌の法制化を促進した団体だ。映画『プライド』や『ムルデカ』の制作に協力し、靖国神社遊就館でもビデオ『私たちは忘れない』でアジア解放史観に基づき、〈国のために生命を捧げた〉日本兵士・市民を神格化、最近では自衛隊派遣を推している。[24]

ＮＩＯＤ展示反対は地元市民や議員の自主的活動のごとく演出されたが、その実は、ほとんどが、反対活動の指示を受けた日本会議・教科書をつくる会系列の賛同者や議員によるものだった。表明された反対意見も展示開始前より日本会議系列の雑誌や機関紙に掲載された、加藤書記らによる〈反日偏向展示〉〈虚偽の展示〉〈賠償要求の隠れ蓑〉という見解に基づくものだった。[25]本来ならば展示を見た上で観覧者が判断し、個別の反論をオランダ側に伝えるよい機会だったのだが、観る前から解釈が一方的に与えられたため、議会発言、投書、抗議のほとんどは、金太郎飴のような同じものとなってしまった。[26]

反対派を支える心理と論理

今回のオランダの展示に反発した日本側の、根源の部分を明確にし、癒さないかぎりは、同様の皮層なレベルでのアジア解放史観は人心を吸収し続けるだろう。今回の展示に対する批判勢力やそれに与した者を支えるのは、日本の加害の認証や強調が、西洋列強のアジア・アフリカ侵略や植民地主義責任を免罪しているという感覚である。また、日本のみが一方的な「悪」「加害者」の構図に置かれる中で、欧米・西洋の責任やかかわりが盲点になるところに一番の苛立ちがある。今回の「慰安婦」問題に対する過敏ともいえる反発も、インドネシア（あるいはアジア）対日本の関係が〈レイプされる女性〉対〈日本軍男性〉に置換・回収され、白人／西洋が〈正義の騎士〉となり、いわゆるレイプ・レスキューの構図にはめられる故でもある。[26] また、加害側面の研究に比べると、JSPやBC級戦犯、シベリア抑留などの実情解明に対する研究者の層や関心が薄いことに対する立腹と慨嘆がある。

実際に、オランダ側の展示には、当初、自国の植民地支配に対する反省や、インドネシア抑圧（植民地期・独立戦争期の双方において）時の加害の側面に対する見識・記述は、かなり少なかったといえる。また、日本の占領下におけるインドネシア人の表象も、分量としては、日本軍が指導したPETA（独立義勇軍）やソロ女学校などエリート層の経験よりも、農村からの強制移動に焦点があたり、「慰安婦」、兵補（日本を訴える兵補）、ロウムシャが目立った。[27] NIOD側は改訂版展示で、日本占領下におけるインドネシア青年の平等な就職機会の増加やJSPの苦難を敷衍したし、インドネシア人が日本占領を歓迎した様子やオランダ人支配が去った事を喜ぶ証言もあったが、やはり日本占領下で受けた厳しい訓練や日本の皇民化教育が目立った。

過去の宗主国は、〈現地人《ネイティブ》・原住民〉がどちらの味方だったかを語りやすいが、展示では日本占領下のインドネシア人の「解放」より苦難に視点が当たる印象はあった。そもそも、展示が扱う戦争の歴史を三年半の日本占領下に区切るならば、オランダ人表象は支配者でなく抑留の犠牲者になり、日本人は抑圧・侵略者の像としてのみ描かれることになる。また、本来は植民地の支配者／被支配者関係にあるオランダ／インドネシアが、犠牲者として並列されかねない(28)。

「戦争の記憶」をめぐるアポリア

日本の「戦争の記憶」をめぐるいきづまり《アポリア》は、第二次世界大戦の責任を、日本と東アジアの関係に限定して考える姿勢にも由来する(29)。あるいは逆に、西洋側だけを単純な圧制者・加害者・抑圧者としてのみ考え、非難する態度に由来する。換言すれば、戦争の全体構図の中に〈西洋〉の関わりが、要素として組みこまれておらず、理論化されていないことに起因するといってよい。侵略者か英雄か——その両極端でしか〈アジア・太平洋戦争〉の戦争の記憶・体験が整理されていない。日本／東南アジア、日本／中国の関係だけを軸として戦争を考え記憶を整理・分析するかぎり、日本の反省部分に焦点があたるのは自然の理である。それらは貴重な作業ではあるが、下手をすればそれはあたかも、大東亜共栄圏の裏焼きのごとき行為になりがちだ。その分析は時として非常に脆弱な部分を含み、その脆弱さを土壌に闇雲なナショナリズムが醸成されてしまう。西洋の植民地責任をも問うこと——それは「あっちだって悪いことやったじゃないか」式の相殺行為や責任回避と同じではない。〈どちらも同じ悪〉という同一性（sameness）理論に陥ることなく、冷静に比較可能性、比較性（comparability）を保ちながら、第二次世界大戦とその前後を、植民地主義・帝国主義の側面から整理することである[30]。列強の植民地のあり方もまた、忘却の淵にあり、これらを整理することは必要だ。だが、現在の日本の「戦争の記憶」のあり方では、自らの罪責を他の罪責と比較し相対化するとき、日本は清い正義漢という自画像に陥りがちだ。「相手も悪いことをした——だから日本も悪いことをしてよい」という図式に陥るのではなく、有色の帝国・後発の帝国という立場を見据えながら[31]、戦争の責任と記憶を整理することがもとめられる。それは、責任逃れや自己正当化の行為ではなく、どの部分を謝罪するべきかをより正確に認識することでもある[32]。

日本の、いわゆる良心的歴史学者や哲学者が、日本の加害をきちんと整理しようとすればするほど、西洋側の加害が見えにくくなり、日本のナショナリズムを刺激するという、この構図は崩さねばなるまい。そして、その両者は今、一般的には右左の分派という形で共生している。今回の展示をめぐる攻防が残した課題は、実はこの苛立ちを、過激なナショナリズムや、シンプルすぎる日本無罪説や強制された愛国心、または国内の叩きあいに封じ込めないということであろう。この硬直した関係をときほぐすために、私たちにできることはなんだろうか？

6　解決に向けて

インドネシア・植民地の記憶

この戦争展は、インドネシアには政変の故もあり到達しなかった。日本あるいはオランダ側の批判、反省、自己弁護や解釈は、表現され得たが、インドネシアは表象される対象にとどまった。必要なのは、インドネシアほか、元植民地の国ぐにの声にもっと焦点をあてることだ。そもそも、元植民地の側の声が主体的に残るのは難しい。過去の植民地側の声は、旧宗主国に対する経済事情や政治状況により、遠慮がちになる。一方で、旧宗主国の者が語る「植民地の記憶」は、「植民地の現地人をかわいがった」「植民地の現地の人間にかわいがられた」という記憶にまとめられやすい(33)。元植民地の記憶を主体的に自由に残すことが、戦争のバランスを取るため非常に重要だろう。聴き取り・口述史自体は、元植民地で行う場合には、聴き手の側が属する国（過去の敵国か、植民地の人間か宗主国か）や、聴き手のエスニックグループや言語、さらに聴かれる側が現在どの国に属するか、双方の年齢などの要因により想起される戦争の記憶も異なる(34)。そのため、多国籍混合チームの聴き手によるプロジェクトをたてることが必要だ。どの宗主国も、過去の自国の植民地と「幻想の共同体」を組みたがる。それは日本も、英米蘭も例外ではない。その旧宗主国を脱帝国化させるためにも、元植民地の声を残すことは、非常に重要なのだ。

実態調査：〈理由〉の調査の必要性

今回、日本の側に鬱積している部分をオランダに伝えたことには一定の意義はあった。通常、日本の側が容易に「謝罪」しない大きな理由は、日本側の強い鬱屈だ。南京事件、「慰安婦」「捕虜」ほか日本側の授苦行為に関しては、国内で肯定・否定に分派するより、冷静な実態調査、関連者たちの心情の記録、事件に至る経過と理由、事実状況を一般に理解できる程さらにクリアにする必要がある。同時に、ＢＣ級戦犯・ＪＳＰ問題・シベリア抑留者・原爆や空襲の必要性／人道性などの国際的な整理も必要だ。そもそも日本という枠を超えて考えるならば人道問題として整理するべき問題である。また、放置するだけでは、国外では「事実否定をする日本」として日本批判が強化され、国内では「こちらは正義などと言わず我慢してやっているのに」という鬱屈が、反西洋・戦時的愛国教育・皇民化教育の再来を招く。時間が過ぎて当事者が亡くなれば事態は終わるわけではない。日本側が加害にしろ被害にしろ、第二次大戦に関して黙していることは、実は次の戦争を生み出す一大原因になってしまっているのである。[35]

口述記録運動：歴史主体としての「わたし」・「わたしたち」

身近なレベルとしては、わたしたち一人一人が、戦争の記憶を残す努力をし、未来資産として保存整理することは大切だ。口述史《オーラル・ヒストリー》は決して、専門家や研究者の独占物ではない。市民として、若者として、もっとも身近にできることだ。歴史の全体像を捉える歴史家も必要だが、戦争経験者のさまざまな体験や思いを、ライフ・ストーリーとして残すこと、それによって戦争の諸相はさらに明確になろう。一人が、誰か一人の記憶と経験を聴き取りそれを残すならば、各種各様の体験史と戦争の記憶の蓄積ができる。大学の学生たちに聴き取りを課すと、学生も驚くほど豊かな量と内容の、多様な戦争時の経験と感情があらわれる。痛み、悲しみ、ささやかな喜びなど、感情と気持ちを含んだ、立体的な歴史が語られるのだ。それは単に、戦争の中の個人を浮かび上がらせるだけではない。戦争作戦上の内容、理由、状況など非常に重要な史実が顕現することもある。語りやすい相手も家族、子孫、同世代同士、他者など組み合わせによって、さまざまだ。口述資料を、一種の信託財産、TRUST《トラスト》として残す活動が現在、最も必要なことだ。口述記録の方法論を整理しつつ、今まさに去り行く声と経験を留めること、これは一番身近な平和活動であり、歴史の客体ではなく、主体としての「わたしたち」の活動だ。

身近な人の経験を聞けば、その記憶の豊かさと、経験に伴う気持ち・理由づけに気づく。現在は、＜加害＞＜責任＞＜悪＞でくくられる話か、さもなければ、＜被害＞＜労苦＞か、ないしは極端な＜がんばり＞＜英雄譚＞の枠組みにあてはまる記憶しか残りにくい。あるいは、すでに加害・被害・英雄譚の結論に合わせて、証言を収集するという行為になりかねない。ケースによっては証言収集の意義はある。とりわけ、これまで隠されてきた部分の記憶に関しては証言収集が必要だろう。だが、被害・加害の対称形では、どうしても二元論になり、「戦争の記憶」は対立の構図の枠内で編集されてしまうことが多い。これを避けるコツは、口述記録《オーラルヒストリー》・聴きとりをする際に満遍なく種々の立場の人々を対象に、自分がその時代にその立場で生まれていたらどうなっていただろうか、という「立場の置換」を考えながら[36]口術記録《オーラル・ヒストリー》を行う事だ。

当事者中心主義

東京外国語大学のセミナーで、激しい反対の声をあげた者には、三種あった。当事者の立場から違和感を唱える者、当事者の記憶を代弁して違和感を述べる者、そしてただ反対のために反対を唱える者・反対を命じられから反対する者。だが、最も貴重なのは、当事者の声である。現在は、戦争体験当事者は押しやられ、代弁や代言をする人々の声にかき消されがちである。だが「教科書をつくる会」のメンバーの年齢から判断できるように、その殆どは戦場に参加していない。現在の「戦争の記憶」をめぐる戦いは、実は戦場経験者による戦いではなく、代理戦なのだ。靖国参拝問題も、参戦した人々の悲しみや苦悩と同じではない。もちろん、複数の声を聞き届けるためにより若い世代が必要だが、当事者の声や体験はかすみがちである。そこで、まだ間に合うこの数年のうちに、「経験者・当事者中心主義」を推奨したい。当事者の声と経験を鵜呑みにせよというのではない。だが当事者に出会い、かれらの経験を存在全部とともに、信頼して、歴史の主体として記録することは大切だ。

筆者は、ここ一〇年、戦争経験者の聴き取りを行い、また慰霊祭や戦友会に参加する機会を頂いた。当事者に会えば、戦争を避けたい願いの強さが実感される。「戦争だけは起こしちゃだめ。あなたは先生なら、伝えてよ、若い人々に。戦争は駄目よ。味方も敵も、本当に悲惨な目にあうのだから！」「小泉さん、二度と兵隊を送らない、と約束したではありませんか！」顔をくしゃくしゃにし涙を流しながら語られる声、また震える声で読まれる哀悼の辞を、その後の世代のナショナリズムと混同してはなるまい。展示・教科書にしても、愛国教育や皇室崇敬運動にしても、往々にして、戦争体験当事者は違和感を持っている。これは日本だけではない。英国の第二次大戦退役軍人たちも、「老兵《オールド・ソルジャー》は、誰も戦争を願ってはいない。自分たちの経験から学んでほしいと思ってはいても」との考えがまことに強い。

戦争に狩り出された者たちは、三重に利用される破目におちいりがちだ。まず戦場に出されたことにおいて。戦後も体験記録や戦中経験が見直されなかった点において、さらに、その記憶や経験が、極端な英雄譚や加害証拠としてのみ一部が矮小化されることにおいて。また、過去の「正義を守る戦争」のヒーロー・先達として祭り上げられ、現在から未来に至る戦争を、正当化するための方便として。このように、幾重にも利用される世代として、彼ら・彼女らをただ漫然と死なしめ、黙す記念樹や記念碑に押し込めてしまってはならないのだ。それよりも、現在彼らに経験を語ってもらい、一人が一人の記憶を継承・記録すれば、記憶と体験の豊かな森が私達に残されよう。

いうまでもなく、口述記録を残す際には、いくつかの疑問がつきまとう。過去の記憶を現時点から語る際の真実性・信憑性の問題。個人の視点と全体の視点の統合性に対する疑問。また、個人の物語は、結局、「国家の物語」に殉じてしまうかあるいは、統合されてしまうのではないか、という問題[37]。だが、数名の口述記録をすれば気がつくことであろうが、〈個人の顔は国家を裏切る〉ものだ。また、虚偽の記憶も、数名の記憶をつき合わせていくときに、存外、語り手のナラティブ性が露わになるものである。さらに、もし記憶違いなどがあれば、その記憶違いがなぜ起こったのかも、確認や質問の仕方によっては新たな当時の事情を確認する手がかりになり得る[38]。

口述の理論・方法論の精緻化は必要だが、「病気は治ったが病人は死んでいた」という本末転倒にならぬよう、口述資料の信頼性の精緻化を行いつつ、同時進行で「記憶・体験を残す」作業を行うことが肝要だ。

史資料の収集

当事者の歴史を辿るとき、非常に貴重な歴史資料や史実が現れることも付言しておこう。日記、書類、手紙、記録、公文書、写真などさまざまな貴重な資料が個人の所有のもとにある。だが、それらの資料は、当事者の逝去と共に処分されたり棺にいれられてしまっている。英国の帝国戦争博物館のように、これらの資料を系統的に収集し、カタログ化し、また考古学的にも吟味し信頼できる史資料としてアーカイブ化することは急務だろう。ただし、敗戦国である立場の日本としては、とりわけこれらの資料収集がそのまま隠蔽や露悪に陥る危険性もなくはない。いかに当事者や遺族を不必要に傷付けぬかたちで、資料を収集し保存し、信託することができるのか。今後、文書館や、展示アーキビスト・アーカイブ研究、確かな技術と全体像の視野を持つ学芸員の養成と、公平性と倫理性、中立性への指向は必須であろう[39]。

個人の経験は点であり、それが集まり線になり、融合して面になり、立体になる。それを、各国、各民族、各個人、各植民地の時代・事例と比較・照合することにより、ホログラフィのように、戦争の全体像が浮かびあがってくるだろう。歴史的事実には、口述記録からしか確認できないことが多くある。また、これら口述の記録を、残された文書記録や手記、各国に分散する史資

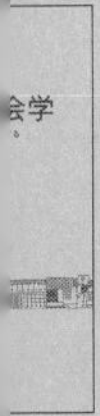

無印都市の社会学　近森高明・工藤保則 編

●どこにでもある日常空間をフィールドワークする　2600円

コンビニ、大型家電量販店、ショッピング・モールなど、チェーン店が増殖する現在の都市空間を「無印都市」と名づけ、その豊かな様相をフィールドワークを用いて描く。「今、ここにいる自分」から社会学する。

織研究の基本視角
編　5400円
経営学の立場から理論的・概括的に非営利組織の本質に迫り、可能性を解明。新しいタイプの事業組織を提示する。

優境〉と社会政策
著　6300円
●人口問題の日本的展開　永井亨や北岡壽逸らを中心に、戦前から戦後の人口の質をめぐる生活政策論の系譜をたどる。

雇用と労働運動
著　3900円
●若年労働者の主体と抵抗　請負から正社員への過程を、７年にわたる丁寧な調査をもとに実証的に分析、考察。

ラーの仕事とキャリア
岡橋充明 著　2800円
●スーパーマーケット店長の管理　店長、人事・総務、営業スタッフへの調査、資料を基に、管理される／することの両面を描出。

ナビリティ学入門
編　2600円
地球環境の持続可能性という同時代的要請に応えるために、追究されるべき具体的なアジェンダと視座を提起する。

育

史教科書問題の構図
著　6000円
●日本・中国・台湾・韓国、および在日朝鮮人学校　日中戦争を中心に、項目・事例別に相互比較し、特色や共通性／差異を示す。

語る世界史 2500円
修/福岡大学人文学部歴史学科西洋史ゼミ 編著
「身近な」「せめぎあう」「つながる」の３つの地域概念を設定し、各地域がもつ個性を世界史のなかに位置づける。

界の職業教育 2700円
木英一・伊藤一雄・佐藤史人 編
関西を中心に職業教育の具体的取り組みを紹介するとともに、国際比較の視点から専門的領域まで踏み込んで論述する。

シップ教育のすすめ
著　2500円
●市民を育てる社会科・公民科授業論　一方向的な従来型の教育を乗り越え、調べ学習やグループワークの実践例を収録。

法律文化社
出版案内
2014年版

政　治

沖縄の〈怒《いかり》〉 ●日米への抵抗

ガバン・マコーマック／乗松聡子 著　2800円

沖縄の犠牲と不平等の歴史をひもとき、沖縄が抱える怒りとその問題の核心に迫る。沖縄県民の生の声を収録し、ジョン・ダワー、ノーム・チョムスキら各国の研究者が称賛する原書を加筆修正した日本語版。

「沖縄振興体制」を問う
島袋　純 著　4800円
●壊された自治とその再生に向けて　日本返還後40年が経過する沖縄自治の総括。返還前に等しい米軍のあり方を問う。

アメリカの太平洋戦略と国際信託統治
池上大祐 著　3700円
●米国務省の戦後構想1942～1947
アメリカの植民地主義の歴史を対太平洋地域政策の観点から考察する。

映画で学ぶ国際関係II
三上貴教 編　2400円
国際関係の〈歴史・地域・争点〉における主要なテーマごとに、名作・話題作を中心に50作品を厳選。

脱原発のための平和学
国際基督教大学平和研究所 編　2800円
3.11を契機とし、「核」のない平和な世界の創造に向け、領域横断的な思考と対話を提示する。

平和を考えるための100冊+α《プラスアルファ》
日本平和学会 編　2000円
古典から新刊まで100冊を超える定番の書物を厳選し、要点を整理・概観。平和でない実態と多面的な平和に出会う。

政治思想の知恵
仲正昌樹 編　2500円
●マキャベリからサンデルまで　西洋近現代を代表する14人の思想家を取り上げ、ユニークな似顔絵とともに解説。

龍馬が抱いたデモクラシー
関家新助 著　2300円
●「新しい国づくり」の精神を探る　坂本龍馬の行動を支えた反権力思想と実像に実証的に迫る。

現代日本政治の争点
新川敏光 編　4000円
政治学の幅広い領域で業績を残し、日本の政治学を牽引してきた大嶽秀夫先生の古稀祝賀論文集。大嶽政治学の継承を試みる。

ポピュリズム時代のデモクラシー
高橋　進・石田　徹 編　3500円
●ヨーロッパからの考察　ヨーロッパを対象とし、理論面と実証面から多角的に分析。日本政治に多くの示唆を与える。

EUとグローバル・ガバナンス
安江則子 編著　3200円
●国際秩序形
EU／ECがどの
たか。リスボン条

グローバル時代のスウェーデン福祉国家と地域
槌田　洋 著　4600円
ネットワーク型
参加の拡大をい
とした最新の

政策学入門
新川達郎 編　2500円
●私たちの政
問題を解決す
事例から学ぶ

地域公共人材をつくる
今川　晃・梅原　豊 編　2400円
●まちづくり
やNPO活動な
のアイディア

京都の地域力再生と協働の実践
新川達郎 編　2400円
「地域づくりの
府の政策体系
の構成で地域

社　会

社会的孤立問題への

河合克義・菅野道生・板倉香子 編著
●分析の視座と福祉実践　実態と論
し、本質的課題を提示。I部で引きこもり
を考察し、II部ではこの問題に挑戦する

高齢者ショートステイにおけるレジデンシャル・ソーシャルワーク
口村　淳 著　6400円
●生活相談員の
先行研究のない
ンシャル・ソーシャ

低所得高齢者の生活と尊厳軽視の実態
大友芳恵 著　3100円
●死にゆきか
部・農村部・
査から、高齢

世界の医療保障
加藤智章・西田和弘 編　3000円
日本を含めた
と機能を概観
設け比較分析

戦後日本の医療・福祉制度の変容
山路克文 著　5500円
●病院から追
対策を主眼と
「排除」してき

精神障害者の生活支援
青木聖久 著　2300円
●障害年金に
障害者が地域
の生活支援シ

非営利
橋本　理

〈優生〉
杉田菜穂

非正規
伊藤大一

ホワイト
乗杉澄夫

サステ
周　瑋生

歴史・

東アジア
菊池一隆

地域か
星乃治彦・池上大祐

日本と世
堀内達夫・佐

シティズ
杉浦真理

料や他の口述資料など、複数の記録や記憶と照合するとき、解き明かされる事実や「真実」が存在する。それにより、当時はお互いに不明であった「なぜ」がわかり、不透明だった側面が、相互にわかる。それは、「敵」でしかなかった者たちを、ふたたび人間として浮かび上がらせるのだ。

7　むすび

以上、「オランダの戦争の記憶」展示をめぐり、日本における戦争の記憶のダイナミズムと、それに伴う未来への方向について考察を試みた。戦争の記憶を整理すること、それは、決して簡単なことではない。だが戦争が現実に起こされている今、これらを記録し整理することは、歴史として、人としての義務と責任であり特権でもある。(40) そして同時に、わたしたちが、「ひとつの花」として、国・民族という枠組みを越え、一人一人の人間として、もう一度出会い、経験を語り合い、あの経験がなんだったのか、そして、それを繰り返さないために、何をすればよいのかを考えるための、貴重な、平和を創り出す機会なのである。

注

(1)　中尾知代「捕虜はなぜ〈和解〉に頷けないか：英国捕虜・抑留者問題における齟齬の構図」現代思想二〇〇〇年一一月号、一四五〜一六九頁。

(2) Chang, Iris, *The Rape of Nanking*, (Penguin Books, 1997).

(3) これら論議は簡略化され海外報道され、〈反省したドイツと異なり戦争の記憶を次代に生かせぬ、国民的健忘症の国、倫理性を欠く日本〉というイメージを提供し続けた。

(4) 事実（fact）と真実（truth）、現時点から想起される記憶の確かさ、歴史認識における史資料の真実性や表象性、言語論的転回、口述資料と文書資料の位置を巡る議論。上野―吉見の論争が知られる。『従軍慰安婦資料集』（大月書店、一九九二年）、吉見義明『従軍慰安婦』（岩波新書、一九九五年）、上野千鶴子『ナショナリズムとジェンダー』（青土社、一九九八年）、岩崎稔「歴史学にとっての記憶と忘却の問題系」歴史学研究会編『現代歴史学の成果と課題　一九八〇―二〇〇〇年Ｉ　歴史学における方法的転回』（青木書店、二〇〇二年）二七六頁参照。

(5) 孫歌―水谷論争が知られる。『東アジアを語ることのジレンマ』（岩波書店、二〇〇四年）水谷尚子「日中両国民があの戦争の歴史を共有するために――孫歌の「東史郎裁判」と「歴史認識」をめぐる論考に応えて」現代中国研究三〇号（二〇〇三年）三六～五〇頁。

(6) 大日方悦夫（松代大本営を保存する会代表）「平和祈念館を考えるつどい」講演「平和博物館はいま」（要旨）（二〇〇〇年）。

「ピースおおさか」攻撃言説は過去ＨＰ「あの『ピースおおさか』に抗議する反日左翼の実態　中国に奴隷化された左翼の『自由』とは何か」などを参照した。

「ピースおおさか」に日本会議大阪が、長崎原爆資料館には日本会議長崎が反対した。「この子らに美しい日本を伝えたい―誇りある国づくりへ：入会のご案内」（二〇〇〇年、日本会議、代表　日本商工会議所会頭稲葉興作）より引用（現在稲葉氏は元会頭）。http://www.nipponkaigi.org/。長崎展示物捏造問題は鎌田定夫「長崎原爆資料館の加害展示問題」季刊戦争責任研究一四号（一九九六年）二一〜三一頁。「日本会議」人脈図は「入会のご案内」および俵義文の各著書・論文参照。

（7）久留島浩「資料と歴史叙述—歴史系博物館における『歴史展示』」歴史学研究会編『歴史学における方法的転回　現代歴史学の成果と課題　一九八〇—二〇〇〇年　Ⅰ』（青木書店、二〇〇二年）三二五〜六頁、三三三・三三九頁。

（8）千野香織「戦争と植民地の展示—ミュージアムの中の「日本」」『越境する知1　身体：よみがえる』（東京大学出版会、二〇〇〇年）一〇九〜一四三頁。田中伸尚『「戦争の記憶」その隠蔽の構造—国立戦争メモリアルを通して』（緑風出版、一九九七年）。

（9）平和祈念展示資料館『戦争体験の労苦を語り継ぐ広場（児童・生徒向け）』総務省認可法人・平和祈念事業特別基金（水木しげる挿絵のパンフレット）より。

（10）『心の碑に刻むがごとく——戦時の状況と、強制抑留者、引揚者などの労苦の実態を描く』より。問題は、語る元兵士ではなく編集・展示を行なう側の意識である。

（11）シャーリー・フェントン・ヒューイ『忘れられた人びと——日本軍に抑留された女たち・子供たち』（教科書に書かれなかった戦争 part 25）（梨の木舎、一九九八年）など参照。

（12）オランダの植民地支配時のインドネシア人弾圧の認識の共有化は鈍い。レムコ・ラーベン「オランダ社会に潜む植民地の暴力——蘭領東インド＝インドネシアという死角」世界二〇〇一年六月号九一〜一四五頁参照。ルイ・カウスブルック『西欧の植民地喪失と日本』（草思社、一九九八年）。

(13) エリック・L・M・ソーメルズ「記憶の中のインドネシア占領——日本、オランダ、インドネシア各国の個人の証言と社会の記憶」平和博物館国際会議録　英語版 pp. 174-7.（日本語版一五六〜一五九頁）、Somers, Erik, "Japanese Dutch Indonesians. The Japanese Occupation of Indonesia Remembered: Personal Testimonies and Collective Memories from Japan, the Netherlands and Indonesia" in *Exhibiting Peace. The Proceedings of the third international Conference of Peace Museums: November 6-10 1998, Osaka and Kyoto, Japan*, The organising Committee. International Co-ordinators: Peter van den Dungen and Terence Duffy. (Osaka, 1999).

この表現は、各国の記録を一元化する危険性をはらんでいる。

(14) 詳細は、中尾知代「拒否されたオランダ「戦争」展」世界二〇〇〇年四月号、「対話は続く」同二〇〇一年八月号、「特集II　日蘭戦争原爆展—国際シンポジウム『アジア太平洋戦争と民衆の記憶』」長崎平和研究一一号（二〇〇一年）九一〜一四五頁、立命館平和研究二号（二〇〇一年）「『日蘭戦争原爆展』は何を残したか」（「日蘭戦争原爆展」実行委員会長崎平和研究所、二〇〇一年五月）四五〜六〇頁、Somers, Erik, en Rijpma, Stance eds., Nederlanders, Japanners, Indonesiers. Een opmerkelijke tentoonstelling (*Dutch, Japanese, Indonesians. A remarkable exhibition*). Zwolle/Amsterdam 2002).

(15) オランダ国立戦争資料館・立命館大学国際平和ミュージアム・平和のための京都の戦争展実行委員会共催、同会編「『日本人、オランダ人、インドネシア人——日本占領下のオランダ領東インドの記憶』展　展示解説」より抜粋。オランダ版展示の「Japanse tekes van de tentoonstelling　日本語展示解説」は歴史解釈を伴う訳語の不備が反対派を刺激した。

(16) ソーメルズ・前掲論文（注15）。
(17) Raben, Remco, ed., *Representing the Japanese Occupation of Indonesia*, Waanders Publishers, Zwolle, 1999.
(18) 加藤裕「従軍慰安婦問題をでっちあげ」『月曜評論』一三九六号（平成十一年七月二五日）、『月曜評論』（同九月九日）。
(19) 他方、反日と目された学者による日本占領期へのポジティブ評価の研究成果を反対派は無視している。
(20) BC級戦犯裁判は国際軍事裁判条例第六条B項「通例の戦争犯罪」C項「人道に対する罪」に基づき、米英仏蘭豪中比七カ国によって行われ、被告総数五七〇〇名、うち死刑判決九八四名（減刑あり、執行は九二〇名）。複数の被告を一度に裁く形式であり当事者が納得しない例が多い。John Pritchard、林博史、内海愛子の研究参照。戦犯裁判全体は、L・ファン・プールヘースト『東京裁判とオランダ』（みすず書房、二〇〇〇年）、『レーリンク判事のオランダ裁判』（新曜社、一九九八年）牛村圭『文明の裁きを越えて』（中央公論社、二〇〇〇年）『蘭印法廷(1)』（東潮社、一九六八年）。
　JSPとは、Japanese Surrendered Personnel：降伏日本軍人。英軍主体の東南アジア連合軍（SEAC）は、南方軍日本兵を一〇万六〇〇〇名を「作業隊」として留置、一九四八年までに九〇〇〇名近い死者を出した。喜多義人「英軍による降伏日本軍人の取扱い―南方軍終戦処理史の一断面」季刊軍事史学三五巻二号（平成一一年一〇月）。
(21) 加藤裕「日本も謝罪を要求すべきだ：オランダの残酷・理不尽なリベンジ」月曜評論平成一二年三月号、同「日蘭友好を阻むのは誰か：陛下のご訪欧を中心に」日本会議編『日本の息吹』（平成一四年三月号）、

「オランダの思うツボ　偏向戦争展を強行」月曜評論平成一二年七月号。
(22) なお兵補の服には本人の複製の旨が記され捕虜刺殺の絵はNIOD側が史実調査面に自信を持っていた。
(23) 「表象」概念の日本側理解が浅く、表象と史実展示が混同して認識された点も展示受容を困難にした。
(24) 協力希望の方は、オランダ原爆展開催準備会（仮）事務局、yyy850@nifty.com まで。
(25) 日本会議・前掲「入会のご案内」（注6）。
(26) アンケートの反対意見・反対声明文にもこれらの記事が引用された。
(27) G・C・スピヴァク（上村忠男訳）『サバルタンは語ることができるか』（みすず書房、一九九八年）。
観覧者に知識があれば展示内容の相対化が可能だが、日本では展示を吟味・批評するリテラシーより、吸収・学習が優先しがちである。
(28) 兵補研究は、前川桂遠里の研究を参照。
(29) 国により、展示物解釈にも歴史のコンテクストからくる差異がある。植民地時代の写真（インドネシア人使用人と写るオランダ人）は、主催者側にはオランダの有色人圧制の象徴だが日本側はそう解釈しなかった。逆に、BC級戦犯の裁判の様子の展示は、オランダ女王の特赦を得た例であり、不充分との批判が日本側から出たが、不手際な裁判としてオランダでは衝撃を与えた。展示は、日蘭双方が自らの苦痛を、相手の苦痛で相殺されることを怖れる構図と、「戦争の記憶」の非共有の部分を示した。
当事者の展示反対論としては総山孝雄「老兵たちの戦い」国際新聞平成一二年一二月二五日、総山孝雄「日蘭賠償会談余波」国際新聞二〇〇〇年一二月二五日参照。総山は、スマラン事件など、インドネシア独立戦争時における、日本の立場の困難さを指摘している。

当事者の賛成意見として大庭定男「オランダにおける『日本のインドネシア占領――個人の記憶と全体のイメージ』会議と展示に参加して」陸軍経理学校同窓会若松会機関誌『若松』二〇〇〇年新春号、*Quadrante*（東京外国語大学海外事情研究所）二号（二〇〇一年）、「インドネシア抑留体験と終わらない戦後」保坂正康責任編集・『昭和史講座』第八号、二〇〇二年六月号。

蘭領東インドの記録には鈴木政平『日本占領下――バリ島からの報告』（草思社、一九九九年）、総山孝雄『ムルデカ！ インドネシア独立と日本』（善本社事業部、一九九八年）、*A Japanese Memoir of Sumatra 1945-1946 : Love and Hatred in the Liberation War*, cornell Modern Indonesia Project, Monograph Series no. 71 Southeast Asia Program ，(Cornell Ilelverity, 1993) 大庭定男『ジャワ敗戦抑留日誌一九四六―七』（龍渓書舎、一九九六年）、森本武志『ジャワ防衛義勇軍史』（龍渓書舎、一九九二年）ほか。エリート女性教育の聞き取り記録に百瀬侑子『知っておきたい戦争の歴史――日本占領下インドネシアの教育』（つくばね舎、二〇〇三年）。

(30) 加藤典洋『敗戦後論』（講談社、一九九七年）も、加藤批判の立場の高橋哲哉編『思想読本7〈歴史認識〉論争』（作品社、二〇〇二年）や姜尚中編『思想読本5　ポストコロニアル』も構図は相似である。

(31) T・フジタニ「戦下の人種主義――第二次世界大戦期の「朝鮮出身日本国民」と「日系アメリカ人」」、成田龍一ほか『岩波講座　近代日本の文化史8　感情・記憶・戦争』（二〇〇二年、岩波書店）二三五～二八〇頁。

(32) 小熊英二の諸研究を参照。

(33) 中尾・前掲「捕虜はなぜ〈和解〉に頷けないか」、同「失われた声をもとめて」現代思想二〇〇一年五月号、一六六頁。

(34) かわいがりの記憶については、前掲 *Quadrante* 根本敬のコメント参照。Ann Stoler もエセックス大学講演で同様の指摘をした

(35) 中尾知代「戦争・植民地にかかわるビジュアルオーラルヒストリーの方法 附：シンガポール・マレーシアのアーカイブ紹介」史資料ハブ 地域文化研究二号（東京外国語大学）、三一―四九、七四―七六頁（二〇〇三年）。

植民地の口述記録七二四名収集のライデン大学コレクションの例は、オランダ王立言語・人類学研究所インドネシア班研究員フリーダス・スタイラン講演・中尾知代解説「〈記憶のコレクションをつくる〉――オランダにおけるオーラルヒストリー、その効用」「岡山の記憶」編集フォーラム編『岡山の記憶四号』（岡山・一五年戦争資料センター、二〇〇二年）。

大英帝国戦争博物館（Imperial War Museum）の Sound Archive 、シンガポールやマレーシアの National Archive の Oral Archive に戦争関係者の口述記録がある。帝国戦争博物館には文書・映像・ビデオ・写真のコレクションもある。

(36) 対イラク戦において、戦争・占領による地元民の民主化モデルや、東方の専制君主フセインのプロトタイプは、日本である。日本が第二次大戦を解決せぬかぎり、力による〈民主〉化・戦争・核兵器は正当化される。中尾知代「ホモ・ホスティリスの悪循環」現代思想二〇〇一年一二月号「ナショナリズムの変貌」、一三八頁。

(37) お茶の水女子大学ジェンダー研究センター、李小江氏講演に触発される。

(38) 藤原帰一が投じる疑問である。ポール・トムプソン(酒井順子訳)『記憶から歴史へ』(青木書店、二〇〇二年)、第四章「口述の証拠」参照。(*The Voice of the Past*, 1978)

(39) JOHA (Japan Oral History Association) 準備会講演会・岡山講演後のディスカッションにおけるスタイランの指摘より。(一九九九年九月二二日) 日本オーラル・ヒストリー学会は http://www.ne.jp/asahi/joha/jp

(40) 久留島・前掲論文(注7) 三三三、三三九頁。安藤正人「戦争の記憶の共有化に向けて」史資料ハブ 地域文化研究一号(二〇〇三年) 参照。現在アジア歴史資料センターにより収集計画も始まっている。

(41) テッサ・モーリス=鈴木「グローバルな記憶、ナショナルな記述」思想八九〇号(一九九八年) 五一頁も同様の趣旨だ。保苅実『ラディカル・オーラルヒストリー』(御茶の水書房、二〇〇四年) 参照。当事者主催の戦争記録活動については日野原重明主催「新老人の会」同会編『語り残す戦争体験 私たちの遺書』(講談社、二〇〇二年) や、ML『戦争体験を語り継ごう』no-morewar@freeml.com など。筆者は現在 War Memory Network および War Memory Trust (戦争の記憶信託) を設立中。英国ナショナル・トラストの自然保護のような民間による記憶継承保護作業とネットワークを目指す。http://www.warmemory.org/

〔付記〕本稿を、英国CND、平和・反核非武装運動を行ってきたルーシーとジョン、そして故鎌田氏に捧げる。

第4章　戦争犯罪――日本は何を裁かれたのか

内海　愛子

アジア太平洋戦争の終結後、日本は、連合国の軍事裁判によって、その戦争犯罪を裁かれた[1]。日本もまた「自主裁判」を行った。戦争犯罪の追及が必至とみた軍部が、戦時国際法に違反した軍人を、行政処分や軍法会議に付したのである[2]。さらに、捕虜虐待を調査し、「懲罰刑」を科すという「自主的な処罰」も行っている。「一時不再理」の原則を考えて、連合国の厳しい追及が予想された戦争犯罪に、先手を打とうとした。

「ポツダム宣言」は、「吾等の俘虜を虐待せる者を含む一切の戦争犯罪人に対しては厳重なる処罰を加へらる」ことを明記していた（第一〇項）。しかし、捕虜虐待以外、どのような「戦争犯罪」が対象となるのか、明らかではなかった。はっきりしているのは、連合国が捕虜問題を重視していることである。政府と軍は事態に対処するために、「俘虜関係調査委員会」を組織し、調査に乗りだした。同委員会がまとめた報告の一部は、極東国際軍事裁判（以下東京裁判と略す）に提出された。また、同委員会の地方委員会は、処罰をはじめていたが、なしくずしに終わっている。アメリカ軍の動きが早く、日本の調査が後手に回ったためという。

本章では、連合国とりわけアメリカ軍が何を裁いたのか、日本の裁かれた戦争犯罪に焦点をあてる。一九九〇年代、アジア各地から澎湃としておこった戦後補償の要求や二〇〇〇年一二月東京で開かれた民間の「国際女性戦犯法廷」は、裁かれなかった日本軍の戦争犯罪を浮き彫りにした。なぜ、これらの戦争犯罪が不処罰のまま放置されたのか、アメリカ軍第八軍による横浜裁判と日本の対応の中から考えてみたい。

1　連合国の危機感

一九四五年七月二六日、アメリカ、イギリス、中華民国は、ポツダムで、日本の戦争終結に関する一三項の「宣言」を発表した。「ポツダム宣言」である。日本は、八月一〇日、「天皇ノ国家統治ノ大権ヲ変更スルノ要求ヲ包含シ居ラサルコトノ了解ノ下」に、「宣言」の受諾を申し入れた。翌々の一二日、この三国にソビエトが加わった四国は、降伏の時から「天皇及ヒ日本国政府ノ国家統治ノ権限」が、連合国軍最高司令官の制限の下に置かれるとのみ回答してきた。

この回答には次の一文があった。

「日本国政府ハ降伏後直ニ俘虜及被抑留者ヲ連合国船舶ニ速カニ乗船セシメ得ヘキ安全ナル地域ニ移送スヘキモノトス」

連合国は、捕虜（Prisoners of War）と敵国人として抑留されていた者に、重大な関心を払っていた。敗戦時の連合国捕虜は一〇万三六四二人、死者はすでに三万三九一一人を数えていた[3]。

緒戦での捕虜は約三五万人、日本軍はこれを「白人」と植民地兵の「非白人」に分類した。[4]「白人」のみを捕虜として収容し、戦時宣伝や「生産拡充」・「軍事上ノ労務」に利用したのである。[5]朝鮮人、中国人だけでなく、捕虜もまた、戦時生産の重要な労働力として動員された。東京裁判では、「捕虜虐待は日本の一つの方針」とさえ指摘していた。[6]

「アメリカ中が、怒りで歯がみしている」、『ニューズ・ウイーク』(一九四四年二月七日号)は、こう書き出した。フィリピンのバターン半島で降伏したアメリカ兵が、有刺鉄線の囲いのなかに押し込められ、照りつける太陽の下で一日中座らされた。水はない。強烈なのどの渇き。まだ生きている間に埋められた者もいた。「死の行進」のなかで続く虐待――解放されたアメリカ人将校の証言から、捕虜の惨状がつぎつぎに明らかになった。

一九四四年一月二九日午前七時、コーデル・ハル国務長官とイギリスのアントニー・イーデン外相は、KWID放送局(サンフランシスコ)を通じて「日本軍の手中にある俘虜の取扱に関する声明」を放送した。日本軍の捕虜虐待について、はじめて公表したのである。これまでは、公表が日本軍をさらに残虐行為に走らせるとの危惧から、伏せられていた。だが、東京を空襲したドウリットル搭乗員の処刑、「バターン死の行進」などが、アメリカ政府を変えた。日本へのいっさいの幻想を捨てたアメリカは、集められる限りの事実をすべて集めつつあり「責任者の十分なる処罰を求める心算」であると声明した。

ダグラス・マッカーサー大将(当時)も、万一、捕虜や抑留者に不当な待遇を与えた場合、

「比島地上軍指揮官として余は直ちに日本指揮官の責任を再び糾弾すべことを茲に宣す」と、フィリピンの南方軍総司令官寺内寿一元帥に警告していた。(7)

捕虜虐待の責任を追及する方針を声明したアメリカや英連邦は、情報収集に力を注いだ。一九四四年四月には「大東亜共栄圏」全域の捕虜収容所の一覧表が作成されている。新潟の記述をみると、本州の西海岸にある、台風で八人のカナダ人捕虜が死亡とあるほかは「??」となっている。これが同年一一月の一覧表では、海近い砂地の危険な地域内にあり、捕虜数は三五六人（内訳はアメリカ人二二五人、カナダ人一二五人、オランダ人一四人、イギリス人二人）と具体的になる。一九四五年八月には、さらに捕虜を使役している企業名も書き込んでいる。(8)

河辺虎四郎陸軍中将がマニラで受領した「降伏文書」は、捕虜を「直ニ解放スルコト」を命じていた。「一般命令第一号（陸、海軍）」では、さらに、収容所に関する完全な情報の提供はもちろん捕虜の先任将校に収容所の設備・貯蔵品・記録・武器および弾薬をただちに引き渡し、その指揮下に置くことなどを、命じている。降伏文書の調印前に、連合国は捕虜の救出に動き出していた。その矢継ぎ早な情報の要求は、日本側が当惑するほどだった。

田村浩俘虜情報局長官は、各収容所長に捕虜の強制労務を直ちに中止させてもさしつかえないこと、捕虜業務関係の不用な書類の焼却を完全に行うことなど、七点にわたり注意している（八月一六日）。同じ日、田村浩陸軍省軍務局俘虜管理部長（一人の将校が二職を兼ねていた）は、日本国内と占領地の各軍参謀長と捕虜収容所長に、捕虜問題が「敵国ノ注目ノ的」であると、注意を促している。それは陸軍次官をして「想像外トスル所」だった(9)と言わしめているほどであった。

連合国は、まず、食糧、医薬品、衣料などの救恤品を投下している。投下には正確な情報が必要だった。俘虜管理部長は、日本各地の捕虜収容所長、各軍管区参謀長、台湾軍参謀長に、八月二四日一八時までに、収容所の位置に二十呎（フイート）のPW（Prisoner of War の略）の文字を、黒地に黄色で描き、南より北に向かって読むように表示するよう命じた。この標識に通信筒または食糧を降下し、あるいは落下傘で降下することがあるとの連絡もあった。八月二五日午前六時を期して、連合国軍部隊は、その行動区域内で、昼夜にわたり偵察飛行を行い、収容所に給養品を投下した。場所によっては一時間か二時間前に投下予告のビラをまき、投下する物資の中味を伝えていた。ビラには「食べ過ぎないように、薬の過剰投与をしないように！」とある。[10]

投下が遅れたところもあった。新潟の収容所には、八月二七日正午になって、ようやくアメリカの艦載機五機が飛来し、五〇キロ相当の梱包品、数一〇個を投下した。翌二八日はB24機がドラム缶、布製梱包、衛生行李など合計一六個を投下した。全国の捕虜収容所の上空に、落下傘の花がひらいた。だが、落下傘が開かずにドラム缶に直撃されたところもあった。直江津市では町の中央にドラム缶八個が落ち、重傷二人、軽傷一人を出している。五〇キロ入りドラム缶には、パイナップル、バターなどの缶詰類と菓子。一〇〇キロ入りの布製梱包品には石けん、靴下、タバコ、歯磨き粉、歯ブラシ、編上靴などのほかに三種類の英文印刷物がはいっていた。木箱、段ボール箱、布包み、俵包、ドラム缶などが、空から降ってきたのである。[11]

新潟市は緊張していた。新潟警察署管内には六カ所の収容所があり、二八三一人の捕虜がいた。二七日に投下された英文印刷物三種類の中に、日本が無条件降伏をした事情を詳細に記述した「艦隊ニュース」があった。「停戦」ではなく、無条件降伏と知って、捕虜の態度が「一変」した。敬礼を拒否するばかりか、職員の食器洗浄を拒否するなど「高圧的ナ態度」を示すようになったという。敗戦後も敬礼や作業をさせていたのである。収容所長は、捕虜問題の深刻さを解っていなかったのだろうか。

二八日以降は、新潟の収容所が無統制の状態に陥った。密かに脱け出して「小料理屋（密淫売）遊廓等ニ登楼　中ニハ無銭遊興スル者」もでてきた。また、昼夜を問わず、民家に立ち寄り、飲食物の提供を強要したりするので、住民の間にすくなからず不安と動揺がおこった。そのため、新潟警察署は憲兵隊と協議して、隣組をとおして注意事項を配布している。

「婦女子ノミノ夜間外出及ビ接触ノ禁止」
「濫リニ接待物品ノ供与、交換ヲ為サヾルコト」
「濫リニ追従シ大国民トシテノ品位ヲ傷ツケザルコト」

その一方で、新潟市では「公娼密淫売業者ヲ督励昼間ノミニ限リ、俘虜ニ対シ既設慰安施設ヲ開放スル」措置をとった。のちにＲＡＡ（Recreation & Amusement Association・特殊慰安施設）が開設されたが、これに先だって捕虜に「売春施設」を開放したのである。[12]

九月二日、降伏文書の調印後、収容所の設備、貯蔵品などは、捕虜側に引き渡された。捕虜が昼夜をとわず、公然と大挙して自由に外出したところもあったが、警察も憲兵隊も「外出ニ付テハ禁止スルコトハ出来ナイ」と、動かなかった。[13]

大森の収容所（東京俘虜収容所本所）にいたルイス・ブッシュによると、八月二九日、収容所の沖に数隻の軍艦があらわれて、米巡洋艦サン・ジュアン号の中佐が、軍医を一人引き連れ、収容所にやってきた。かれらは、その晩、沖合のアメリカ病院船ベネヴォランス号に宿泊し、九月三日には航空母艦スピーカー号でマニラにむかっている[14]。

日本国内にいた捕虜三万〇八七一人は、八月三〇日から引揚を開始し、九月二二日には完了した。新潟の第五分所にいたケネス・カンボンは、グアムに運ばれた。病院に入り、その後、情報部の試験、調査、訊問をうけた。ケネスは、連合国の情報将校たちが、収容所の日本人、とくに虐待をした日本人について、十分把握していたことに驚いている。九州の鹿屋に脱出したジョン・フレチャ・クックは、情報将校から収容所の日本人関係者の氏名と特徴をしつこく聞かれ、彼らの虐待が徹底的に追及されているのを知った。大牟田の収容所にいたレスター・テニーも、沖縄からマニラへと移されて入院し、健康状態をチェックされ、尋問を受けている[15]。

連合国は、捕虜の身柄を確保すると同時に、情報の収集に乗り出している。責任者はもちろん、具体的に手を下した者の名前、虐待の日時、場所、行為の内容に関する情報が集められた。直接の被害情報だけでなく、目撃情報も記録している。一九四四年からはじまっていた捕虜虐待の調査は、捕虜の解放の時点からは一件ごと、容疑者ごとの膨大な調査カードとして集積されていった。具体的な被害者の告発が、時には誇張も含めて、記録されている[16]。

捕虜に質問票も配られ、心に刻まれた虐待が記録されていった。虐待した側が忘れていたり、虐待と認識していない行為も記録された。オーストラリア戦争犯罪委員会が配布した質問票には、軍隊での番号・階級・氏名・捕らえられた日時・場所・本国の住所・収容されていた収容所、病院、その期間などを記入し、そのあとに、残虐行為や虐待についての情報、加害者が処罰されるべきと思うか、イエス、ノーで回答する。虐待に関する質問項目は一四項目に上っている[17]。

こうした調査で、捕虜と日常的に接していた者の戦争法規違反の行為が明らかにされていった。捕虜虐待の調査は、「大物戦犯容疑者」のそれを上回る規模とスピードで進んだ。九月二四日、総司令部は、捕虜収容所に勤務した職員名簿の提出を指令した（フィリピンは一九日にすでに提出命令）。調査がすすむと、捕虜が勤務した時期の工場や鉱山の職員・工員の名簿も提出を求められた。時には身体的特徴も記入されている。捕虜が加害者をあだ名でしか記憶していないこともあったからであろう。こうして加害者が特定されていった。

捕虜虐待の告発は、日本軍一般ではなく、いつ誰がどのような虐待を行ったのか、具体的な告発である。一九四五年一一月、アメリカ軍第八軍は、捕虜収容所の所員三〇〇人に逮捕状を出した。

東京裁判では、「通例の戦争犯罪」の立証の過程で、捕虜虐待の多くの証拠が提出され、捕虜収容所を統括していた陸軍大臣東条英機の責任が追及された。田村浩俘虜情報局長官・俘虜管理部長は、丸の内裁判で、重労働八年の刑を受けた。俘虜収容所長とそれを管理していた軍司令官も裁かれている。しかし、捕虜の決定に権限をもっていた大本営陸軍部、陸軍省軍務局、情報の窓口であった外務省、捕虜を使い続けた企業などの責任は、こうした告発方法からは落ちていった。事態を最もよく知る立場にあった人たちが、東京裁判や横浜のアメリカ軍第八軍法廷に立ったのは、「証人」としてだった。

2　責任は誰にあるのか

連合国が捕虜問題に大きな関心を寄せていることが明らかになると、軍部と政府は、自主的に調査し処罰することで、追及の手をゆるめようと動き出した。(18)

九月一三日、重光葵外相とリチャード・サザランド参謀長会談がもたれた。参謀長は、捕虜を虐待した者の処罰については、留保付きながら自主裁判が「可能」との見解を示した。日本側は、翌日から捕虜虐待の自主調査、処罰の準備を開始した。下村定陸軍大臣は、関係部隊に連合国側の訊問にたいする「応答要領」を通達し、訊問には「日本軍人ノ態度ト覚悟ヲ以テ対応」するよう、方針を示している。(19)

この「要領」には、捕虜管理者の苦心や捕虜の社会的軽視などを明らかにするだけでなく、「俘虜収容所ノ編制素質（特ニ台・鮮人《ママ》）」を説明するように指示していた。私的制裁など捕虜虐待は、台湾人と朝鮮人を使ったのでおこったと思わせる説明である。(20) 南方で編成された捕虜収容所の監視員には、朝鮮人（タイ、マレー、ジャワ）と台湾人（フィリピン、ボルネオ）が使用された。日本国内では一九四三年八月から日本人の傷痍軍人が収容所に勤務した。かれらの素質が低いために「私的制裁」が多発した、捕虜管理の責任者はこう説明しようとしていた。私的制裁は、収容所が開設された時から問題となっていた。一九四三年一二月二六日の捕虜収容所長会議で、俘虜管理部長浜田平少将は、特に「私的制裁」に注意を喚起し、翌一九四四年には通牒をだして、これを禁止している。[21]

浜田によると、収容所は職員の人選に特に考慮したのはもちろん、「指導監督には常に細心の注意を払」った。職員には簡単な英語や欧米人の習慣を教育していたという。だが、朝鮮人や台湾人監視員たちが、こうした教育を受けたとの証言はない。捕虜に関する戦時国際法の存在すら教えられていない。たたき込まれたのは捕虜になることを禁じた「戦陣訓」や「軍人勅諭」であり捕虜への蔑視であった。時には「捕虜を叩いて使え」とすら教えられた。虐待は「素質」ではなく、日本軍の捕虜政策、捕虜教育の帰結であり、抗議を軽視し、放置してきた軍と政府の責任でもあった。一九四四年一月、米英から激しい抗議を受けたにもかかわらず陸軍はほとんど調査もせずにこれを否定し、実行ある虐待防止の手が打たれないまま、事態は放置されてきたのである。

九月一八日、東久邇稔彦首相が連合国記者団と会見した。この時の記者団の質問は、捕虜虐待問題から始まっている。東久邇首相は、「連合軍の指示をまたず日本側で処断する方針で、既にこれを開始」していることを言明した。[22]

九月二〇日、陸軍省に「俘虜関係調査委員会」が設置された。若松只一陸軍次官は、連合国の大規模な逮捕が予想される中で、連合国側が要求する「所謂戦争犯罪者（以下責任者ト称ス）」を次のように分けている。[23]

1、甲責任者――――政治に関係ある責任者

2、乙責任者――――指揮官など部下の犯罪に対する責任者

3、丙責任者——捕虜および抑留者に対して虐待した責任者
　丁責任者——捕虜など以外の現地住民などに対して虐待した責任者

甲は政治指導者、乙は軍首脳、丙と丁が通例の戦争犯罪の実行者と責任者となる。業務分担として、全般の統制は、軍務局軍事課がおこなうが、責任者関係一般のうち「丙」すなわち捕虜関係は俘虜管理部がおこなう。

引き渡された者の身分は、従前通りとし、処刑された者（日本の刑法、陸軍刑法等で処断された者を除く）の給与（扶助）は、一、処刑服役中は召集期間に準ずる　二、死刑に処せられた者は公務死者に準ずる。

戦犯は国内法上の犯罪ではないので、このように処遇する方針だった。刑死者の「公務死」扱いは、一九四五年九月に、陸軍省の方針として出されていた。

陸軍省による調査

「丙責任者」の業務を分担する俘虜管理部は、敗戦からおよそ一カ月が経過した頃に、捕虜収容所長を集めた会議をひらいている。その席上、田村浩部長は、連合国側の捕虜に対する「関心ハ深刻ナルモノ」があった。今後、査問等がますます辛辣さを加えると思われると、想像される査問に対する準備、応答、残務整理などについて、所見を述べている。田村は、査問の対象となるべき事件は必ずしも絶無とはいえない。所長の知らないところで不祥事があったかもしれない。所員が召集解除され、記録が焼失している現在、調査は困難であるが、連合国側の追及が詳細で

かつ具体的であり、いささかも仮借することがない。あらゆる手段で実相を解明して、資料を蒐集しておくことと共に、日本の捕虜取扱が公正で妥当であるという印象をあたえる資料、たとえば捕虜を苛酷に扱った部下を処罰した例、捕虜からもらった感謝文などの蒐集、過去の事実を率直に認めて「陳謝ノ用意ヲ整ヘ」るなど、万端の用意を調えるように指示している。

過去にさかのぼって「処罰権ヲ行使」してもよいことになった。連合国側の査問の狙いがどこにあるのか、にわかに予断は許さないが、「俘虜個々ノ陳述ニ基キ個々の事象を捕ヘテ査問を開始スル」と見ていた。すなわち個々人、個々の事象をもとに調査がおこなわれ、逐次資料を集めて、日本の捕虜取扱やその制度を検討して、「深刻且系統的ニ追及」してくると推測していた。収容所長が、どのような説明を求められるのか、想定質問を「労務」「給与」「私的制裁」など項目別にあげている。[24]

一〇月一七日には、米軍憲兵司令官一行が俘虜情報局職員にたいし、調査をおこなっている。[25]情報局は、資料を保管して、連合国の責任追及に備えていた。局長はすでに、不用な書類の完全な焼却とともに、捕虜ひとりひとりの「銘々票」のひき渡しを予定しているので、これを保存するように、各収容所長に指示していた。何が「不用」なのか、焼却の順位などは、収容所の判断で行われたと思われる。焼却命令はあったが、俘虜情報局は「真相ヲ説明スルニ足ル十分ナル記録ヲ保有」していた。[26]

すでに「俘虜関係調査委員会」（九月二〇日）が設置されていた。「俘虜関係戦時犯罪者関係一般ノ状況特ニ其ノ実相竝ニ処罰状況等ヲ調査シ以テ処罰等ニ資スル」ための委員会である。調査だけでなく処罰を視野に入れていた[27]。連合国側の一方的主張に対抗し、日本の国家および国軍の法規に則り、厳正に公平なる処罰を明らかにするための判断材料を収集すること、また、戦争犯罪人として連合国から招致された時に、当局がその事実を何ら承知してないというのは不都合であり、事前に問題の実相を調査し、心得ておく必要もあったのである[28]。

組織の編成は次のようになっている。

中央委員会　全般の計画、指導、連合国との連絡。

地方委員会　東方（第一総軍）
　　　　　　西方（第二総軍）
　　　　　　朝鮮（朝鮮軍）
　　　　　　台湾（台湾軍）
　　　　　　南方（南方軍）

中央委員会の任務は、①中央から命令した捕虜関係諸法規（指示）などの検討および実行状況の調査。②捕虜関係の一般重要事件および米軍関係重要事件の事実調査。③日本軍の捕虜の日本への送還に伴う処理。④その他連合側の要求にたいする諸調査である。委員長には陸軍次官若松只一中将が就任、委員会には八つの調査班が設けられ二七編の調査報告書が作成された[29]。

地方委員会の編成

中央委員会のもとに、軍管区ごとの地方委員会が編成された。任務は、捕虜関係の犯罪事実および犯罪の可能性のある事件の事前調査をおこない、軽易なものを調査し、軍管区で処理することだった。

西方委員会（第二総軍）の場合をみると、畑俊六第二総軍司令官が、「俘虜関係事項ノ調査」を命じ、「西方地方委員会」が設置された。この下に、東海軍、中部軍、西部軍の各軍管区が事務所をおいて調査することになった。

西部軍の場合、一〇月四日に「西部軍管区俘虜関係調査事務所」が編成され、捕虜関係事項の調査がはじまった。所長は、捕虜関係の戦争犯罪者一般の状況特にその実相ならびに処罰状況を調査し、犯罪事実および犯罪の可能性ある事件の調査に任じ「事前ノ処罰等ニ資スベシ」と命じられている。西部軍軍司令部から七人、捕虜収容所から一人、憲兵隊から一人の計九人が、一〇月一〇日付けで「西部軍管区俘虜関係調査事務所職員」に任命された。戦犯関係が公表される前に、自分たちで処分するための調査をおこなおうとしたのである。

職員に任命された福岡俘虜収容所本所副官だった渡嘉敷唯昌大尉によると、各部隊で戦争犯罪をおこなった者を調査するよう、中央から命令が来た。それが第二総軍――西部軍へと伝達された。処罰の可否は各軍管区で決せよと命じられた。そこで調査し、適当な処分もしているが、アメリカの打つ手が早く、調査どころではなかったという。「俘虜関係調査事務所」は、一度も会合をもたないまま自然消滅した。いつ廃止されたのかその日時すらはっきりしない[30]。

福岡俘虜収容所は、管理下の各分所長に、反感や悪感情をもたれている人、普段から捕虜を怒鳴ったり殴ったり、あるいは身内の者が戦死したとかで、始終いじめた者など、戦犯問題に関わりそうな者を知らせるように、通知していた。

調査では、労務などで捕虜が死傷した事件一一件二七名が報告されている。内訳は造船作業中の墜落による即死、陸揚作業中にドラム缶が落下して頭部にあたり死亡、轢死、墜落、坑内事故などで死亡二二人、竪坑の昇降機の運転を誤って落下し負傷など五人である。これらの事件に関係ある日本人所員八人が、リストアップされた。その犯罪は、私的制裁、独断による入営倉、死亡、職権乱用、暴行罪・傷害罪、傷害致死、業務上横領である。その一人、福岡俘虜収容所第一七分所長の福原勲大尉の場合は「昭和二〇、一―五月ニ至ル間入倉俘虜ニ対シ減食シタル為余病発生スルニ至ラシメタ件二：入倉中凍傷ニ依リ足ヲ切断セル事件一」で「軍法会議検査官」に職権乱用・傷害致死で告発されている。処分が記載されていないのは、急遽告発したのだろう。アメリカ軍の動きは早く、福原は、一九四六年二月一四日横浜裁判で絞首刑判決を受け、同年八月九日に執行されている。福原の前任者が由利敬大尉だった。由利は逃亡捕虜の殺害を疑われたが、自分は捕虜に好感を持たれているからと、収容所の調査に応じなかった。だが、アメリカの追及は、由利の甘い幻想を吹き飛ばす、厳しいものだった。一九四六年一月七日に死刑判決をうけ、四月二六日にスガモプリズンの死刑第一号になっている[31]。

調査に引き続き、二三人が懲罰処分を受けている。作業中怠慢だと殴打や私的制裁を行った者である。中には、栗原吉生軍曹のように、敗戦で非常に興奮し、八月一七日に捕虜将校全員を集めて殴打した事件もある。これは重謹慎五日、所長加罰一五日、軍司令官加罰一〇日となっている。将校田山四郎の場合は、一九四五年六月石炭増産期に、労働時間を勝手に一二―一四時間

（往復を含む）に延長し、働かざる者は食うべからずと、患者には減食させ、相当悪感情を抱かせた。田山は「厳戒」となっている。このように、収容所本所はその管理下にある分所長に、私的制裁を加えた者、取扱が苛酷すぎた者、捕虜から反感・悪感情をもたれた者の身分・氏名・その処置を提出させた。しかし、分所長がたびたび交代していたり、所長自らが制裁をおこなったりしており、実情が明確になっていないものがあった。

一方、戦後、捕虜問題が喧伝されるようになると、これまで問題にされなかったようなことまで暴露する者もあった。報告の中には「厳罰、叱責程度ニ止マリ処罰ヲナシアラズ」というものも多かったようだ[32]。

本所が各分所からの報告を検討し、これを「西部軍管区俘虜関係調査事務所」に報告する。どの範囲で誰を報告するのか、収容所でもその数字が揺れ動いている。福岡の場合、西部軍管区司令官へ報告した数は二四人、収容所内での調査では四四人となっていた。収容所でスクリーニングをしたあとで軍管区へ報告する。そこから中央委員会へと、いくつかの段階で精査された報告は、きわめて限られたものになる。身内で、しかも戦争中はほとんど問題にもしなかった事件を、あらためて戦争犯罪として調査をすること自体に無理がある。黙認してきた責任者が、あわてて取り繕うための調査と処分だったといえよう。アメリカ軍の怒りと危機感による調査は、日本軍の取り繕ったような懲罰を飲み込む勢いですすみ、「自主的な懲罰」も、うやむやのままに終わった。だが、懲罰の事実は残った。

連合国が戦争犯罪を厳しく裁く方針をもっていることが明らかになると、陸軍は自主的に調査し、行政処分や軍法会議による処分を行った。特に捕虜虐待にその関心が集中していることが判明すると、過去に遡って懲罰による処分も行っている。

アメリカ軍は、日本軍の調査とは別に、捕虜の側からの詳細な聞き取りをもとに関係者を調べあげて、逮捕に乗り出した。捕虜虐待への激しい怒りは、横浜で開かれたアメリカ第八軍による戦争裁判（横浜裁判）に反映していた。横浜裁判は、捕虜虐待に特化していた。起訴事案数は三三一件、このうち捕虜に関係しない事案は八件にすぎない。うち四件は連合国民間人に関わる事件であり、三件は中国人関係である。中国人は自らを「華人労務者」ではなく、捕虜と主張していたことを考えると、これらの事件も捕虜関係事件と数えることも出来る。残る一件は橘丸の赤十字標識の不法な使用である。

捕虜虐待にかかわったと見なされた者は、収容所関係者はもちろん憲兵隊、警察、海軍、陸軍、民間企業など、その所属・身分に関係なく起訴され、裁かれた[33]。

捕虜虐待に特化した横浜裁判では、日本軍による日本国民や植民地民衆への戦争犯罪、占領地での住民虐殺・虐待などの「通例の戦争犯罪」は、取りあげていない。アメリカ軍は捕虜と連合国の民間抑留者以外にほとんど関心を持っていなかったといっても過言ではないだろう。イギリスやオランダなどの裁判では、宗主国として自国の植民地の住民の被害もとりあげているが、関心は「自国民の戦争犯罪」に置かれていた。フィリピンや中華民国の裁判では自国民すなわちアジア人への戦争犯罪は一部裁かれたが、多くは未済のまま賠償交渉や戦後補償運動へと引き継がれていった。

3　議会が「戦争責任」を決議

戦争責任・戦争犯罪をめぐって、議会も動いていた。芦田均は、東久邇稔彦首相に「大東亜戦争ヲ不利ナル終結ニ導キタル原因 竝其責任ノ所在ヲ明白ニスル為政府ノ執ルベキ措置ニ関スル質問主意書」という長文の質問を提出していた（一九四五年九月四日）。「戦争犯罪」の概念や範囲がはっきりしないなかで、開戦時の東条内閣の閣僚はもちろんだが、だれが逮捕されるのか、政治家たちは戦々恐々としていた。議会での駆け引きも続いた。

一二月一日、衆議院が「戦争責任」の決議を採択した。決議は、「戦争責任なるものは、之を国際的に稽《かんが》ふれば、世界平和を攪乱する無謀の師《いくさ》を起さしめたる開戦責任と、開戦後に於て、国際条規に背反する惨虐行為をおこないたる刑事犯罪とに止る」と述べ、これらの責任は「一般国民」には及ばない、軍閥官僚が強引におこなったとはいえ、彼らに阿諛策応した政界財界思想界の一部人士の責任もまた免れることはできない、立法の府に列る者もまた静かに過去を反省し、深く自粛自戒し、新日本建設に邁進しなければならない、このような決議である[34]。

軍部と一体となって戦争を遂行してきた進歩党は、敗戦後も解散のない国会で、多数を占めていた。その進歩党案が採択されたのである。時流に乗って決議案を出したが、「静かに過去を反省し、深く自粛自戒」するほか、何の責任も明らかにしていない。その決議を、戦争に協力し、扇動してきたマスコミが「戦争責任という尤もらしい掛声とはおよそかけ離れた自党本位の思惑、策謀、駆引が各党派の舞台裏で続けられてきた」ものであり、「選挙への駆引」で貴重な会期を空費したと、批判している（『朝日新聞』一九四五年一二月二日）。

政党の「泥仕合」に利用された決議だった。決議が選挙への「駆引」であると評されたように、国民の側には戦争責任を追及する動きが出ていた。そのひとつが一二月八日、共産党ら五団体が主催した「戦争犯罪人追及人民大会」である。東京神田の共立講堂で開かれた大会は、熱気に溢れ、山辺健太郎、鈴木東民、朴烈らが演説し、戦争犯罪人の追及や天皇の戦争責任を強調していた。治安維持法で弾圧されてきた人たちが、軍部や政財界の責任を追及したのである。大会では、天皇をはじめとする一六〇〇人の戦争犯罪人のリストが発表された。だが、これをもとに、独自な追及を行うのではなく、一一日に、総司令部と政府（次田内閣書記官長）にリストを提出している。戦犯の逮捕が続いていた時である。戦争犯罪の追及を連合国に委ねようとしたのだろうか。共産党は、戦争犯罪人のリストを作成するだけではダメだと、継続的な調査を行うことも明らかにしていた。だが、その後、調査がおこなわれた形跡はない。

東京裁判は、「平和に対する罪」「人道に対する罪」「通例の戦争犯罪」で、侵略戦争を指導してきた政治家軍人らを裁いた。この「通例の戦争犯罪」の審理の過程で、捕虜虐待の責任が誰にあるのか、参謀総長や陸軍大臣の権限と責任について、多くの書証が出され、証人が出廷した。捕虜虐待を生んだ日本軍の捕虜政策、取扱の機構が明らかにされた。陸軍大臣、陸軍次官（軍政）と参謀部（軍令）の権限と責任をめぐって、論議が展開されている。捕虜虐待の責任追及は、東京裁判でも大きな問題だったのである。

日本国内で唯一開かれたBC級戦争裁判・横浜法廷では、日本軍の戦争犯罪が裁かれた。「ポツダム宣言」で宣言していたようにアメリカ軍にとって許すことのできない捕虜虐待に特化した裁判だった。だが、捕虜問題に関心の低い日本人はこれを「勝者による裁き」と受けとめた。戦争遂行に責任をもつべき者たちの責任が見逃されたこともあって、裁かれた戦犯たちの間に不公平感を生み、日本人の間に戦犯を敗戦の犠牲者視する見方をつくりだしていった。占領が終った後も、「人民大会」が発表した戦犯リストによる、日本人の手による日本の戦争犯罪の追及は行われなかった。

捕虜虐待に収斂していった裁判から、取りこぼされた戦争犯罪は多い。朝鮮・台湾など旧植民地、占領地だったアジア、これらの地域の住民への戦争犯罪の調査とその責任の追及は、未完の課題であった。一九九〇年代につぎつぎと出された戦後補償の裁判は、補償要求という形をとってはいるが、裁かれなかった戦争犯罪に対する被害者側からの追及でもあった。また、戦時性暴力の被害者が原告となった「女性国際戦犯法廷」は、封印されてきた日本軍の戦争犯罪を、民衆が裁く試みだった。今後も、日本軍の戦争犯罪の調査と審理が、被害者と日本の、国境を越えた努力によっておこなわれるだろう。戦争犯罪を民間の調査で裁くという、新しい戦争犯罪の追及は、今、アフガニスタン、イラクにたいするアメリカの戦争犯罪を裁く民間法廷として続いている。被害を受けた民衆の側から、調査し、その責任者を裁く——横浜裁判を越えるこうした戦争犯罪の追及が、二一世紀にようやくはじまった。「国際刑事裁判所」規程は、今もくりかえされる戦争犯罪、「人道に対する罪」を裁くことができることを私たちに教えてくれる。日本は二〇〇七年にこれに加盟した。

注

(1) 極東国際軍事裁判(以下、東京裁判と略)とBC級戦争裁判である。東京裁判では、軍人・政治家ら二八人が裁かれた。死刑は七人。BC級判では、起訴五七〇〇人、死刑判決九八四人(うち九二〇人が執行される)、無期刑四七五人、有期刑二九四四人、無罪一〇一八人、その他二七九人(中華人民共和国やソビエト連邦のハバロスク裁判はふくまれていない)。このほか準A級裁判ともいうべき「丸の内裁判」がある。戦争裁判については、法務大臣官房司法法制調査部『戦争犯罪裁判概史要』(一九七三年)。

(2) ポツダム宣言への回答に、軍部は付帯条件を付した。戦争犯罪人の処罰を日本側でおこなうこととし、仮に一歩譲って連合国側でおこなわれることになっても、裁判の方法が不公平にならないように、何らかの保障をつけるべきとの一項があった。最終的にはこの一文は落とされた。しかし、軍法会議で八人を裁き、行政処分により本間雅春中将の礼遇停止を決めるなど、軍部は「自主的」に戦争犯罪人の処罰をおこなった。だが、GHQにより一九四六年三月、中止された。法務大臣官房司法法制調査部『戦犯釈放史要』(一九六七年)二~九頁。柴田紳一「日本側戦犯自主裁判構想の顚末」軍事史学会編『第二次世界大戦(三)終戦』(錦正社、一九九五年)。

(3) 俘虜関係調査部『俘虜ニ関スル書類綴(一)』(年月日不詳)。防衛庁防衛研究所蔵。

(4) フィリピンの米比軍、マレーの英印軍、蘭領印度の極東地域連合軍(ABDA軍 the joint American-British-Dutch-Australian Command)など、連合軍は植民地兵を編成要員としていた。

(5) 俘虜情報局「俘虜月報」(一九四二年八月号)には、「白人捕虜」は一二万五三〇九人。インド人、インドネシア人など白人以外の捕虜は一三万七一四八人との数字がある。内海愛子・永井均解説・編集『東京裁判資料――俘虜情報局関係文書』(現代史料出版、一九九九年)一七九〜一八〇頁。インド兵など非白人捕虜は解放されたとあるが、この「解放」とは、国際法上の捕虜の身分からの「解放」であった。捕虜ではなくなったこれらインド兵の一部を労働者として動員したのである。おなじ問題は、中国人捕虜でもおこっている。中国人捕虜の一部は「華人労務者」として日本に連行されている。アジア人捕虜が、捕虜か労働者か、戦後の戦争裁判で問題となった。

なお、南方軍の捕獲した「白人捕虜」の処遇が決定したのは「俘虜処理ニ関スル件」(昭和一七年五月六日陸亜密一四五六)である。

(6) 日本は、「陸戦の法規慣例に関する条約」は批准していた。(一九一一年一一月六日批准、一九一二年一月一三日公布)。「俘虜の待遇に関する条約」(通称ジュネーブ条約)は署名(一九二九年七月二七日)したが、陸海軍枢密院の反対で批准していなかった。開戦直後、アメリカや英連邦は、このジュネーブ条約の相互の適用を求めてきた。日本は「準用」を回答した。陸軍は「その精神を尊重する」との理解だったが、連合国は「批准」と解釈した。この玉虫色の回答が、多くの問題を引き起こした。極東国際軍事裁判判決では、捕虜虐待について章をもうけて言及している「判決速記録」『極東国際軍事裁判速記録』第一〇巻(雄松堂、一九六八年)二〇二〜二〇八頁。

(7) 情報局分室『敵性情報』第一二号、一九四四年一〇月二三日、『大東亜戦争関係一件/交戦国間敵国人及俘虜取扱振関係/一般及諸問題　第三巻』所収、外交史料館所蔵。

（8）「Statement of Camp Strengths and Locations by Areas of Imperial and Allied Prisoners of War in Japanese Hands」、イギリス公文書館蔵（PRO FO916/1093 738）。八月一四日付けのアメリカ軍最高司令部の「Location and Strengths Prisoner of War and Civilian Internment Camps in Japan」には、収容所の名前、捕虜数（アメリカ人と合計数）に加えて、緯度と経度が書き込まれている。オーストラリア戦争記念館蔵（AWM54 item779/13/3'）。オランダの Netherlands Forces Intelligence Service の「Interrogation Reports」には、主に東南アジアにおける捕虜収容所の情報が報告されている。レポートはアメリカ国立公文書館蔵（NARA RG226 Box84）。およびオランダ国立公文書館蔵。

（9）陸軍次官より各軍参謀長へ「俘虜引渡ニ関スル件」（一九四五年八月二二日）陸軍省俘虜管理部『俘虜干係書類』、国立公文書館蔵。

（10）「Allied Prisoners」にあてたビラには、日本軍が降伏したこと、物資だけでなく、できるだけ早く連合国軍によって解放されるだろうと書かれている。イギリス戦争博物館（ＩＷＭ）蔵。

（11）新潟県警察部長発、内務省警保局保安課長関東信越地方総監府第一部長宛「米機ノ俘虜救恤品投下ニ関スル件」（特高外秘第七二九九号）陸軍省俘虜管理部・前掲書（注9）。

（12）新潟警察署長から「市民各位」、「休戦後ニ於ケル俘虜動静ニ関スル件」陸軍省俘虜管理部・前掲書（注9）。

（13）一九四五年九月二一日警保局外事課長宛電文「俘虜立退キニ際スル不法行為等調査ノ件」特高課外事係『外事通牒書類編冊』 国立公文書館蔵。

（14）ルイス・ブッシュ（明石洋二訳）『おかわいそうに』（文芸春秋社、一九五六年）二八〇～二八八頁。公式記録には三〇日の引渡。

(15) ケネス・カンポン『ゲストオブヒロヒト』(築地書館、一九九五年)一四九頁(Cambon, Kenneth, *Guest of Hirohito*, PW Press, 1990.)、ジョン・フレッツチャー・クック(江藤潔訳)『天皇のお客さん』(徳間書店、一九七一年)二三三頁(Fletcher-Cooke, John, *The Emperor's Guest, 1942-1945*, Hutchinson of London, 1971.)、レスター・I・テニー(伊吹由歌子ほか訳)『バターン遠い道のりのさきに』(梨の木舎、二〇〇三年)二八一頁(Lester, I. Tenny, *My Hitch in hell : the Bataan death march*, Brassey's, inc. 1995.)。

(16) 証言記録は、アメリカ国立公文書館所蔵(NARA RG153 Box2・Box5 は日本の捕虜収容所にいた捕虜の証言)。

(17) オーストラリア戦争犯罪委員会(Australian War Crimes Commission)による質問票「Questionnaire」の虐待の質問項目は一四項目に上っている。①殺害、処刑 ②レイプ・拷問・殴打・その他の残虐行為 ③劣悪な条件の下での拘禁 ④町や村の虐殺、大規模な掠奪、略奪、焼却 ⑤敵軍の労働や軍事行動に捕虜や市民の使用 ⑥銃撃、爆撃、魚雷攻撃 その他の戦争の危険に捕虜をさらすこと ⑦劣悪な条件下での捕虜の輸送、市民の追放 ⑧捕虜を笑いものにするために、見せ物にしたりさらし者にする ⑨捕虜や抑留者に適切な医療、食糧、宿舎を用意できなかった ⑩他の人の違反にグループの集団処罰 ⑪赤十字関係の規則に違反 ⑫カニバリズム(人肉食) ⑬死体の損傷、切断 ⑭上記にはないが貴方が、罰せられるべきと考えている戦争犯罪。「イエス」と答えた場合は、その事実を述べるようになっている。オーストラリア戦争記念館蔵(AWM. 54 item 1010/9/119)。

(18) 九月一二日の臨時閣議で、「政府声明案」（「日本政府ニ於テハ、俘虜抑留者ノ虐待其ノ他国際法規竝ビ《ママ》戦争法規ニ違反セル行為ヲナセル者ニ対シ連合国ノ提示スル表ニ基キ証拠ヲ審案シ厳重カツ公正ナル裁判ヲ行フノ決意アリ」）が作成された。同案は公表されなかった。天皇が同意しなかったとの理由である。その後、天皇の同意を得て「自主裁判」がおこなわれた。前掲『戦犯釈放史要』四頁。

(19) 下村定陸軍大臣「俘虜取扱関係連合側訊問ニ対スル応答要領等ニ関スル件達」（陸普第一八二七号九月一七日）を関係部隊に通達。『俘虜ニ関スル書類綴』一九四五年九月、防衛庁防衛研究所蔵。

(20) 俘虜情報局はもっと直裁に言及している。「収容所の雇傭人は兵力竝労働力不足等の為、日本軍人を使用せず、負担を軽減する目的から内地では傷痍軍人を外地では朝鮮及台湾人を使用した為素質は概して低くふ虜の取扱に適正を欠き私的制裁等が相当行はれた」（俘虜情報局『俘虜取扱の記録』（一九五五年）五一～五二頁）。

(21) 「俘虜ノ待遇ニ関スル件」（陸亜密一四〇一、一九四四年二月二四日）。「私的制裁ハ之ヲ厳禁スルコト」が通牒されたが、これは、最近英米が日本の捕虜の待遇に「口ヲ極メテ罵詈讒謗」し、日本を「野蛮視」してアジアへの指導性を喪失させようとしている。敵に「悪宣伝ノ資料」を与えないためにとの理由で厳禁した。俘虜情報局『俘虜ニ関スル諸法規類』一八二頁。
　なお、田村浩俘虜情報局長の「研究備忘録」には「警戒員ニ対スル教育ヲ十分ニセヨ」と書き込まれているが、具体的な教育については触れていない。（内海・永井・前掲書（注5）二七三頁）。

(22) 「戦争犯罪人の処断　我方の手で開始」朝日新聞一九四五年九月二一日、この日の新聞には、「俘虜虐待調査」の見出しで、「陸軍では戦争中敵国俘虜に対してわが方の加へた虐待行為に対しては徹底的にこれを調査し、連合軍司令部からの申出をまたずして自発的に厳重な処置を行ふことゝな」ったことを報じている。
(23) 若松只一陸軍次官は、九月二二日に「連合側ノ要求スル戦争犯罪者（陸軍関係）ニ関スル件通牒」（陸密第五九三九号）を参謀本部総務課長に出し、対応を命じている。『陸軍省大日記類陸満機密大日記　陸密陸普其他綴』一九四五年、防衛庁防衛研究所蔵（アジア歴史資料センター、RC：c20010078733）。
(24) 「高級事務官高級部員　説明事項」『昭和二〇、九「俘虜ニ関スル書類綴」』年月日不詳防衛庁防衛研究所蔵。
(25) 「米国憲兵司令官一行ノ実施セル調査概況」（一九四五年一〇月一七日）では、アメリカ側の調査をうけた俘虜情報局が厳しい事態を報告している。内海・永井・前掲書（注5）。
(26) 「戦犯裁判参考第一号　俘虜ハ如何ニ取扱ハレタカ」（一九四六年二月二三日　俘虜関係調査部）、小田島董復員官は、戦犯裁判を担当する弁護士会員に向けて「俘虜ニ関スル一切ノ資料ヲ整ヘテ居リマスルシ又俘虜ガ如何ニ管理セラレ如何ニ取扱ハレテヰタカト云フコトヲ承知シテ居リマスル故弁護ノ際ノ資料蒐集整理等ニ此ノ俘虜情報局ヲ御利用願ヒタイト思ヒマス」と口演している。内海・永井・前掲書（注5）所収。
(27) 下村定「俘虜関係調査委員会設置ノ件達」（陸密第五九三一号）、マンスフィールド検察官冒頭陳述『速記録』一三二号九頁。なお委員会の設立の経緯は、永井均「敗戦直後における日本側の戦争犯罪調査について——解説」永井均編集・解説『戦争犯罪調査資料——俘虜関係調査中央委員会調査報告書綴』（東出版、一九九五年）。
(28) 西部復員連絡局「俘虜関係調査委員会に関する綴控」（福岡俘虜収容所副官渡嘉敷唯昌所蔵文書）。
(29) 報告書は、俘虜関係調査部「俘虜関係調査中央委員会調査報告書綴」としてまとめられている。調査対象はアメリカ、イギリス捕虜に対する虐待事件が中心となっている。永井・前掲書（注27）所収。

(30) 「地方委員会業務実施ノ内容」（「昭和二〇年一一月三〇日西部軍管区司令部復員時と推定す」（西復電第二五一号八／一）前掲（注28）「綴控」。一九九五年一二月三日渡嘉敷（仲村と改姓）唯昌氏へのインタビュー。

(31) 俘虜関係調査中央委員会の調査報告「内地俘虜収容所ニ於ケル俘虜取扱ニ関スル件　調査報告」は（法廷證拠三一二八号として提出されている。『速記録』二六六号一五頁）、「私的制裁ニ関スル調査表」は永井・前掲書（注27）に所収されている。この資料には処分の日時の記載がない。急遽日本側で処分したためと思われる。なお、同一人が別件で二つのリストに記載されているが、それぞれ一人と数えた。

(32) 福岡捕虜収容所における私的制裁の調査、一九四五年一〇月一三日　前掲（注28）「綴控」。および渡嘉敷唯昌氏へのインタビュー。

(33) 横浜裁判日本人弁護士桃井銈次所蔵「BC級戦犯横浜法廷資料」（横浜弁護士会BC級戦争裁判小委員会提供）。

(34) 「昭和二十年公文雑纂　陳情請願意見書帝国議会　巻九」国立公文書館蔵。

第5章　性暴力を裁く――「女性国際戦犯法廷」の意義

大越　愛子

1　はじめに

二〇〇一年九月一一日にアメリカ東海岸で起こった世界貿易センターとペンタゴンへの航空機激突事件は、新世紀の幕開けを迎えた人々の平和への大きな期待に、暗雲をもたらした。そしてそれ以降の強力な米英軍によるアフガン戦争、イラク戦争と立て続けの破壊的な武力行使は、その暗雲を決定的なものとしたように見える。

しかし他方、こうした巨大権力の恫喝的なパフォーマンスの威力に屈することなく、「暴力と戦争を自明視する時代」に終止符を打つための、地道な努力は世界各地で続けられていることを忘れてはならない。その一つが、同年一二月四日にハーグで出された、日本軍性奴隷制を裁く「女性国際戦犯法廷」の本判決である。

「女性国際戦犯法廷」そのものは、二〇世紀の最後の年の一二月八日から、間に国際公聴会を挟んだ四日間にわたって開かれ、そこで被告とされていた昭和天皇個人と日本国家に対する有罪判決が既に出されていた。その判決を支える法理論、歴史解釈、性に関わる人権思想は、さらに一年間、法廷に関与した判事や法理論家たちによる綿密な議論によって精緻に練り上げられ、分厚い報告書の形をとって発表されたのである。

ハーグ判決の内容の質の高さは、高く評価されねばならないが、それとともに、そのような優れた判決を生み出した「女性国際戦犯法廷」の画期的意義を改めて論じる必要がある。それは、この「法廷」が、今なお猛威を振るう国家暴力に抗する、国境を越えた女性たちのネットワークによる闘いのシンボルと言えるからである。「法廷」において何が生成したのか、「法廷」が切り開いた問題領域は何か、「法廷」を受け継ぎ、さらに発展させていく展望は拓きうるのかなどが問い直されねばならない。とりわけ重要なのは、本法廷がグローバルなフェミニズム運動にもたらす意義と、平和運動に与える活力を提示することである。

一八世紀後半に生成し、一九世紀から二〇世紀にわたって幾度かの脱皮を遂げてきたフェミニズムは、本法廷を通して二一世紀に向けて新たな展望を拓いたと言える。その突破口は、一九九一年に、一人の元日本軍「慰安婦」（その実態は「軍事的性奴隷」であることが再定義されたが、本章では、歴史用語として敢えて使用している）制度のサバイバーが初めて名乗り出て、日本軍の性犯罪を告発した時である。彼女に続く被害女性たちの衝撃的な証言は、このおぞましい制度が過去の時代の犯罪にとどまらず、現在進行形の戦時性暴力とつながるものであることを示唆した。それは見る間に国際的な問題となり、国連主催の世界人権会議や女性会議の主要論題とされ、いかなる大国の干渉によっても無視しえない重要問題となったのである。

彼女たちの告発は、近代において自明的に論じられていた国民国家、戦争体制、植民地主義、性暴力容認体制の犯罪的側面をえぐり出すものであったため、それらを肯定して作成されてきた歴史（ナショナル・ヒストリーのみならず、世界史をも含めて）の正統性を突き崩すものとなった。そのため逆説的なことだが、歴史を防衛するための歴史語りとしての、歴史修正主義の氾濫をもたらしてしまった。

この場合の歴史修正主義とは、九〇年代後半から、反「慰安婦」キャンペーンとして日本国内で異常に盛り上がってきたナショナリズム言説のみを指すのではない。9・11以降の米英が公然と提示している「正義の戦争」論と、それによって正当化されている世界的な軍事体制の大規模な再編成をも視野に入れている。「正義の戦争」論は、非戦闘員を主な攻撃対象としてきた近代の戦争に対する、世界的な市民たちの異議申し立てを再び封印しようとしている意味において、歴史修正主義と言わねばならないのである。

現代のフェミニズムは、抹殺や無視、読み替えの暴力に抗して立ち上がってきた被害女性たちの声に応え、共に闘うのか、あるいは権力を餌にエリート女性たちを巻き込む歴史修正主義に加担していくかの分岐点に立っている。このような二者択一的議論は、あまりに倫理主義的で違和感を感じるという反論もある。だが問題を宙づりのままに放置しておくことが後者を利することを顧慮するならば、選択は迫られていると言わざるをえない。

二一世紀が戦争や性暴力被害が撤廃されていく世紀となることを願う人々は、その第一歩として、過去の未解決の歴史犯罪の清算のために、日本軍性奴隷制を裁く「女性国際戦犯法廷」を、加害国日本と被害国のアジア諸国、そして当事国以外の人々をも含む国際的ネットワークによって開催した。法廷の目的は、過去の日本の戦争犯罪を裁くこと、とりわけ責任者を処罰することである。

大半が亡くなっている責任者たちを裁くことの象徴的意味は、それが個人の犯罪であるのみならず、そのような個人を生み出した「歴史」を裁くということにある。「歴史」を裁くことはまた、そのような審判に抵抗して現れてくる様々な歴史修正主義と闘うことにつながっている。

フェミニズムはその誕生以降、有形無形の困難と直面してきたが、その理論的・実践的力で、自らの限界を突破してきた。そして自らを生み出し、自らが依拠してきた「歴史」と対決するという、最大の難題に取り組んだ。それも観念的レベルではなく、現実社会に定着している法やモラルを駆使してである。そして「女性国際戦犯法廷」という挑戦は、一年後に「ハーグ判決」として思想的に結実した。

「ハーグ判決」が世に提示されて既に二年以上経つ。その間に「女性国際戦犯法廷」の開催功労者の一人である松井やよりが闘いの途上で世を去ったこと、九・一一の衝撃を巧みに政治的に利用したブッシュ政権による「帝国」の軍事的世界支配が著しく強化し、国連の指導力が弱体化しているがごときキャンペーンが世界を席巻するなどの事情もあり、「法廷」および「判決」の思想的意義に関する議論が中断されたかのような印象がある。それに抗するためにも、「女たちの戦争と平和資料館」建設への取り組みなどの新たな動きの中で、今後議論が深められることを期待しつつ、現時点における論点の整理と問題提起が必要であると考える。

本章では、フェミニズムの現在的到達点といえる「女性国際戦犯法廷」および「ハーグ判決」が提起した重要な課題の中から、①サバイバーの視点に基づいて、戦争や暴力に肯定的な「歴史」および「法」を裁いたこと、②ジェンダー正義を主張したこと、③民衆法廷の思想を提示したこと、④国家無答責の論理を批判し、責任者処罰の論理を明示したことを取り上げていく。最後に、今後の課題について考察しておきたい。

2　サバイバーの告発

「女性国際戦犯法廷」の重要な意義は、それがサバイバーたちの主体性に基づいて行われた法廷だということにある。この点について、最終日に出された判決要旨に、次のように述べられている。

「二〇世紀のまさに最後に開催された日本軍性奴隷制を裁く二〇〇〇年〈女性国際戦犯法廷〉は、被害者（サバイバー）たち自身による、そして彼女たちのための、一〇年近くにわたる努力の頂点をなす出来事である(1)」。

ここに指摘されているように、一九九一年の金学順の証言以降、性暴力告発とその歴史的真相の究明を求めた運動の中心に、性暴力被害者自身の証言活動が位置づけられてきた。未だ性暴力被害者を貶める価値観が主流である社会において、サバイバー自身が告発と証言を行うことは生やさしいことではない。それは、彼女たちを再びセカンドレイプという二次被害にさらすことになる。それゆえ彼女たちの被害は、彼女たちの代理人、すなわち法律専門家や支援活動家たちによって言説化されるしかなかったのだが、そこに看過してはならない重要な問題があることが、近年ようやく自覚化されてきたのである。

社会的言説体系から排除され、言葉を奪われ沈黙を強いられてきた人たち、その沈黙を既成の解釈装置を通して恣意的に読み替えられてきた人たちのことを、G・C・スピヴァックは「サバルタン」と呼び、「学問や文明の進歩に認識の暴力を混ぜ合わせながら、帝国主義的な主体構成の作業に合体していく」作業が続く限り、「サバルタンの女性はいつまで経っても依然として無言のままでありつづけていることだろう[2]」と述べている。

このスピヴァックの指摘は、既成の法体系にこそ向けられるべきであろう。性暴力のサバイバーたちは、明らかにその身体に性犯罪という法的侵犯行為を受けた存在として、法的に保護されるべきであるし、加害者に対し告発する権利をもつ存在のはずである。しかし既成の法体系は、彼女たちに加えられた性的暴力を言説化していく際に、彼女たちの声を無視し、排除し、その結果それを犯罪視することなく、不処罰にとどめてきた。そのような態度を可能にした一つの重要な要因は、性暴力被害において、加害者に性的欲望を喚起した被害者の側にも問題があるとみなす、男性中心的な性暴力観である。

既成の法体系は、この男性中心的な性暴力観に基づいたものであったという意味においても、ジェンダー化されたものだった[3]。このようなジェンダー化された法体系において、被害者は被害にあった自身を恥じ入るという倫理観を強いられ、告発することが困難な立場に置かれていた。

ジョルジュ・ヴィガレロの『強姦の歴史』(4)は、近世から近代において、ジェンダー化された法体系の中で、被害者がどのような法解釈の中に取り込まれていたかを克明に追っている。一七世紀の法では、強かんは「女性の所有者に対する犯罪」とみなされていた。この思想は、一九〇七年のハーグ陸戦条約第四六条における「家族の名誉」の考え方に反映している。

これらの法において、性暴力被害者は「特別視される女性」というスティグマを強いられた。その結果、「道徳的に頽廃した性暴力被害者」と「純潔・もしくは貞潔な女性」という二元論が捏造され、それを女性たちが内面化させられてきた。このような状況では、「純潔・貞潔」と記号化された女性は、性暴力被害者の女性たちを支える視点をほとんど持ち得なかったと言える。

性暴力をめぐる女性の二元的分断を克服するべく闘ったのが、フェミニズム運動であった。最も先鋭なラディカル・フェミニズムは、「男根」中心主義的セックスが自然視されている社会や文化において、女性に対する暴力、性暴力が女性支配の基盤となっていることを明らかにし、性暴力に抗する戦いこそ、フェミニズム運動の中核となるべきと主張している。そして性暴力被害者サバイバーを貶め、他の女性たちと分断する男性中心的モラルの欺瞞を激しく告発している。彼女たちはサバイバーを「男根」中心的な性差別社会・文化の抑圧と暴力に最も苦しめられた存在として、その欺瞞に対して激しく怒り、抗議する権利をもつものと捉えている。

とはいえ、ラディカル・フェミニズムは、女性＝性暴力被害者、男性＝性暴力加害者というあまりに本質主義的な二元論を言説戦略に用いたために、ポストモダン・フェミニズムからの厳しい批判を受けることになった。しかし、彼女たちの主張を脱本質主義化して、それを社会構築主義的に再構成することは可能である。つまり、女性、男性というジェンダーを自明視するのではなくて、暴力の加害者としての「男性」へ、被害者としての「女性」へとジェンダー化していく権力作用を顕在化していく作業である。

軍事的「性奴隷」とされた被害女性たちが原告となり、被告としての日本国家の告発者となった今回の法廷の意義は大きい。彼女たちは、もはや誰をも代弁者とせず、自分たち自身の証言が最大の威力となることを提示した。性暴力被害の極致とも言える軍事的「性奴隷制」を構築した権力の源泉が国家にあることを、彼女たちは暴いて見せたのである。

最も卑しめられ、非人間的に扱われていた元「性奴隷」とされた女性たちが、その人間的尊厳をもって堂々と国家に対峙する姿に、法廷参加者のほとんどが感動した。国際法の専門家である裁判長や判事団も同じ思いであったことは、判決文からも窺い知れる。

サバイバーたちの証言は、近代国民国家の成り立ちが、ジェンダー二元論の中に人々を囲い込み「国民」を創出することにあり、また「兵隊」として国家のために戦い、敵国の女性たちを性的に蹂躙することが「男性国民」の構築のために必要とされていたことを明らかにした。法廷に登場した元兵士二人は、敵国の女性を性的に支配する行為が、上官から黙認されていたことを証言して、「男性国民」の実像をえぐり出し、衝撃を与えた。

「男性国民」は、国家を守り、家族を守るという口実で、敵国を侵略し一切を破壊した。「男性国民」に守られる「女性国民」は、銃後において生産（兵器や食糧）と再生産（次世代）を担い、「男性国民」が「敵国女性」を強かんしていることに目をつぶった。国家権力による、このよう

料金受取人払郵便

京都北郵便局
承　　認
6044

差出有効期限

2015年4月30日
まで〈切手不要〉

郵便はがき

6038789

414

京都市北区上賀茂岩ヶ垣内町71

法律文化社
読者カード係　行

ご購読ありがとうございます。今後の企画・読者ニーズの参考，および刊行物等のご案内に利用させていただきます。なお，ご記入いただいた情報のうち，個人情報に該当する項目は上記の目的以外には使用いたしません。

お名前（ふりがな）	年　齢
ご住所　〒	
ご職業または学校名	
ご購読の新聞・雑誌名	
関心のある分野（複数回答可） 法律　政治　経済　経営　社会　福祉　歴史　哲学　教育	

愛読者カード

◆書　名

◆お買上げの書店名と所在地

◆本書ご購読の動機

□広告をみて（媒体名：　　　　　　）□書評をみて（媒体紙誌：　　　　　　　　）
□小社のホームページをみて　　　　□書店のホームページをみて
□出版案内・チラシをみて　　　　　□教科書として（学校名：　　　　　　　　）
□店頭でみて　　□知人の紹介　　　□その他（　　　　　　　　　　　　　　）

◆本書についてのご感想

内容：□良い　□普通　□悪い　　　　価格：□高い　□普通　□安い

その他ご自由にお書きください。

◆今後どのような書籍をご希望ですか（著者・ジャンル・テーマなど）

＊ご希望の方には図書目録送付や新刊・改訂情報などをお知らせするメールニュースの配信を行っています。

図書目録（希望する・希望しない）

メールニュース配信（希望する・希望しない）

〔メールアドレス：　　　　　　　　　　　　　　　　　　　　〕

な「女性」の分断が、「加害者としての女性」と「被害者としての女性」を構築することになったのである。軍事的「性奴隷」たちとされた彼女たちの告発は、「ジェンダー化された国家」の物語を正統化していた「歴史」の歪みをえぐり出した。その意義について判決文に、「本法廷は、女性に対する犯罪、特に性犯罪を矮小化し、免責し、無視し、曖昧にする、これまでの歴史の傾向を正すために設立された」と記されている。(5)

3　ジェンダー正義

「女性戦犯法廷」の意義の一つに、「加害国の女性たちからの提案」という側面がある。従来のフェミニズムや女性運動は、一国主義的枠組みで女性の地位向上や女性差別を問題化していたため、自らが帰属する国家の加害性を追及するスタンスを取り得なかった。国家が提示する法や政策に残存する女性差別を明らかにし、国家にその改善を要請することはなされてきたが、国家それ自体が構造的にもつ女性差別性、暴力性を明示することは、フェミニズムが差別の克服を国家に委託する限り、非常に困難に思えたからである。

だが自らが帰属する国家が、性差別的・性暴力容認的政策をとり続けるとき、それに抵抗せずに、それを黙認するフェミニズムとは何なのか。そしてその政策によって階級的・民族的に女性が分断され、一方の女性が他方の女性の抑圧・搾取に加担し、それによって利益を得るとするならば、そのようなフェミニズムは「不正義」に陥っているといえるのではないか。

第一に裁かれねばならないのは、性差別、性暴力的政策を遂行した国家であるが、国家や社会の加害性や責任を放置し黙認していた点で、「帝国」的と言えるフェミニズムもまた批判され、裁かれねばならない。それゆえ加害国の女性による「国家責任の追及」「国家的犯罪の責任者の処罰の要求」は、安全地帯にいる立場からのものではない。自分たちも内包している「帝国のフェミニズム」を自己切開する、厳しい営為に他ならない。

「女性国際戦犯法廷」が、加害国の女性によって提起され、加害国の政府所在地で開かれたことの意義は、「法廷」に参加した加害国・被害国以外の判事団から繰り返し指摘された。加害国の女性が、自国家のみならず、自らの「帝国のフェミニズム」としての有様をも厳しく裁く法廷を提起しえたのは何故か。それは、被害女性が突きつけた「正義」の回復の要求に他ならない。処罰されるべきであるのに処罰されないまま放置され、そうした不処罰の循環が次なる犯罪を呼び起こすという「不正義」を、いかにすれば克服できるだろうか。

被害女性に課せられた「不正義」を克服し、「正義」を実現するために開く「法廷」は、従来的な法概念に基づいて行うことはできない。そしてこの法廷の法律顧問となったロンダ・カプロンが提起した画期的なキーワードが、「ジェンダー・ジャスティス」であった。

「ジェンダー・ジャスティス」とは何か。それは、フェミニズム理論がその自己批評的段階において、フェミニズム自身もとらわれていた近代的諸概念を再検証していく認識批判、知識批判をへる中で形成した、新しい概念である。

一九六〇年代までの第一期フェミニズムは、男性たちに認められている様々な諸権利が女性に認められていないことの不正義を追及したのだが、それは「正義論」の観点からみれば、配分的正義の回復の要求であったといえる。それに対して第二期フェミニズムでは、「男性なみの平等要求」それ自体の意味が問い直され、男性中心的価値観によって周辺化され、無価値化されていた「女性」というジェンダーが形成していた価値観や生と性のあり方の意味の再評価を求めるという「承認」の正義が求められた。これは、従来的「正義」概念の外部におかれていた様々な立場にある人たちの「正義」の回復要求に連動していた。

従来的な「正義」論の文脈からも、こうした問題提起に応答しようとする動きが現れた。功利主義によって独占されていた「正義」に欠落していた「公正」を「正義論」に導入したロールズ以降、「正義」とはいかなることなのか、という「正義」の問い直しが始まっている。その中で注目すべきなのは、「正義」を遂行する立場からではなく、「不正義」に陥れられた者の立場から要請していく「正義」の議論である。ジェンダー・ジャスティスGENDER JUSTICEは、まさにそれを代表するものである。

有史以来「女性に対する暴力」が不可視にされ、不処罰化され続けていたことは、重大な不正義がまかり通ってきたということだが、この問題は、男性中心主義の「正義論」で全く取り上げられることはなかった。しかし八〇年代以降のフェミニズムや女性運動の中で、構造化され自然化されてきた「女性に対する暴力」こそが女性差別・抑圧の元凶の一つという認識が深まるにつれ、この重大な不正義を告発する動きが強まった。

その動きが具体的な形となったのは、「女性に対する暴力」の被害者からの証言が噴出した九〇年代である。中でも突出したのが戦時性暴力、戦時性奴隷制の被害女性たちである。彼女たちは、暴力であるとすら認められない状況の中で沈黙を強いられており、「正義」を求めることなど不可能な状態にあった。しかし彼女たちに強いられていたものがまさに暴力であり、そしてまごうことなき不正義であることが明らかにされたとき、彼女たちが遂行したのはこのような不正義の告発であり、「正義」の回復の要求であった。

このとき彼女たちが求めた回復されるべき「正義」とはいかなるものなのか？それは彼女たちが機会の平等や配分を求めるということではなく、また彼女たちの特性の承認を要求したということでもない。そうした「正義」に参与しうるものは「人間」と認められた存在であろう。しかし彼女たちに加えられた不正義とは、まさに彼女たちから「人間」であることを剝奪したということであった。

「正義」が人間に付与されるべきモラルの一つだとするならば、「人間」ではない被害女性たちに「正義」は無縁である。だが逆転して考えれば、こうした非人間化された状況にある被害者たちと無縁な「正義」とは一体いかなるものであろうか。被害者たちの求める「正義」はもちろん上記のものではない。彼女たちの求める正義を従来的「正義」と区別する、あるいはその限界を示唆するために用いられるようになったのが、ジェンダー・ジャスティス GENDER JUSTICE なのである。

暴力によって、その人間的尊厳を剝奪された女性に対する「正義」の回復のための闘いは、九〇年代の国際的なフェミニズム運動の主要課題であった。「女性に対する暴力」は、それが不可視にされ、不処罰化されていた歴史、社会においては恒常化されている。それが平時においても頻発している事態であることは、ようやくセクシュアル・ハラスメント、ドメスティック・バイオレンスなどの名前を得て可視的なものとなりつつあるが、やはりそれがもっとも極限的に現れてくるのは、戦時であろう。戦時において、戦場強かん、性的拷問、そして軍事性奴隷制という女性から「人間性」を剝奪する出来事が公然と露出し、それが戦術とさえされてきたからである。このように女性への攻撃に現れる不正義を告発する運動の中で、ジェンダー・ジャスティスという概念が形成されたのである。

この語が公的に使用され、注目されたのは、一九九八年「国際刑事裁判所」を設置する際に、「女性に対する暴力」を裁くことができる裁判所を要求する女性たちが結成した、「ジェンダー正義を求める女性コーカス」Women's Caucus for Gender Justice によってである。なぜジェンダー・ジャスティスかという点について、コーカスは、世界的に「女性に対する暴力」が蔓延し、不処罰化されている状況において、「女性の人権」を擁護するための国際的な法システムが必要であること、新たに作られる「国際刑事裁判所ＩＣＣ」のシステムの中にジェンダー視点を導入し、「女性の人権」を破壊する行為を処罰化する条項を導入する必要があることを主張している。(6)

「女性の人権」を破壊する行為としては、女性を構造的に劣位におくことを強要するジェンダー暴力 GENDER VIOLENCE と、女性を性的対象に貶め、その性的自由権を剝奪する性暴力 SEXUAL VIOLENCE がある。

ジェンダー暴力は、様々な社会の習俗、文化、宗教、思想、政治・経済システムに構造化されている。この克服のためには、これを不正義と見なす認識と、そこからの離脱のための意識変革が必要である。一九九三年一二月に出された「女性に対する暴力撤廃宣言」（国連総会決議）の前文には、「女性に対する暴力が人権および基本的自由の女性による享受を侵害してきたこと」、「女性に対する暴力は、男性が女性を支配および差別し、女性の完全な発展を妨げる結果となった男女間の不平等な関係を歴史的に明らかに示すものであること」などが明記されている[7]。

国際的に取り組まれている女性問題の視点が、「差別」から「暴力」へと深化していることに注目する必要がある。「差別」に対しては「平等」という政治が対応するが、暴力に関しては、法的・倫理的観点が必要である。また暴力は、現在的な問題としてでなく、過去・現在・未来にまたがるトラウマ記憶という深刻な社会病理的問題を抱え込む。それは被害者側のトラウマのみならず暴力に汚染された加害者側にもトラウマをもたらすため、加害―被害の二元論を生み出す構造的暴力への取り組みが必要となる。

このような根源的といえる問題提起をふまえつつ、しかし現在進行形の「女性の人権」侵害を処罰化するためには、現在的な理性の水準においても不正義とされるであろう問題に焦点を当てていく必要がある。それが、女性を「性的対象」に貶め、その性的自由を剝奪するべく遂行される性暴力の問題である。

「女性の人権」回復をめざす「ジェンダー・ジャスティス」は、被害女性たちの訴えに応答するために開催された日本軍性奴隷制を裁く「女性国際戦犯法廷」を構成する基本概念となった。そのことは、憲章前文の「〈法廷〉が、女性に対して行われた犯罪の責任に関して、当時の国際法の欠かすことのできない部分であり、極東軍事法廷で適用されるべきであった、法の諸原則、人間の良心、人間性とジェンダー・ジャスティスに照らして、また女性生存者自身を含む多くの人々の勇気ある闘いの結果、国際社会が国際人権と認識するようになった女性の人権の原則などに[8]」という文言からも、明らかである。

二〇〇一年一二月ハーグで出された判決文の序文は、当判決が「ジェンダー・ジャスティス」の要求に応答するものであることを記している。そこで、当法廷が「諸国家が正義を遂行する責任を果たさなかった結果として設立された[9]」と明記されている。そして、「本法廷は正義の実現は今でも可能であり、このような残虐行為が二度と繰り返されないようにという、決して揺らぐ事のない希望から生まれた[10]」と、ジェンダー・ジャスティスの意義を強く主張している。

判決文に現れるジェンダー・ジャスティスの画期的な点については十分な論考が必要だが、その余裕のないこの場において、簡単にまとめておこう。

・人間的尊厳を奪われ続けてきた被害者女性たちの求める「正義」であること。
・一国主義、欧米・白人・男性中心主義的正義を批判する、地球市民社会 Global Civil Society に基づく「正義」であること。
・「女性に対する暴力」を処罰化していくことで、「不処罰の循環」「暴力の循環」を断つ「正義」であること。つまり女性の人権回復を行う「正義」であること。そのことは、法廷の営みが「不処罰を終結させ、女性の身体の一体性と個人の尊厳、つまり女性の人間性そのものをはなはだしく無視する事態を反転させるためのさらなる一歩」であり、法廷の認定が「現代社会の女性たちを従属させ続けている性的類型化の世界的パターンを変える一助となることを意図している」と明記されていることから明らかである。

・従来的な国内法、国際法にあるジェンダー・バイアス、欧米知識人エリート主義からの脱却をめざす「正義」であること。

・暴力の直接的行為者よりも、構造的暴力体制を利用して搾取や抑圧を指示する権力者の罪を重視し、彼らをを裁く「正義」であること。

・性奴隷制、組織的かつ集団的強かんなどの性犯罪を「人道に対する罪」とする「正義」であること。

「女性国際戦犯法廷」は、サバイバーたちの告発を通して、従来的な「正義」を審判する法廷となった。それは一国的枠組み、一定の文化的枠組みで「正義」の担当者とされていた者たちの不正義を暴き出した。敗戦国日本の天皇や軍指導者の不正義のみならず、勝利国である連合国側の不正義、アジア女性たちに強いられた性奴隷制を訴追しなかった不正義も追及されていることに注目すべきである。つまり、近代国民国家に構造化されていた性差別・人種差別、階級差別的「正義」が告発されているのである。

「正義」とは実体的なものではなく、たえざる審判にさらされることで、その意味を明確にしていくものである。この法廷実践は、不正義を強いられていた者たちこそが、従来的「正義」を問い直し、新たな「正義の枠組み」を形成しうるということを実証する場となった。とはいえ、今なお世界中に放置され、不処罰にされている「不正義」はあまりに多い。だが「正義」を独占する人たちではなく、こうした不正義を強いられた人たちの中から、新たな「正義」の枠組みが形成されることが明らかとなったのである。

4　新たな「民衆法廷」の思想

「女性国際戦犯法廷」の特色の一つに、それが民衆法廷だということがある。このことに関して、ハーグ本判決で、次のように述べられている。

「これは、民衆法廷、グローバルな市民社会の声によって発案され、設立された法廷である。本法廷の権威は、国家や政府間組織によって生じるものではなく、アジア太平洋地域の人々、もっと正確に言うなら、日本が国際法の下で説明する義務を負っている世界中の人々に由来するものである[11]」

「法廷」が、既成の法体系におけるデュー・プロセス（適正法手続き）を欠いていることは、「法廷」に反対する人々にとって、恰好の攻撃材料となった。しかし「法廷」の主催者側は、デュー・プロセスの欠落をマイナス要因とせず、そこに、「国家の代わりを務める」のではなく、むしろ「国家が残した国際法違反」の問題に踏み込む「法廷」としての、積極的な意義を主張している。「法」が近代以降「国家」に囲い込まれることで、国家の利害に奉仕するものとなり果て、その結果「正義を実現する法」としての機能を喪失してしまったことに対する、「法」そのものの自己吟味のための法廷という意義である。

「法の自己吟味としての法廷」という思想は、カントの「理性の自己吟味としての法廷」を思い起こさせる。カントにおいて内的思考の営みとして構想されていた「法廷」を、複数の人々の議論が交叉する場としての法廷へと読み替えたのが、ハンナ・アーレントである。彼女は、法が一国主義的枠組みにとらわれることで、法の外部の存在を生み出していることを指摘し、「法外」の人々を排除して成り立つ一国主義的「法」の自己欺瞞を暴き出した[12]。

アーレントによれば、このような法の矛盾は法の内部で感知されることは少なく、法の外部に立たされる時にはじめて如実になるという。このことは、法は、その内部にいて法に守られている存在によっては、その実像が見えにくいことを示している。法は、その外部にいて、法の保護を剝奪されている人々に、その残酷な実像を露わにする。それゆえ、「法」そのものが内包する問題を議論する場は、法の専門家が主導権を握るのではなく、「法外の人々」が議論の中心を担う「民衆法廷」という形態がふさわしいのである。

民衆法廷という形で戦犯法廷を開くというアイディアは、松井やよりによれば、一九六七年にベトナム戦争の犯罪を裁くために企画された「ラッセル法廷」からヒントをえたものだという。著名な哲学者バートランド・ラッセルが呼びかけ人となった「ラッセル法廷」は、国家や国際連合などの正規の国際機関に基づく法廷ではなく、国際的な反戦運動のうねりの中で提起された民間法廷だった。企画者の一人サルトルは、法廷は法的拘束力をもたず無力であるが、「みずからの正当性は、その完全な無力に、と同時に、その普遍性に起因する[13]」と述べている。

古田元夫の指摘によれば、「ラッセル法廷」は法的拘束力をもたなかったが、「ベトナム人民の民族基本権」という新しい法概念を先駆的に採用することにおいて、国際法に新たな展望を導入した点で、大きな意義をもっている。(14) 国家の利害や国際関係のパワー・ポリティクスで法が定められるという既成の発想を打破して、世界の民衆が切実に求めている法を民間法廷において新たに提出し、その提出された法が国際社会において承認され、現実の法体系へと導入されていくという「法」創出の新たな道筋が示されたからである。

民間法廷において新たな法概念を切り開いていくという「ラッセル」法廷のアイディアを生かしつつ、松井やより、尹貞玉、インダイ・サホールなどのアジア女性のネットワークを中心に構成された国際実行委員会は、当時欠落していたジェンダーの視点を導入し、「戦争と性暴力」を裁くという有史以来はじめての試みに挑戦した。さらにアメリカの国家犯罪を裁くという「ラッセル法廷」の抽象的なスタンスから一歩踏み出して、国家の意志決定に影響力をもった個別責任者の加害責任を明らかにし、処罰を下すという明確な目的を掲げたのである。

「ラッセル法廷」が、民衆の生命と生活を破壊する戦争暴力に抗議する知識人の運動から生まれたのに対し、「女性国際戦犯法廷」が、戦争犯罪の被害女性たち自身の主体的な告発に基づいているところに、両法廷の重要な差異がある。最も苦しめられた被害女性たちが求めたのは、復讐ではなく、「正義」であった。

支配体制側が民衆法廷を恐れる口実の一つに、それが「報復」「リンチ」に結びつくという発想がある。しかし「女性法廷」の民衆たち、被害女性たちは、むしろ逆に、暴力が暴力を呼び起こす「暴力の循環」を断ち切ることを求め、それゆえ「正義」の介入を要請した。おかされた犯罪が容認され、不処罰のままに放置されることが再び犯罪の温床となることを、彼女たちは身体を通して体験していたため、加害行為の責任者が「正義」に基づいて裁かれ、処罰されることを要求したのである。

このような暴力の循環を断ちきるための民衆法廷は、確かに従来の民衆法廷、支配体制に抗する階級的・民族的闘争の一環としての「民衆法廷」の思想とは異質なものと言えるかもしれない。暴力と憎悪の連鎖に組み込まれることで、苦しみと被害を受けるしかなかった「女性」というジェンダーが、その苛酷な体験を他者に反復させてはならないとする強い思いによって開示した、新たな「民衆法廷」の思想と言えるだろう。それは敢えて言うならば、「許しと和解」に向かう「民衆法廷」である。

だが「許しと和解」は、おかされた犯罪を隠蔽したまま、加害責任者を曖昧にしたままでは、決して果たされえない。「許しと和解」の主体者は被害者自身だからであり、被害者からの「許しと和解」が可能となるためには、被害者が今なお苦しむ後遺症、ＰＴＳＤからの脱却が必要不可欠なのである。彼女たちにとって、自分たちを世界から切り離し、生きる意欲を剝奪した加害者が、不処罰のままに放置されていることほど、絶望と無力感の源になるものはない。そこに「正義」が封印されているからである。それゆえ「正義」の光の下で加害と被害の構図を取り戻し、個人的に受けた暴力が政治的暴力であったことを明らかにしていくことで、断ち切られた社会的絆を蘇生することが可能となるのである。

サバイバーたちが、自らの告発と証言で創り上げた「民衆法廷」に参加したことは、彼女たちにとって大きなエンパワーメントになったと言えるのではないだろうか。もちろん「民衆法廷」が一過性のものにとどまり、強いバックラッシュによって彼女たちの努力が空しく消費されてしまう状況が続くかぎり、そのトラウマは簡単に癒えることはない。しかし「法廷」に参加した法律専門家たちは、サバイバーたちが提起した「民衆法廷」の意義をしかと受け止め、そこで提起されたサバイバーが切実に求める法、かつて「無答責の論理」で免罪されていた「責任者を処罰する」ための法の創出に踏み出したのである。

5　無答責の論理の解体

「女性国際戦犯法廷」は、既存の法体系において無問責とされていたものに対して厳しい判決を下した。国家の最高責任者に対して、そして国家に対してである。

「本法廷は天皇裕仁が、〈慰安制度〉がより人目につき、問題視される地元女性に対する強かんの代替策と称して急速に拡大されていったこと、〈慰安制度〉内で強かんと性奴隷制が行われていたことを知っていなければならなかったと認定する。さらに私たちは、その地位および戦争遂行に対する継続的な関与、ならびに〈慰安制度〉が戦争遂行に果たす重要性に基づいて、彼が黙示的にあるいは積極的に〈慰安制度〉の存在と拡大を承認することで少なくとも関与していたことを認定する。よって、先の判定を再確認し、天皇裕仁を憲章第三条に基づく個人としての責任について、人道に対する罪としての強かんと性奴隷制で〈有罪〉と認定する[15]」。

「上述の理由によって、判事団は、国家責任を求める申立ては妥当であり、日本政府は日本軍性奴隷制のシステムによって与えられた損害について責任があると認定する[16]」

ハーグ判決において、上記のように、天皇無答責の論理、国家無答責の論理は徹底的に解体された。その意義について考えたい。

これらの無答責の論理は、近代国家の形成期に、「国王は悪をなしえず」のことばに表される主権免責の考え方に基づいている。このような考え方は、ドイツ、フランスでは二〇世紀初頭まで、イギリスやアメリカでは第二次世界大戦の頃まで、まだ支配的であったという。日本では明治憲法が「国家無答責の原則」を採用していて、国の不法行為についての国家責任は、一般的に否定されていた。当時公法私法二元論が採用されていて、公権力の行使に関わる問題は司法裁判所の管轄外にとされていたから、警察・軍隊などから公権力の不当な行使を受けても、国家に責任を問う道筋はなかった[17]。

このため元「慰安婦」の被害女性たちが、日本政府相手に軍隊の不法行為に対して日本の国内裁判所で訴訟を起こしても、大日本帝国憲法の「国家無答責」の論理が適用されて、門前払いとされてきた。しかし今回の「法廷」は、日本政府が当時の国際法に違反して民衆に不法行為を行った場合は、「国家無答責の原則」を適用することはできず、国家責任をとらねばならないと明確に規定した。また「法廷」は、日本の軍隊の不法行為を裁いた「東京裁判」とその諸判決を受け入れて締結された平和条約に対して、それらにはジェンダー偏向があったと批判している。

「法廷」の論点が画期的なのは、「国家無答責」というまことに支配者に都合のいい論理が、とりわけ女性に対する犯罪に向けられていたことを、明確に指摘しているところにある。略奪や民間人虐殺などの兵士たちの犯罪に対しては、それらを禁ずる戦争法規が一応作られていたが、女性への暴力に関しては、個々の兵士の裁量に委ねられ、私的問題ということにして、公的機関である国家はそれに関わらないという欺瞞的態度に終始していた。誰でもが知っている現実にあった犯罪を、国家があたかもなかったように振る舞うことは、国家の主なる担い手「男性国民」というジェンダーの側に、国家が立っていることを示唆するものである。

国家の絶対的支配者としての「天皇の無答責」の問題は、どうであろうか。山田朗によれば、日本国内において天皇は大日本帝国憲法第三条の「天皇ハ神聖ニシテ侵スヘカラス」を根拠にした「天皇無答責論」と、第五五条「国務各大臣ハ天皇ヲ輔弼シ其ノ責ニ任ス」を根拠にした「輔弼機関答責論」によって、戦争責任から免れてきたという。だが山田は、このような論理は欧米式の立憲君主論を天皇に当てはめた天皇免責論であり、それは戦前の絶対天皇制の実情を全く反映していないと主張する。

「国家元首であり、大元帥であるからといって、実質的な権限行使がともなっていないので、天皇には〈戦争責任〉があるとはいえない、といった議論は、憲法上の機能からする〈戦争責任〉否定論よりも、同時代の感覚的な歴史イメージ——戦後になって形成されたものだが——とかなり合致する点があることから相当に強力である。つまり、政治的・軍事的に無権力で無能力で、心情的平和主義者としての昭和天皇イメージは、今なお依然として強固である[18]」。

昭和天皇が戦争責任から免れるために、敗戦後マッカーサーのもとに進んで出向き、その「平和的イメージ」を最大限に演出したとしても、彼が「国体護持」に固執してポツダム宣言を受け入れることに逡巡し、そのため原爆などの戦禍が拡大したことは忘れられてはならない。国家の最高権力者でありながら、「臣民」に対して何の責任も負わない天皇制の体質は、戦後になっても国内的に、公的な形態で論及されることはなかった。昭和天皇が東京裁判で免責され、それに乗じて彼自身も退位という形ですら責任をとらず、「天皇無答責の論理」を戦後まで持ち込んだことは、日本の法体系の中に大きな禍根を残したと言えるのではないか。

「女性国際戦犯法廷」が、このように暗黙に存続していた「天皇無答責の論理」を徹底的に解体して、彼を有罪としたことは、日本の法体系をゆさぶる画期的な出来事と言えるだろう。被害女性たちは、自分たちに起こった未曾有の犯罪が、天皇の名の下で行われたことを、明確に認識していた。その天皇が免責され、平和主義者のポーズを取って君臨し続けたことに、この上ない「不正義」があることを、彼女たちは告発したのである。

国際的な法律専門家から構成される検事団や判事団は、日本特殊主義にまどわされることなく、明らかな証拠と冷徹な論理で、戦前天皇制が持つ絶対的権力の欺瞞をついた。昭和天皇は決して傀儡ではなく、大日本帝国の最高権力者であり、軍隊を統制する力を持っており、それゆえ軍隊の暴走をとどめうる唯一の人であったと認定し、国際社会におけるその責任を厳しく問うた。

判決は、天皇制の是非を問うてはいない。だが天皇という国家的な道徳源泉とされた存在が、その名の下で行われた様々な残虐な行為を知りながら、「神聖にして侵すべからず」という国内論理を隠れ蓑に、そうした暴力を野放しにし、国内外の人々を苦しめたことは、もはやごまかしようもない明らかな事実であること、それゆえ昭和天皇は国際社会に対し責任をとる必要があることを、判決は認定したのである。

このような認定の背景に、責任をとらなかった天皇制に対する暗黙の批判があることは言うまでもない。天皇の犯罪は数多く指摘されるだろうが、ここで焦点を当てられたのは、戦時性暴力である。天皇の軍隊が軍事的性奴隷制のような女性差別の極致である制度を採用したのは、それを生み出した天皇制軍事国家が徹底的に女性差別的な体制であったからに他ならない。鈴木裕子が指摘しているように、天皇の赤子を生むための存在である女性は家制度、天皇の赤子の性的欲望を満たす女性は公娼制度に囲い込まれていたし、彼女たちは参政権をはじめとした公的権利から疎外されていた。天皇制軍事国家は極度にジェンダー化された国家であった[19]。

「女性国際戦犯法廷」は、戦前において公的権利を剝奪されていたジェンダーである「女性」が提起した「法廷」である。一切の公権力から疎外されていた意味において、無答責とも言える女性たちが、むしろすすんで加害責任を担うという決意をもって企画されたものなのである。それは、実際に公権力を握りながら、その責任を取らない「国家」と「国家的権力者」の無答責の論理を解体する企てと言える。「法廷」は、そうした女性たちの解体の企てをしかと受け止めて、国家に答責の論理をつきつけたのである。

6　さらなる展望へ

ジェンダー化された国家や国内法に問題提起を行った「法廷」ではあるが、そこにはまだ多くの問われねばならない問題が残されている。「法廷」の総括において被害国から出された問題として、植民地主義や人種差別主義の論点が不十分であったことが指摘された。日本軍「性奴隷制」は重大な性犯罪に違いないが、それがとりわけ植民地や侵略地であるアジア女性に対してなされた犯罪であることの問題の論及が少ないという批判である。

判決の中に「主としてアジア太平洋地域の貧しい非・日本人の女性に向けられつつ前例のない規模で制度化された」とあるように、それが女性差別のみならず植民地主義、人種差別主義に基づく犯罪という認定はされている。しかし昭和天皇を有罪とする根拠としては、その論点は挙げられていない。天皇の軍隊が犯した性暴力犯罪は、明らかに日本のエスノセントリズムと非日本人に対する民族的・人種的差別意識に基づいていた。

二〇世紀の戦争の大半が、植民地主義と帝国主義に根ざしていたことが明確な現在、戦争犯罪を考える場合、敵方に対する残虐な行為の原因に民族・人種差別意識があったことを看過することはできない。事実、「法廷」での兵士証言において、人種差別意識ゆえ中国人女性を強かん、虐殺することに何の良心の呵責もなかったことが述べられている。

植民地主義や奴隷制という国家的な犯罪には、従来の法システムでは対応しきれないところがある。しかしながら二〇〇一年八月末日から、南アフリカのダーバンで開かれた国連主催の「人種差別反対世界会議」で、「奴隷制度」と「植民地支配」という負の歴史の清算の問題が初めて取り上げられた。そして「政治宣言」において、「奴隷貿易・奴隷制」は「人道に対する罪」であることが確認された。また植民地支配が、人種主義、人種差別、外国人排斥や関連する不寛容につながったことが確認された。

国際社会は、二一世紀に新たな一歩を踏み出したのである。「法廷」によって開かれた展望の中で、私たちもまた次なる課題に向けて、歩み出さねばならない。

一八世紀以来の国民国家体制の下で、戦争は国権として認められてきた。侵略戦争に対する厳しい反省から、日本国憲法には第九条に「交戦権を放棄」することが明記された。しかし、この宣言は一国主義的制約のためか、世界化される方向が未だ開かれていない。「戦争放棄」という、従来の法体系を乗り越える地平を開くはずの理念が、歪曲的解釈を重ねられて無惨な姿に変貌させられていることに、多くの女性たちは怒りを感じている。

「女性国際戦犯法廷」を実現した女性たちのネットワークは、「戦争放棄」の精神を受け継いで、「戦争犯罪」のみならず、「戦争」それ自体を裁く「国際法廷」への展望を拓こうとしている。それは、実践的なフェミニズム平和学の構築を意味すると言えるだろう。日常にはびこる暴力に抗する、非暴力的な闘いを通して、戦争を超えた世界を切り開こうとするフェミニズム平和学こそが、二一世紀の可能性となるに違いない。既に、世界の至るところで、新たな挑戦が始まっている。

注

（1）VAWW-NET Japan 編『裁かれた戦時性暴力』（白澤社、二〇〇一年）二九五頁。

（2）C・G・スピヴァック（上村忠男訳）『サバルタンは語ることができるか』（みすず書房、一九九八年）七三頁。

（3）岡野八代『法の政治学』（青土社、二〇〇二年）参照。

（4）G・ヴィガレロ（藤田真利子訳）『強姦の歴史』（作品社、一九九七年）。

（5）VAWW-NET Japan 編『女性国際戦犯法廷の全記録II』（緑風出版、二〇〇二年）一〇九頁。

（6）The Women's Caucus for Gender Justice, http://www.iccwomen.org 参照。

（7）渡辺和子編『女性・暴力・人権』（学陽書房、一九九四年）二八五頁。

（8）VAWW-NET Japan 編『女性国際戦犯法廷の全記録I』（緑風出版、二〇〇二年）二八頁。

（9）VAWW-NET Japan 編・前掲書（注5）一〇八頁。

（10）VAWW-NET Japan 編・前掲書（注5）一〇九頁。

（11）VAWW-NET Japan 編・前掲書（注5）一〇九頁。

（12）H・アーレント『全体主義の起源二』（大島かおりほか訳）（みすず書房、一九七二年）参照。

（13）J・P・サルトル（海老坂武ほか訳）『植民地の問題』（人文書院、二〇〇〇年）二〇〇頁。

（14）古田元夫「ベトナム戦争とラッセル法廷」内海愛子ほか編『戦犯裁判と性暴力』（緑風出版、二〇〇〇年）二〇七頁。

（15）VAWW-NET Japan 編・前掲書（注5）三五七頁。

（16）VAWW-NET Japan編・前掲書（注5）四一九頁。
（17）野中俊彦ほか『憲法Ⅰ』（有斐閣、一九九二年）四九一頁。
（18）山田朗「昭和天皇の戦争関与と〈戦争責任〉」大越愛子ほか編『加害の精神構造と戦後責任』（緑風出版、二〇〇〇年）二一八頁。
（19）鈴木裕子「日本軍性奴隷制問題と天皇の戦後責任」『加害の精神構造と戦後責任』（緑風出版、二〇〇〇年）一六一頁。

第6章　和解と正義——南アフリカ「真実和解委員会」を超えて

永原　陽子

「困ったのは、和解とはいかなるものであるかについて、誤った考え方があることだ。和解とは心地よくなることではないし、物事が実際にそうであったのとは違っていたかのように振る舞うことでもない。虚偽に基づいた和解、現実に立ち向かわない和解は真の和解ではなく、長続きしないだろう(1)。」

1　はじめに

「和解」を標語に、南アフリカがアパルトヘイト体制から脱却して一〇年が過ぎようとしている。その間、新たな流血事もクーデタの企てもなく、新政府が国民の大方の信を得て国家の運営にあたってきたという意味で、この国の体制移行は間違いなく成功したと言ってよい。南アフリカは今や「普通の国(2)」になった。それどころか、新憲法に謳われた多文化主義社会の構想は、二一世紀的な民主主義の実験として、世界の注目を浴びている(3)。

しかし、この国の人々が直面する経済的・社会的現実はあまりに分裂しており、彼らが現時点で何を共有しているのか、見出すことは容易でない。二〇〇三年に行なわれた「和解」に関するある調査は、「『和解』が何を意味するのか、誰もわかっていない。しかし、誰もが『和解』が失敗したことだけはわかっている」と言っている。[4] そこまで冷笑的に見ることが適切かどうかはさておき、移行期の南アフリカで国民的目標として追求されてきた「和解」の内容やその達成の状況は決して自明ではない。

ここでは、南アフリカの体制移行において中心的な役割を果たした「真実和解委員会」Truth and Reconciliation Commission（TRC）に注目し、その活動を検証することを通じて、この国における「和解」とは何であったのかを振り返ってみたい。TRCは、アパルトヘイト時代の人権侵害についての事実調査を行ない、被害者および加害者の処遇にあたる機関として作られた。その活動は、国内の政治・社会に多大な影響を与えたばかりでなく、国際社会からは「移行期の正義」transitional justice の成功例として高く評価され、その後の世界各地の紛争解決の範として参照されている。この委員会をめぐっては、政治学、社会学をはじめとする様々な分野からの研究がすでに数多く出されているが、[5] それらは総じて、一九九〇年から九四年にいたる狭義の移行期、そして続くTRCの活動期に議論を限定してTRCの意義や限界を評価している。しかし、南アフリカの体制移行における「和解」の特質とTRCの役割を考えるには、この国の植民地主義・人種主義の歴史、より広くは現代世界における植民地主義の過去の克服の問題全体を見る視点が不可欠である。以下では、アパルトヘイトを植民地主義の究極の形態ととらえる筆者の歴史理解と結び付けて、TRCを通じた南アフリカの「和解」の歴史的意味を考えてみることにしたい。

2 南アフリカにおける「移行期の正義」——TRCの成立

アパルトヘイトの崩壊

南アフリカにおける人種主義の起源は一七世紀半ばのヨーロッパ人の到来に遡る。奴隷制や先住民征服の歴史を経て、二〇世紀初頭には「人種」[6]による社会の分断が広がり、人種の隔離が各地で始まるが、アパルトヘイトが国家の公式の制度となったのは、それを政策として掲げる国民党[7]が一九四八年に単独で政権に就いた時からである。隔離と差別の政策は一九六〇年代以降、社会のあらゆる局面に例外なく適用されていった。他のアフリカ諸国が独立していくまさにその時期に南アフリカでは極限的な人種主義の体制が構築されたのである。国連は一九七三年以降、アパルトヘイトを「人道に対する罪」として非難し、経済制裁等の措置にも踏み出した。第二次世界大戦後の国際社会がナチズムの経験とその克服の過程で獲得した概念がアパルトヘイトに適用されたことは、後のアパルトヘイト崩壊後の「過去」をめぐる議論においても大きな意味を持つことになる[8]。

一九九〇年二月、三〇年近く獄中にあった解放運動の指導者ネルソン・マンデラが釈放された時の光景は未だ記憶に新しい。それはこの国に自由が甦ったことを象徴する瞬間であったが、同時に、政権党が権力を手放しつつあることを示すものでもあった。八〇年代を通じて国内の矛盾は極限にまで達し、軍事的対立も出口の見えない状態にあったが、「冷戦」の終結という形で国際情勢が急展開すると、国民党の指導者たちは、将来の政権の中心を担うはずの人々と直接に交渉し、平和的に権力を委譲する道を決断した。

「和解」思想の歴史的背景

アパルトヘイト体制からの脱却の過程は、こうして当事者間の交渉という前例のない形で始まった。当初「アフリカ民族会議」（ANC）(9)をはじめとする解放運動の指導者たちの間では、アパルトヘイトが「人道に対する罪」であった以上、ニュルンベルクの法廷に匹敵するような場を設け、責任者を法的に処罰すべきだとする意見が強かった。第二次世界大戦後の国際法的常識から見れば当然の主張だった。権力を手放そうとする国民党の指導者たちが恐れたのも、まさにその点だった。来るべき新政権の下で白人たちが受ける処遇は、彼らの最大の関心事だった。旧体制の責任者に対する法的処罰ばかりでなく、財産の没収や官職からの追放など広汎な白人層に影響を与える措置が予想されたからである。

ところが、交渉の場に臨んだマンデラらは、白人に対して報復する意図がないこと、彼らとの共存を目指していることを明言し、「和解」を呼びかけた。法の裁きを求める考え方からすれば意外にも思われるその立場は、反アパルトヘイト運動の思想と深く関わっていた。アパルトヘイトに対する批判には、歴史的に、全人種の共存を目指す「非人種主義」の立場と、「アフリカニスト」の黒人本位の立場との二つの潮流があった。主として前者はANC、後者は「パン＝アフリカニスト会議」（PAC）[10]や「黒人意識運動」[11]に体現された。またANCの中にも二つの要素は混在し、運動の中で絶えずせめぎ合っていたが、最終的に優位を占めたのは非人種主義的な立場だった[12]。獄中から出てきたマンデラらが国民党との交渉の中で引用したのは、初期の反アパルトヘイト運動の目標として若き日の彼らが起草した『自由憲章』（一九五五年）である。そこでは、「南アフリカはそこに住むすべての人に属す」ことが謳われていた。先住民であるか植民者の末裔であるかを問わず、現に南アフリカの地に暮らす者すべてを国家の正当な成員とする考え方である。

白人の協力は、現実的な面からも不可避だった。かつてのアフリカ植民地の独立過程においては、白人入植者の追放や国有化による財産の没収が行なわれることもあったが、そのような政策をとった国々がその後の国家建設とりわけ経済建設において順調な道を歩んだとは言えない。南アフリカの場合、アパルトヘイト時代を通じて実現された経済水準は他のアフリカ諸国を圧倒しており、それが極端な人種主義の体制の産物であったとしても、富の再分配を通じて新しい国家の建設に役立てるのは賢明なことと判断された。

こうしたことから、交渉の中で合意された一九九三年の暫定憲法は、特別に「国民の統一と和解」の一項を設け、「復讐ではなく理解を、報復ではなく修復を、犠牲ではなくウブントゥーを」と呼びかけ[13]、TRCの設置を予定した。

「和解」には以上のような理念的・戦術的背景があったが、より広く世界史的に見るならば、戦いの後に報復をしないという意味での「和解」は、第一次世界大戦終結時の「戦争責任」の概念にまで遡ってとらえることができる。勝者が敗者を「懲らしめる」それまでの戦争の常識が覆され、勝敗ではなく戦争行為を始めたこと自体の責任が問われるようになったのは「和解」の思想の始まりであった。もちろんそれはきわめて端緒的なもので、実際にはドイツに対する戦勝国の態度は多分に復讐的であり巨額の賠償も課せられたが、続く二度目の世界大戦の経験の中からは「人道に対する罪」の概念が生み出され、狭義の戦争責任に限定されない人権侵害の問題が国際社会の共通の関心事となった。そこに「勝者の裁き」の側面もあったことはしばしば指摘されるとおりだが、戦争の事後処理は被害の状況を「旧に復す」ことに重点を移し、その後の幅広い「補償」への流れを作った。それは南アフリカでの「和解」に通ずる考え方と言えよう。

「真実」と免責《アムネスティ》

戦争責任の場合と同様、アパルトヘイトの過去の克服においても、被害を復旧することは加害行為の責任の問題と不可分である。マンデラらが白人との「和解」を言うとき、それは責任の問題を棚上げすることではなく、責任の所在と内容を明らかにした上であえて赦すこと、すなわち「真実と引き換えの和解」であった。

国民党とANCとの間に激しい綱引きがあったのはその点をめぐってである。国民党が求めたのは、政府や軍の一定以上の地位にあった者の法的責任を一括して機械的に免除することである。それには前例があった。軍事独裁体制や内戦を終結させた一九八〇年代の中南米諸国では、過去の人権侵害についての真相究明と引き換えにその責任者の法的責任を免除する方式が取られた。(14)

それらの中でも比較的成功したと言われ、南アフリカのTRCの手本ともされたのがチリの「真実和解委員会」である。しかし、そのチリの委員会においては、人権侵害についての調査は行なわれたが、加害者の多くに軍政時代の「恩赦法」が適用され、一定以上の地位にあった者が自動的に免責される結果となった。南アフリカの国民党が求めたのは、同様の包括的免責《アムネスティ》措置である。

それに対してANC側が主張し、最終的にTRCの方式とされたのは、加害者による事実の告白を条件とする個別の免責である。[15]「和解」の土台は人権侵害の歴史を国民が共有することであり、そのためにはまず具体的な事実を解明しなくてはならない。人権侵害に関与した者は、個人として名乗り出て、自らの加害行為について事実をすべて明らかにすればその法的責任を免除するとされた。それにより、被害者にとっては赦すことの代わりに最も知りたい事実、たとえば家族がどのような状況で誰によって殺されたのか、行方不明になっている者がどこへ行ったのかなどについて知る道が開かれる。「免責」は、加害者の処遇であると同時に被害者の救済も含意していた。

3　TRCは何をしたのか

TRCのあらまし

一九九四年四月の選挙によりマンデラ政権が発足してから一年足らずのうちに、新国会は「国民の統一と和解を推進するための法」（以下「TRC法」と略記）を制定した[16]。その国会には、政権の中心となるANCばかりでなく、前大統領F・W・デクラークをはじめとする国民党の議員やその他の政党の議員もいる[17]。TRCは彼らをも含む国会の決定で、つまり国民の意志として誕生したのである。それは、TRCを他の国々の同種の委員会と区別する特徴である。

　TRC法は、暫定憲法での「国民の統一と和解」への言及を受けて、「真実和解委員会」の具体的なあり方を規定している。同法の長大な正式名称は、TRCの目的と任務をよく表わしている。「一．過去の紛争により一九六〇年三月一日から法の定める締め切り日[18]までの間に国の内外で生じた重大な人権侵害の性格・原因・程度と被害者の動向・行方とについて調査し可能なかぎり完全な像を描き、二．当該期間の紛争の過程で政治的目的と結びついてなされた行為について、すべての重要な事実を明らかにした者に免責《アムネスティ》を認め、三．被害者に自らの受けた人権侵害について語る機会を与え、四．人権侵害の被害者に補償を行ない、その人間的・市民的尊厳を回復・再建するための措置をとり、五．そのような人権侵害とその被害者について国民に報告し、六．重大な人権侵害の発生を予防するための勧告を行ない、七．以上の目的のために人権侵害小委員会・免責小委員会・補償回復小委員会を含む真実和解委員会を設立し、八．同委員会・小委員会に一定の権限と機能を付与し一定の義務を課し、九．以上に関連する事柄を処理するための法[19]」。要するに、アパルトヘイト時代の「重大な人権侵害」について、①被害者からの聞き取りや独自の調査を通じて事実を明らかにし記録すること、②みずからの関与した事実をすべて明らかにした加害者の法的責任を免除すること、③被害者に対する補償の提案を行なうこと、の三点がTR

Cの目的であり、この三つの目的に応じて、委員会内に①人権侵害、②免責、③補償・回復の三専門委員会がおかれるということである。

この法に基づいて一九九五年末にTRCが発足した。反アパルトヘイト運動の著名な指導者であったD・ツツ大司教を委員長に、国会で準備された名簿から一七名の委員が大統領によって任命された。委員の中には、宗教関係者・法律関係者が多く、旧体制の側の者も入っていた[20]。これらの委員のほかに、五〇〇名を超えるスタッフが実際の活動を支えた。約二年半の活動を経て、九八年一〇月に全五巻の報告書が公表された。ただし、免責の審査はその後も継続され、その結果を含む追加報告書は二〇〇三年三月に公刊された[21]。

TRCの仕事は、重大な人権侵害の被害者が申し出ることから始まる。申し出を受けて、人権侵害委員会が本人および関係者からの聞き取りや独自の調査を行ない、事実を確定する。その結果、被害者と認定された者は、補償・回復委員会の提案する補償を受ける権利を得る。一方、加害者は、自らの関与した重大な人権侵害についての詳細な陳述書を付して免責を申請する。免責委員会は、本人への聞き取りのほか被害者など関係者からの聞き取りなどを行ない、すべての事実が明らかにされたと判断される場合、免責を認める。最終的に、被害の申し出は約二万二〇〇〇件（関係する人数は三万八〇〇〇人）あり、約二万二〇〇〇人が被害者と認定された。一方、免責の申請は七〇〇〇件を超えた。

語りと「真実」

ＴＲＣの一つの大きな特徴は、被害および加害の調査において、公開の場での証言すなわち公聴会に重きを置いた点である。公聴会は誰でも参加でき、その様子は新聞やテレビ・ラジオまたインターネットなど様々なメディアを通じて、国内外に公開された。

アパルトヘイト時代、極端な言論統制の下で情報は操作され、一般のアフリカ人に対して国家権力が何をしているかが報道されることはなかった。この国でテレビ放送が一九七五年まで導入されなかったという驚くべき事実は、そのことを端的に物語っている。そうした時代を生きた人々にとって、自らの受けた被害の体験について公の場で語るということは、それ自体が人間としての尊厳の回復の始まりだった。ＴＲＣの委員という国家の公職にある人から「ミスター」や「ミセス」をつけて呼ばれ、参加の労をねぎらわれることからして、彼らにとっては衝撃だった。委員会は、新憲法の定める一一の公用語すべてでの証言を可能にする同時通訳の体制を作り、農村部に出張して学校の体育館で公聴会を行なうなど、できる限り多くの被害者が名乗り出ることを可能にしようとした。警察の発砲によって視力を失ったある被害者は、「私をずっと病ませていたのは、自分のことを話せなかったという事実です。しかし今ここに来て話すことができ、私はまるで視力を取り戻したような気がします。」と語った。[22] 委員会によって「被害者」と認定されることやそれによって補償を得ること以前に、ただ「語る」こと、そして多くの国民がそれに耳を傾けることがどれほど癒しとなるかをこの言葉は示している。それは事実の認定のみを目的とする裁判ではなくＴＲＣ方式だからこそ可能になった被害者の救済の形である。

公聴会は、加害者の免責審査でも行なわれた。自らの加害行為について公開の場で語ることは、当人にとっては不名誉であろう。しかし、それは国民が過去の事実を共有するためであり、当人も免責を得たければ甘受しなくてはならない。加害者の公聴会には参考人として被害者が同席し質問する場合もあったから、そこでは過去の傷が掘り起こされ、「和解」というよりは憎悪が再燃する場面もあった。しかし、そのような場における加害者の言葉や表情、そしてもう一方の当時者である被害者の反応などが公にされたことが、広汎な国民に「過去」を考える契機を与えたことは確かである。

もとより当事者の語りは主観的な言葉であり、それでもって事実の調査に代えることはできない。しかし、「真実」を多重的に定義し得るものとするならば、「当事者にとっての真実」が一つの決定的に重要な側面であることは間違いない。TRCによれば、「真実」には、①事実としての、あるいは法廷の真実、②個人にとっての、また語りとしての真実、③社会的あるいは対話的真実、④癒し、修復する真実、の四つがある。①は法律論的な意味での「事実」であり、いつどこで何が起こったのかといったものと、それらの原因や文脈などとがある。後者は社会科学的な領域に入り、唯一絶対のものはないが、少なくとも「嘘を減らす」ことはできる。②は、公聴会における語りが被害者にとって持つ意味に対応する。③は被害者や加害者の語りが公にされ、多くの人がそれを受け止めることに関係している。そして、④が、他の三つの「真実」を前提に、TRCが最終的に目指すところであり、国民的な記憶として記録し共有すべきものであるという。(23)「真実」をめぐるこのような洞察の背景には、TRCに対する様々な批判があった。委員会が

「真実」について判定を下すとすれば、それは国家が「真実」を独占し、新しい「公定の歴史」を国民に押し付けることになる。一方、当事者の語りのみに重きを置けば「真実」は無限に存在することになり、異なる立場の人々の間に共通の認識は生まれない。被害者にとっての癒しの側面を重視しつつその落差を埋めるために、ＴＲＣがその全過程を最大限に公開し、「真実」を交渉《ネゴシエーション》の中でとらえようとした点に、「和解」の思想の具体的なあり方を垣間見ることができる。

被害者の救済

ＴＲＣの言う「和解」の意味を理解するには、補償の内容を検討することも不可欠である。「世界人権宣言」以来の国際的な議論を踏まえた上で、ＴＲＣは補償・賠償の内容を次の五点にまとめている。[24] ① Redress（公正で十分な代償を得る権利）、② Restitution（可能な場合に、人権侵害以前の状況を回復する権利）、③ Rehabilitation（医学的・心理的治療、完全なリハビリテーションのために個人またはコミュニティレベルのサービスを受ける権利）、④ Restoration（人権侵害の事実を認めさせる個人またはコミュニティの権利、みずからが価値ある存在であるとの意識を持つ権利）、⑤ Reassurance（立法および制度的介入・改革により人権侵害が繰り返されないとの保障を得る権利）。これらに基づく補償の実際の形は多様である。金銭的な代償（一時金、年金、奨学金や医療補助など）の他にも、ＴＲＣが「象徴的補償」として重視するものがある。過去の痛みを記憶し記念するような措置（記念碑の建設、行方不明者や殺害された者の遺体の捜索・発掘、墓石の設置、道路や公共施設の名称の変更など）である。行方不明者の死亡証明書の発行、政治犯としての犯罪記録の抹消などの行政的措置もその中に含まれる。また、司法・治安警察・刑務所および教育・企業・メディアなど各界に対して人権侵害を繰り返させないためにTRCが行なった勧告[25]も、被害者への「安心」の約束という意味で補償の一部をなしている。

TRCの免責手続きによって加害者の法的責任が免除されれば、当然、賠償等の責任も免除される。その場合、被害者の救済を行なうのは国家である。そもそもTRCの対象とする「被害」と「加害」とは、個人対個人ではなく、過去の体制の下での政治的目的によって生じたものと定義されている。TRCの役割は、人権侵害の事実を公的に認知することにより、被害の状況が国家によって復旧される道筋をつけることだった[26]。通常の民事訴訟では考えにくい「象徴的補償」などは、個人対個人を離れたところであるからこそ成立するとも言える。「被害者」は個人であってもその経験は国民全体のものであり、被害の復旧は、国家―コミュニティ―個人という関係の中で実現される。これも被害者の救済を中心においた「和解」のあり方の一面である。

4　TRCは何をしなかったのか

TRCが発足した当初の南アフリカでは、この委員会の活動とそれによってもたらされるはずの「和解」への期待はきわめて高かった。ちょうどその時期に南アフリカに滞在した筆者もその空気を肌で感じ、TRCを積極的に評価する文章を書いた[27]。免責措置などについて当初から批判はあったが、それ以上に期待も高く、連日のように報道される公聴会の様子などを通じて、「記憶の共有」の意味が実感された。しかし、ＴＲＣのプロセスが進行するにしたがい、批判や失望の声は強まり、やがてこの委員会については批判するのを当然とするような論調まで広がっていった[28]。いったい何が問題にされたのだろうか。

免責と修復的正義《リストラティヴ・ジャスティス》

政権移管のための交渉の時期から、アパルトヘイトの責任者の免責の可能性は多くの議論を呼んだが、ＴＲＣの免責手続きのあらましが明らかになると、公然と抗議の声が上がった。たとえば、「黒人意識運動」の指導者であり警察によって殺されたＳ・ビーコの遺族は、ＴＲＣの免責制度そのものが違憲であるとして訴訟を起こした。国内の裁判では合憲判決が下されたが、その後、訴えは国際司法裁判所にも出された[29]。同様の疑義は共産党書記長Ｃ・ハニの遺族からも出された。ハニは、一九九三年つまりアパルトヘイト終結が宣言されすでに政権移行に向けての交渉が進められている時期になって、保守党のメンバーに銃殺された[30]。両件の加害者はいずれも条件を満たしていないと判定され、結果的には免責を認められなかったが[31]、免責の制度に対しては、このように解放運動で指導的な地位にあった人々およびその遺族からとりわけ反対の声が強かった。

それに対し、ＴＲＣを擁護する人々は、加害者の免責措置が真実の究明を可能にするためのものであり、その意味で被害者の利益になること、また当事者の語りを中心とした調査活動や多面的な補償措置において被害者の救済に焦点を当てていることを強調し、加害者の処遇よりも被害者の救済に重点をおく「修復的正義《リストラティヴ・ジャスティス》」の考え方を主張した。(32) 従来の法の前提である応報的正義、すなわち「罪」に対して「罰」を課すことで正義が回復されるとの考え方を乗り越えた「修復的正義」は、現在では各国の一般司法の世界でも「修復的司法」として広く論じられるようになっているが、TRC発足の時期には前例がなかった。修復的正義と応報的正義のどちらが正しいかについての一般的な解答があるわけではなく、前者が被害者側の寛大さを求めるものであれば、それに納得できない人々がいるのも当然だった。TRCの委員長を務めたツツや副委員長のA・ボーレーヌはいずれもキリスト教界の重鎮であるが、彼らがしばしば過度なまでにキリスト教的な言葉を使って「赦し」を訴えなければならなかったのも、平和の実現という大義のために被害者側により多くの譲歩が求められたからにほかならない。(33)

「重大な人権侵害」の定義

しかし、問題は、応報的正義か修復的正義かだけではない。TRCで「被害者」と認定されたのは約二万二〇〇〇人、また免責申請を行なった者のうち実質的にTRC法の対象となる「加害者」は二〇〇〇人に満たなかった。約四〇〇〇万の人口を持つこの国のアパルトヘイトの歴史を考えると、これらの数字は非常に小さい。

TRC法は、まず狭義のアパルトヘイト時代に時期を限定した上で、「重大な人権侵害」の内容を「殺人・拷問・誘拐など」と定義している。アパルトヘイトの下では誰もがそのような人権侵害の被害者となる可能性を持っていたが、とりわけその危険に晒されていたのは解放運動の活動的なメンバーたちであったろう。そしてほとんどの場合、それは男たちだった。組織的な運動に関わったわけではないが、住む場所を追われ極度の貧困と不自由の中で一生を過ごさなくてはならなかった圧倒的多数の一般のアフリカ人は、ここでの被害者には入らない。しかし、彼らはアパルトヘイト体制の被害者ではなかったのだろうか。TRCがANCの活動家――それは現政府の要職にある者たちでもある――を特権化しているという批判は、あながち的外れではない。

加害者についてはどうだろう。TRCは「真実」を解明するために免責をあくまでも個別の審査に付し、裁判における証拠調べにも似た手法で調査を行なおうとした。そのためには「重大な人権侵害」を個別の事件として定義できるものに限定しなくてはならなかった。しかし、その場合、「加害者」として免責を申請するのは、殺人や拷問などの行為に現場で手を下した人々、つまり通常は一般の警察署員や治安部隊員など権力の末端にあった人々となる。明確に指示を与えたことが証明される場合には上位の者も「加害者」たり得るが、実際には、個々の殺人や拷問等についての命令などなかったことが多い。

TRCの全過程を通じて、免責を申請した旧政府の閣僚経験者はわずか二名のみで、歴代大統領はじめ体制の最高責任者であった人々は名を連ねていない。最後の国民党大統領デクラークは、自身に関する報告書の記述を不満として取り消しを求める訴訟を起こしたし[34]、前代の大統領だったP・W・ボータは、TRCから証言を求められ召喚を受けながら出頭もしなかった。デクラークやボータをはじめ体制の要職にあった人々のほとんどは、自分は「重大な人権侵害」を指示していないとして免責を求めようとせず、謝罪も拒否した[35]。結果として、末端の実行者にもっぱら責任が負わされていった。

構造としてのアパルトヘイト

「重大な人権侵害」の定義に起因する以上の問題は、体制の責任者の扱いにとどまらず、そもそも体制や構造としてのアパルトヘイトをどう捉えるかに関わっていた。TRCの調査で「重大な人権侵害」が個別の事件に分解されてしまった結果、アパルトヘイトの体制がいかなるメカニズムで維持されていたのかについての分析は後景に退いてしまっている。たしかに、調査の過程では、企業・労働界、医療・健康関係、法曹界、ジャーナリズム、宗教界などを対象とした特別公聴会が持たれ、それらの部門がいかに体制を支えていたかについての解明が一定程度なされた[36]。極端な人種差別・人種隔離のシステムにより巨利を得ていた大企業、アフリカ人を人体実験に使っていた医学、権力に迎合したジャーナリズムなど、その様子はナチ体制下の社会を彷彿とさせる。しかし、TRCにおける「加害者」は、「被害者」同様、あくまでも本人からの申し出に拠ったため、アパルトヘイトの構造に関わる調査の結果は、直接に「責任」の問題には結びついていない。

TRCの謳う「和解」が正義なき和解であるとの批判が高まったのはそのような文脈においてである。批判の急先鋒となった政治学者M・マムダニは、TRCにおいてアパルトヘイトの構造が問われないことにより政府や軍の要職にあった者の責任が免除されるばかりでなく、体制によって恩恵を受けていた一般の白人が無傷のまま新しい体制の下で安穏とした生活を享受していることに許しがたい不正義を見る。(37) 彼によれば、TRCの定義するような「加害者」は一握りであり、問うべきは体制の「受益者」——大企業に始まり個人まで——の責任である。それはとりもなおさず、「受益者」の対極にある一般のアフリカ人、つまり「重大な人権侵害」の被害者とならなかった人々を救済することである。

体制転換後の南アフリカにおいて、住宅建設や各種インフラストラクチャーの整備などの施策は進められている。しかし、最も大きな影響を与えるべき土地改革の進捗状況は財政難のためはかばかしくなく、多くのアフリカ人は依然として旧ホームランドや都市近郊のタウンシップの劣悪な環境の中に暮らし、(38) 彼らの間では失業率も上昇する一方である。認知された「被害者」のみが不十分とはいえ補償を受け、その他の圧倒的多数の人々がアパルトヘイト時代と変わらない生活を送っているのであれば、「和解」の基盤ははなはだ危うい。全国民対象の経済政策はTRCの任務の範囲外だが、狭く限定された「被害者」と「加害者」との間だけの「和解」であれば、それは「国民的和解」ではない。

「正義の戦争」と「正義の手段」

以上の問題と密接に関わって論議を呼んだのは、TRCが定義した「重大な人権侵害」が、殺人・拷問等の行為を指しており、それが国家権力による暴力か抵抗する暴力かを指定していない点である。実際、加害者として免責を申請した者の多数は、一般の予想に反して解放運動側の人々だった。[39]

ＴＲＣは、「正義の戦争」と「正義の手段」とは別であるという。アパルトヘイトに反対する闘争は倫理的に正当な「正義の戦争」であるが、しかし、そのためにすべての手段が許されるわけではないというのである。[40]アパルトヘイトが確立し合法的な抵抗の道が閉ざされてからは、ＡＮＣもＰＡＣも軍事部門を設けて武装闘争に入ったが、とくに急進的な戦術をとるＰＡＣは白人を標的としたテロを数多く行なった。ＴＲＣは、たとえアパルトヘイトを打倒する目的のためであってもそれらの行為は正当化されないとし、その犠牲となった人々を、解放運動側の犠牲者と同じ「被害者」とした。ＰＡＣのメンバーの合言葉とされていた「白人一人に銃弾一発（one settler, one bullet）」[41]が、「正義に適わない」手段を示すものとして槍玉に挙げられた。しかし、一九九三年のセント・ジェームズ教会爆破事件[42]でＰＡＣメンバーの投げた手榴弾で妻を亡くした初老の白人男性が「ＴＲＣの決定に従いたい」としたことや、エイミー・ビール殺害事件[43]で殺されたアメリカ人女子学生の両親がＴＲＣの場にやって来て「憎しみはもっていません。深い悲しみがあるだけです」「赦します」と言ったこと、そしてそれを「和解」の見本として賞賛するツツの発言が大々的に報道されたことに、違和感を覚えた者は少なくない。

一方、解放運動内部でのリンチや拷問などもＴＲＣで取り上げられた。新たな政権を担う者たちの「過去」を明らかにすることは、国民の信任を得る上で不可欠であり、「和解」の重要な要素である。「暴力の文化の根を断ち切る」とは、ＡＮＣなどが強調したことである。しかし、実際には、そのＡＮＣ自身が組織内部での人権侵害に関する報告書の記述の公開を阻止しようとして、「真実をつうじての和解」への誠意を疑わせる場面もあった。[44]

そうした問題の背景には、アパルトヘイトの暴力とそれに抵抗する暴力を等価とできるか、という根本的な問いがある。TRCは、双方の人権侵害行為を取り上げるからといって二つの暴力の倫理的価値を同等としているわけではないと強調している。しかし、免責審査において両者が同じように扱われるのを見た国民がTRCの価値判断をどこまで共有したかは心もとない。実際、旧国家権力側の人々からの免責申請が少なく解放運動側のものが多数であったため、TRCを喧嘩両成敗的なものとみる錯覚も、とくに白人たちの間では強い。そうしたすれ違いはTRCの全過程を通じて解消されなかった。

ジェンダーの問題

国家権力側と解放運動側の暴力を「重大な人権侵害」として並べることが人権に関する新たな地平を切り拓いたのは、ジェンダーの問題である。

植民地主義・戦争とジェンダーについての研究が進展した今日、アパルトヘイト体制の中で抑圧された女性の地位について想像することはむずかしくない。他の多くの植民地で見られたように、アパルトヘイト体制下の南アフリカでも、女性たちは「伝統」の名の下に男たちの出稼ぎ労働を家庭で支える役割を与えられ、必要とあれば最も安価な労働力として白人農場の補助労働力や白人家庭の家内労働力とされた。彼女たちが日常的に白人男性からの性暴力の危険に常に晒されていたこと、また、政治犯として逮捕されれば男性に対すると同様の拷問に加えて性的拷問が待っていたことも、ここでは詳細には論じない。

ＴＲＣの過程で明らかになったのは、しかし、そうした植民地主義と戦争につきもののジェンダーの暴力ばかりではなかった。女性たちの証言の中で明らかにされたのは、解放運動の中でもジェンダーの偏見と女性への暴力が日常的だったという事実である。女性には「家を守る」ことが期待され、女性活動家に重要な政治的役割は与えられず、それればかりか、仲間内の暴力においては女性に対する性暴力が珍しくなかった。しかもそのような事実は組織防衛の名の下に極秘にされていた。ジェンダーの暴力に関して、国家権力によるものと解放運動関係者によるものとを「倫理的に」区別することはできまい。

ＴＲＣへの「重大な人権侵害」の申し出のうち六割近くは女性たちからのものだった。その数は十分に驚くに値するし、男性たち以上に語る言葉を奪われていた彼女たちが公の場に出て証言したことの重みは想像を超える。その中で、国家権力対解放運動という政治的な図式に回収され得ない独自の領域としてジェンダーの問題があったことが浮かび上がってきた。しかしそれにもかかわらず、ＴＲＣがジェンダーの問題を正面から取り上げたとはやはり言えない。ＴＲＣに被害者として名乗りを上げた女性たちが語ったことの多くは、自らの被害ではなく、亡くなった夫や息子などの被害についてだった。「重大な人権侵害」の定義がここにも影響している。解放運動において女性に重要な役割が与えられず、ＴＲＣの「重大な人権侵害」が前述のように規定されていれば、女性たちがその「被害者」になる可能性は少ない。そして何よりも、アパルトヘイト時代の教育の結果、女性の中に非識字者が多く、ＴＲＣのような場で証言をするなど考えもつかない者、そうした機会があることすら知らない者も多かった。意図したわけではないだけになおさら、TRCの枠組みがジェンダーの問題への糸口を開きつつも大きな限界を持っていたことがわかる。(45)

5　結び——TRCからダーバンへ

現時点でTRCについて書くと、それが成し得たことよりも成し得なかったことの方に多く紙幅を費やすことになるのは不本意なことである。体制移行期の限られた時間のうちに政治暴力に終止符を打ったこと、定義された範囲のものとはいえ「重大な人権侵害」について膨大な具体的事実を国民の前に明らかにしたこと、そして被害者の物質的・心理的救済に従来の法では不可能だった道を開いたことなど、この委員会がアパルトヘイトの過去を克服し新しい社会を築く上で果たした役割の大きさは計り知れない。また、公聴会において多言語使用を実現したり全過程で公開性の原則を貫くなど、この国が目指す多文化主義社会の理想をTRC自身が実践し、未来の社会像を先取りしたことも、他国の同種の委員会には見られない際立った姿として特筆されるべきである。

にもかかわらず、TRCが南アフリカ国民の間に「和解」をもたらしたかと問われれば、答えはやはり留保せざるを得ない。それはいかなる理由によるものであろうか。

TRCは、かつてニュルンベルク裁判や東京裁判が戦争犯罪人を裁くことで社会の再建の前提を築こうとしたのと同じような意味で、市民社会の成員としてそのままでは受け容れられない人々を抱えた社会が、その解決のために案出した政治的装置だった。したがって、対象は最初から限定されていた。委員会は、定義された範囲の、個々の「被害」と「加害」の様相を明らかにした。しかしそれらを踏まえていかなる歴史像を描くかは国民一人一人に委ねられたのである。たしかにTRCの報告書はアパルトヘイトの歴史を描き、それればかりかこの国の植民地支配や奴隷制の歴史にまで言及している。しかし、そうした歴史像は、実はTRCの調査なしにも描き得た「大きな物語」であり、国民の歴史認識を変える力を持っているとは言えない。TRCを通して浮かび上がった個人のかけがえのない経験は、ともすればそれを脚色する素材に堕してしまう。分裂した世界に生きてきた人々が相互に理解し合い「和解」がもたらされるには、個々の物語に耳を傾けることを通じてアパルトヘイトの「大きな物語」を描き直すその過程、つまり歴史像の形成の過程が共有されなくてはならない。その意味で、TRCは前述の「四つの真実」のうち、①事実としての、あるいは法廷の真実と②個人にとっての、また語りとしての真実、の二つまでを示したものの、③社会的あるいは対話的真実、④癒し、修復する真実、についてはその入り口に立つにとどまったと言わなくてはならない。

TRCの設計者の一人である国際法学者K・アズマル（現教育相）は、アパルトヘイトの犯罪性を、①植民地主義、②国際的正統性の欠如（極端な人種主義が国際的に容認されていないこと）、③自決権と抵抗権の否定、④一般犯罪、⑤平和に対する罪、⑥人道に対する罪、⑦戦争犯罪、⑧ジェノサイド、の八点に整理している。[46] このうちTRCの「重大な人権侵害」として扱われたのは、④⑤⑥⑦に属す問題のみだろう。残る①②③⑧は、つきつめれば植民地主義の問題であり[47]、TRCに対して出された様々な批判もまさにその点に関わっていた。TRCは、第二次世界大戦の経験を通して確立した「戦争犯罪」や「人道に対する罪」の概念にしたがって、（ニュルンベルク裁判とは違う仕方で）アパルトヘイトの過去を克服しようとした。しかし、南アフリカにおける不平等の構造は、アパルトヘイト以前からの植民地主義と人種主義の歴史と不可分であり、一七世紀以来のこの国の歴史を見直すことによってしか解決されない。ジェンダーの問題を視野に入れれば、さらに植民地化以前の歴史に遡らなければならない。それはTRCの守備範囲をはるかに超えた課題である[48]。TRCの定義に該当する「被害者」のみが救済の対象とされ一般のアフリカ人の生活実態が何も変わっていないという不満は、その意味で当然だった。

第二次世界大戦後にヨーロッパ諸国から独立した植民地で、植民地支配について謝罪や補償を受けた国はない[49]。その相手は、「人道に対する罪」概念を生み出した当のヨーロッパ諸国である。そうした問題が公然と語られるようになったのは「コロンブス五百周年」以降、とりわけ二〇〇一年の「ダーバン会議」（反人種主義国際会議）前後からである。植民地主義や奴隷制に対する謝罪や補償の可能性が、初めて国際的な舞台で論じられるようになった。植民地主義を「人道に対する罪」ととらえる視点は、二一世紀を迎えてようやく熟してきたのである。とすれば、南アフリカのTRCが解決できなかった問題とは、今日のポルトコロニアル状況の世界が直面する共通の課題にほかならない[50]。

「入植者一人に銃弾一発」のスローガンは今日、受け容れられなくなった。南アフリカは現に国内に暮らすすべての人を国民として認めた。しかし、銃弾を免れた「入植者」たちに何らかの償いは求められないのだろうか。TRCの補償に関する提言には、企業に対する特別課税や企業による独自の補償が含まれているが[51]、それはおのずとアパルトヘイト以前の時代を射程に入れなくてはならなくなるはずである。また、TRCの提言した補償の早期実施や土地改革などのために、特別課税を求める声も高まっている[52]。そうしたことが実現されるかどうかは、TRCが集めた個々の体験からこの国の植民地主義の歴史に関するどのような共通の認識が築かれるかにかかっている。

注

（1）*Truth and Reconciliation Commission of South Africa Report*（*TRC Report*）, vol. 1, Juta, 1998, p. 17. 以下、*TRC Report* からの引用はすべて Juta 社発行のハードコピーによる。発行年は一～五巻が一九九八年、六巻が二〇〇三年、七巻が二〇〇二年。

（2）Alexander, Neville, *An Ordinary Country*, University of Natal Press, 2002.

（3）南アフリカ新憲法は http://www.polity.org.za/govdocs/constitution/saconst.html/ に全文掲載されている（二〇〇三年一二月三一日現在）。

（4）Gibson, James L., *Overcoming Apartheid*, Institute for Justice and Reconciliation, 2003, p. 4.

（5）TRCについての膨大な研究を紹介することは紙幅の関係で不可能だが、バランスの取れた総論として、たとえば、Graybill, Lyn S., *Truth & Reconciliation in South Africa*, Boulder, 2002. また本章の歴史学的関心と重なるものとして、Asmal, Kader *et al., Reconciliation through Truth*, David Philip,1996; Posel, Debora, Graeme Simpson eds., *Commissioning the Past*, Witwatersrand University Press, 2002. なお、国民のTRCの受け止めなどについての各種社会学的調査は、TRCの理念を発展させた研究活動を行なうケープタウンのNGO、Institute for Justice and Reconciliation のサイト http://www.ijr.org.za/ で公表されている。

（6）「人種」「白人」「黒人」等の概念はすべて政治的構築物として括弧をつけて使うべきと考えるが、本章では煩雑になるので省略する。なお、「黒人」については、今日の南アフリカで最も普通に使われている「アフリカ人」の表現を使ったところもある。

（7）国民党はアパルトヘイトを支えてきたアフリカーナー（一七世紀以来の植民者の子孫）の政党。ただし、イギリス系住民もアパルトヘイト時代、この政党を支持してきた。

（8）アパルトヘイトを「人道に対する罪」とする国際法的根拠について、*TRC Report*, vol. 1, pp. 94-102; vol. 6, pp. 593-613.

（9）解放運動の中心的組織。マンデラはその代表。体制移行後は政党として政権を担う。

（10）一九五〇年代アフリカ大陸全体で広がった「アフリカをアフリカ人に」を理念とする「パン＝アフリカニズム」に共鳴する人々がANCから分かれ出て作った組織。

（11）黒人が黒人であることに自信を持つことで差別を乗り越えるべきだとする考え方に基づく運動で、一九七〇年代の反アパルトヘイト運動の中で決定的な影響力を持った。

（12）反アパルトヘイトにおける二つの潮流およびANC内での二つの考え方の葛藤については、マンデラの自伝に詳しい。Mandela, Nelson, *Long Walk to Freedom*, Abacus, 1994.

(13) Basson, Dion, *South Africa's Interim Constitution. Text and Notes*, Juta, 1994, p. 339.「ウブントゥー」はアフリカの伝統社会における「人間性」や「人と人との結びつき」を意味する言葉。アフリカ社会が本来もっていた価値観に訴えることは、アフリカニスト的な志向を持つ人々を含め広汎なアフリカ人に「和解」を理解させる意味があった。

(14) 中南米諸国を含む各国の同種の委員会については、さしあたり、アジ研 ワールド・トレンド八二号（二〇〇二年）一〜三九頁。

(15) TRCにおける免責は、当該期間内に政治的目的と結びついて行なわれた行為のうち、「目的に適った」ものについて、加害者がすべての事実を明らかにしたと判断されたときに認められる。したがって国家機関に勤める者や解放運動のメンバーがその組織の任務として行なった行為が対象となる。「目的に適った」とは、たとえば情報を得ることが目的の相手を殺してしまった場合には「目的に適っていない」ことになる、という意味。

(16) TRC法全文は、TRCのサイト http://www/doj.gov.za/trc.index.html/ に掲載されている（二〇〇三年一二月三一日現在）。

(17) 新国会で、ANCは単独で憲法を制定できる三分の二にわずかに欠ける議席を占めた。他に、国民党、インカタ自由党などANCと対立してきた諸政党も議席を得、新政権はそれらの政党の連合政権として出発した。

(18) 締切日は当初一九九三年一二月六日だったが、移行期にも政治暴力が頻発していたことに鑑み、九四年五月一〇日（マンデラ大統領就任の日）に変更された。

(19) 箇条書きの番号は筆者が便宜的に付した。

(20) 一七人の委員の人種構成は、黒人七人、カラード二人、インド系二人、白人六人（うち二人がアフリカーナー）。政治党派としては、ＰＡＣからアフリカーナー民族至上主義の「フリーダム・フロント」まで入っている。女性は七人。

(21) 報告書全文は注15に示した委員会のサイトに公表されている（二〇〇三年一二月三一日現在）。

(22) *TRC Report*, vol. 5, p. 352.

(23) *TRC Report*, vol. 1, pp. 110-114.

(24) *TRC Report*, vol. 5, pp. 177-178.

(25) *TRC Report*, vol. 6, pp. 140-159.

(26) ＴＲＣの任務は補償に関する提言を行なうことで、その実施は国会による立法に委ねられている。実際には国家の財政難のため実施が遅れていることが問題となっている。

(27) 永原陽子「もう一つの『過去の克服』」歴史学研究七〇七号（一九九八年）、同「アパルトヘイトから『和解』へ」世界六五三号（一九九八年）など。

(28) たとえば、Jeffery, Anthea, *The Truth about the Truth Commission*, South African Institute of Race Relations, 1999 ; Bell, Terry, *Unfinished Business*, Verso, 2003.

(29) ただし、この訴えは国家間の紛争を扱う同裁判所の趣旨に合わないため却下された。

(30) *TRC Report*, vol. 6, pp. 66-73.

(31) ビーコは留置場内で拷問を受けたのち殺されている。当時は「本人が壁に頭をぶつけた」として処理された。反アパルトヘイト運動のリーダーであったビーコが警察の手で殺されたことはＴＲＣ法の規定に従えば免責の対象になると考えられるにもかかわらず拒否されたのは、遺族と世論からの強い批判があったことと無関係ではないだろう。

(32) 「修復的正義」に関する代表的な議論として、Villa-Vicencio, Charles, "Restorative Justice: dealing with the past differently," in Villa-Vicencio,Charles, Wilhelm Verwoerd eds., *Looking Back Reaching Forward*, Zed Books, 2000, pp. 68-76.

(33) 「赦し」に関するツツの考え方を示すものとして、Tutu, Desmond, *No Future without Forgiveness*, Doubleday, 1999.

(34) デクラークの訴訟については、*TRC Report*, vol. 6, pp. 58-62. デクラークの公表拒否により、報告書一巻および六巻の該当ページは黒く塗り潰されて公刊された。

(35) 国軍関係者からの免責申請もほとんどなかった。また意味は異なるが、ＡＮＣと対立し、とくにアパルトヘイト末期の政治暴力に大きな責任のある「インカタ自由党」（ＩＦＰ）もＴＲＣにはまったく協力しなかった。

(36) それらの調査については報告書四巻に詳しい。

(37) Mamdani, Mahmood, "Reconciliation without Justice," *Southern African Review of Books*, 46 (Nov./Dec. 1996), pp. 3-5.

(38) 「ホームランド」はアパルトヘイト体制下で、各エスニック・グループごとに指定された黒人の居留地で、全体で国土の約一三パーセントの不毛の地だった。「タウンシップ」は都市の周辺の黒人居住区。

（39）約七一〇〇件のアムネスティ申請のうち四分の三はＴＲＣの審査の対象とならない一般犯罪に関わるものだった。実質的な審査対象のうち、国家権力側の者からの申請は約五分の一だった（*TRC Report*, vol. 6, p. 181ff. から算出）。

（40）「正義の戦争」にかんするＴＲＣの議論は、*TRC Report*, vol. 1, pp. 66-70.

（41）"settler"（入植者）は、今日でもアフリカ人たちが日常会話で白人を指す語。

（42）一九九三年、ケープタウン郊外（白人地区）の教会にＰＡＣ武装部隊のメンバーが爆弾を投げ込み、礼拝中の一一人が死亡、五〇人が負傷した事件。

（43）一九九三年、ケープタウンで、アメリカから留学中の女子学生がアフリカ人の友人をタウンシップに車で送ったさい、路上でＰＡＣのメンバーに襲撃され殺された事件。

（44）九八年一〇月の報告書提出直前に、ＡＮＣが「重大な人権侵害」への関与に関する記述を不服とし、差し止めの訴訟を起こしたが却下された。*TRC Report*, vol. 6, pp. 55-58.

（45）ＴＲＣにおける女性／ジェンダーの問題について、Ross, Fiona C., *Bearing Witness*, Pluto Press, 2003. また、永原陽子「南アフリカ——真実和解委員会と女性たち」VAWW-NET Japan 編『戦犯裁判と性暴力』（緑風出版、二〇〇〇年）。

（46）Asmal *et al.*, *Reconciliation through Truth*, pp. 176-206.

（47）ジェノサイドについては、アパルトヘイトに単純にはあてはまらない。アフリカ人を労働力として確保することに機能上の存在理由をもつアパルトヘイト体制の下では、短期間に彼らを集中的かつ大量に殺害することは行なわれていない。黒人居住区や労働現場での劣悪な生活条件によってもたらされた「緩慢な殺人」を含めれば被害者の数一五〇万人という推計もあるが、それは植民地体制下における住民の経験一般に準ずるものだろう。

(48) TRCは、アパルトヘイト体制下での紛争が内戦の形に見えつつも、現実には植民地支配の構造の中での紛争であるとし、そこにジュネーブ条約の適用可能性を見ている。これは、植民地主義の国際法上の不法性についての視点を開くものとして注目に値する。*TRC Report*, vol. 1, pp. 94-102 ; vol. 6, pp. 593-613.

(49) 植民地主義の問題が戦争責任問題の枠組みでとらえられている日本とアジアとの関係は、戦勝国であったヨーロッパ植民地領有国の場合と問題の位相がやや異なる。

(50) 最近の研究は、アパルトヘイトが究極の植民地主義であり、その構造は他の旧アフリカ植民地でとられた間接統治の体制と同じであることを示している。このことは、現在の南アフリカと他の旧植民地諸国とがかかえる課題の共通性を歴史的に説明するものである。Mamdani, Mahmood, *Citizen and Subject*, Princeton University Press,1996.

(51) *TRC Report*, vol. 6, pp. 140-155.

(52) 新政権成立直後の一九九四年に、国家再建のための一回限りの特別課税が行なわれた。累進的な税は、そのほとんどを旧体制の受益者であった人々が担った。

第7章　済州《チェジュ》四・三事件から見た大量虐殺事件の清算と和解
――「済州四・三事件真相調査報告書」を手がかりとして

徐《ソ》　勝《スン》

一八世紀以降、東アジア諸民族は西欧列強の侵略と支配に苦しんできたが、日本軍国主義の被害はとりわけ甚大であった。第二次大戦後、東アジア諸民族は日本の植民地支配や軍事占領から解放されたが、冷戦下における米国の反共主義の東アジア戦略と、それに便乗した日本の「対米依存・アジア軽視・経済成長優先政策」によって、東アジアに対する過去清算と和解を日本に促す要因は霧消してしまった(1)。

東アジアにおける日米の新旧へゲモニーの癒着は、天皇制を維持し、戦犯を復活させるなど、日本自身の過去との断絶を免除させただけでなく、旧植民地であった韓国や台湾での過去清算をも挫折させ、いわゆる「親日派」の跋扈を許すことになった。違いはあれ、韓国と台湾では、ともに解放の名に値する新しい社会建設が圧殺された点で共通している。東アジア諸民族は、戦前に社会主義運動、反帝民族解放闘争、抗日闘争を経験し、解放後、社会主義勢力が有力になったが、米国と親米反共独裁政権はそれを弾圧し、韓国・台湾において大量虐殺事件が多発した(2)。

冷戦時代の特質のひとつに、全世界の東西ブロック化と、各ブロックの内外倫理の分裂をあげることができよう。一方において、ソ連「赤色帝国」の自由・人権・民主主義抑圧を猛烈に非難した米国は、他方において、親米・反共でありさえすれば、最も凶暴な軍事独裁をも支持・支援した。しかし、七〇、八〇年代の冷戦の緩みによって、特に九一年の「ソ連の自壊」以後、「反共団結」の名分は弱まった。(3) それを感知した世界的潮流の変化、何よりも、熾烈な反独裁・民主化闘争の蓄積の結果、ジェノサイド条約締結以後、「重大な人権侵害」(Gross Human Rights Violation) に対して無力であった国際社会において、中南米や南アフリカを起点に、かつての国家暴力・公権力の犯罪を告発し、真相糾明と過去の清算を通して和解に至ろうとする運動が高まってきた。東アジアにおいても、韓国における光州《クァンジュ》民主化運動のように、「重大な人権侵害」の糾明、責任追及、被害の原状回復要求は民主化運動と手を携えて進んできた。

一九七九年、朴正熙《パクチョンヒ》大統領が暗殺されて、一九年間続いた韓国軍事独裁の終焉が期待されたが、全斗煥《チョンドゥファン》を中心とした新軍部は「一二・一二クーデター」で権力を掌握すると、八〇年五月、光州市民を虐殺し、民主化運動を弾圧して、七年間の軍事独裁延長の基礎を固めた。しかし、全斗煥軍事集団は、光州での軍事的勝利の瞬間に政治的・道徳的敗北を喫し、「外敵」から国民を守るべき軍を自国民の虐殺に動員した原罪を背負い込んだ。その後、光州虐殺事件の名誉回復・賠償法制定を正面に掲げ、軍事独裁政権とその後援者である米国に対する責任追及闘争を進めた「五月運動」(4) は、八七年の「六月民主化大抗争」へと発展し、ついに全斗煥の放逐に成功した。それが、九〇年「光州民主化運動関連者補償等に関する法律」、九五年には、全斗煥、盧泰愚《ノテウ》前職両大統領をはじめとする光州虐殺の加害者を裁く「五・一八民主化運動に関する特別法」(以下、両法を「光州特別法」とする）の制定へとつながった。

その後、韓国現代史における虐殺事件が続々と表面化した。朝鮮戦争期の民間人虐殺事件として広く知られている「居昌《コチャン》事件[5]など関連者の名誉回復に関する特別措置法」が九六年に成立した。「済州《チェジュ》四・三事件[6]真相糾明および犠牲者名誉回復に関する特別法」（以下、「四・三特別法」）、同法の日本語訳は大阪産業大学、藤永壮ホームページ http://www.dce.osaka-sandai, ac, jp/~funtak/databox/43law, htm 参照）、「民主化運動関連者名誉回復及び補償法」、「疑問死真相糾明特別法」などの過去清算法が九九年一二月末に国会を通過した。

台湾においては、九五年に「二二八事件[7]処理及補償条例」が成立し、九八年には、「戒厳時期不當叛乱暨匪諜審判案件補償條例」（以下、「不当審判条例」）が国会を通過した。後者は、台湾で「五〇年代白色恐怖（テロル）」といわれる一九五〇年から一九五四年までの集中的な「アカ狩り」を中心に、一九四九年戒厳令宣布から一九八七年の完全解除までに、蔣介石・国民党によって弾圧された者の救済を規定した法律である（徐勝 二〇〇一a）。「東アジアにおける国家テロリズム犠牲者の名誉回復・賠償（Reparation）の研究」で、韓国と台湾における「重大な人権侵害」からの回復を目的とする諸法を比較して論じたように、各地域、各時代、事件ごとに名誉回復・補償法の内容にかなり差がある。韓国の「光州特別法」は、真相解明、謝罪、賠償、責任者処罰、記念（名誉回復）、再発防止という「重大な人権侵害の回復」の原則から見て、国際的な水準のものであるといえよう。一方、「四・三特別法」には、加害者処罰も賠償規定も無い不完全なものであり、名誉回復されるべき被害者を生んだ事件の性格自体が「真相糾明」をまって規定される特異な過去清算法である。台湾の「不当審判条例」は第八条において受難者認定の適用排除条項を置くなど、制限的な法律である。これらの違いは、冷戦イデオロギーの残存や分断国家の現実に由来している。筆者は「不当審判条例」の成立と動向について、特に、同条例改定の過程を第八条二項の「排除条項」を中心に検討した。そこでは補償申請をできない者として、「反乱犯、または匪諜として確実な証拠があると認められる者」が規定された（徐勝 二〇〇一a）。

本章では、昨年一〇月一五日の『済州四・三事件真相報告書』（以下「報告書」）の確定を契機に明らかになった過去清算、和解の方式としての「四・三特別法」の特殊性と意義を明らかにしたい。特に一部の「犠牲者」の排除問題をめぐるせめぎあいの中で加害・被害双方の論理とそれを支える被害者側の運動の方法を検討し、東アジアにおける過去清算と和解の可能性を考えたい。

1　済州四・三事件に対する大統領のおわび

二〇〇三年一〇月三一日、済州島を訪問した盧武鉉《ノムヒョン》大統領は道民たちとの午餐会で、済州四・三事件における韓国政府の不当な公権力行使を公式に謝過（おわび）した。

そこでは、大統領が「四・三特別法」に基づく二年余の調査の報告を受け、「済州四・三事件真相糾明および犠牲者名誉回復委員会」（以下、「委員会」）が「この事件で無辜の犠牲が発生したことに対する政府のおわびと犠牲者名誉回復そして追慕事業に積極的な推進を建議した」ので、「国政の責任負う大統領として過去の国家権力の過ちに対して遺族と道民皆さんに心よりおわびと慰労の言葉をささげます」[8]と明言した。

半世紀以上にわたって、冷戦・反共のタブーに封印されてきた四・三事件の犠牲者たちが復活し、国家が自らの過ちを認める瞬間であった。これは特にメディアの注目を集めたわけではなかったが、済州島、韓国のみならず、朝鮮半島、東アジアにとっても、大きな出来事であった。

大統領の公式謝過は、「四・三特別法」を根拠とし「委員会」から提出された対政府建議七項目[9]に基づき、「報告書」を踏まえて行われた。[10]過去の事件の真相糾明・名誉回復の意義として、歴史の真実の解明が、過去の誤りの反省と真の和解へ、さらに明るい未来の約束へとつながることを強調し、これを平和と人権という普遍的価値の普及、和解と協力による平和の達成への契機とすると、うたっている。

2 「済州四・三事件真相報告書」

二〇〇三年一〇月一五日、「委員会」(委員長、高建《コゴン》国務総理)は第八次会議で「報告書」を最終確定した。「報告書」は、三月二九日の第七次会議で暫定確定したが、[11]軍警(軍と警察)を代表する委員たちから異議が出され、六カ月の修正・検討期間をおいていた。[12]同「報告書」で四・三事件の性格規定がなされ(「報告書」五七七頁)、犠牲者申告数が一四、〇二八名とされた(「報告書」三七〇頁表)。[13]四・三運動関連諸団体はこの決定を歓迎したが、二〇名の委員のうち、軍警を代表する二名の委員は「報告書」の承認をあくまでも拒否し辞任した。

「四・三特別法」は、法の名称自体から、事件の性格が不明確である。また「四・三特別法」の第二条（定義）において「誰が」という主語が脱落している反面、類似の「良民」虐殺事件である「居昌事件特別法」では、第二条（定義）において、「共匪（共産匪賊：共産ゲリラ）討伐を理由に、国軍兵力が作戦遂行中、住民たちが犠牲になった事件」と、加害主体を明らかにしている。ところが、「四・三特別法」は、第一条（目的）で規定しているように、なによりも真相糾明を目的としており、それに基づき名誉回復をなすという論理的構造を持っている。しかし、同法三条の「委員会」の権限を見ると、論理的に少し無理はあるが、犠牲者・遺族の決定・名誉回復と真相糾明を同時に行い、事件の性格を「報告書」によって確定し、対政府建議案を提出し、「委員会」が政府各部署と検討・協議して、事件の事後処理を行おうというものであり、この種の原状回復法としては異例なものである(14)。

つまり、「報告書」によって、「四・三特別法」の規定する犠牲者および、加害者が誰かが、明らかになる構造を持っており、そこに「報告書」の重要性があると言えよう。では、「報告書」の確定の結果、いかなる性格規定がなされたのか。上記「四・三特別法」第二条（定義）一の定義に、「報告書」では、次の傍線（傍線と記号は筆者による。以下同じ）部分の文言が追加されている。

済州四・三事件は、一九四七年三月一日、警察(15)の発砲事件を起点にし、Ⓐ警察・西青（極右テロ団、西北青年団）の弾圧に対する抵抗と単選、単政反対を旗幟とし、一九四八年四月三日、Ⓑ南労党済州党武装隊が武装蜂起して以来、一九五四年九月二一日、Ⓒ漢拏《ハンラ》山禁足地域が全面開放される時まで、済州道で発生したⒹ武装隊と討伐隊との間の武力衝突と討伐隊の鎮圧過程において、数多くの住民が犠牲になった事件。

Ⓐでは、四八年四月三日、武装蜂起の背景に、公権力と李承晩の私兵的テロ団の弾圧と、当時、大多数が反対していた単独政府樹立強行があったことを指摘し、武装闘争にやむをえない面があったことを示唆している。Ⓓでは、加害者は武装隊と政府の討伐隊の両者だとしても、鎮圧過程での討伐隊の加害性を特に明記し、四・三事件犠牲者の八割が討伐隊によるものとする「報告書」の内容を反映させた。ここでも、四・三事件の責任を、従来の分断・反共体制下における「南労党により主導された共産武装反乱」という説をとらず、公権力の「重大な人権侵害」であることを示唆しているが、「報告書」の結論においては、この点をより明確にしている。

「一九四八年、済州島では、このような国際法[16]が要求する、文明社会の基本原則が無視された。特に法を守らねばならぬ国家公権力が法を破り民間人たちを殺傷した。討伐隊が裁判の手続きなしに非武装の民間人を殺傷した点、特に児童と老人までも殺害した点は、重大な人権侵害[17]であり、過ちである」(「報告書」五二九頁)。

もちろん、政府が主導する各派の寄り合い所帯である「委員会」での採択であることから、米国の責任を決定的に明確にできなかった点、朝鮮戦争の性格にもつながる反米民族自主統一闘争の評価の側面まで踏み込めなかった点など、課題は残されており、「報告書」自体が、「事件の真相糾明と犠牲者・遺族たちの名誉回復に重点を置き作成されたので、四・三事件全体に対する性格や歴史的評価をおろしていません」（『報告書』三頁、高健国務総理による序）と責任逃れの一石を打ちながら自認しているように、政治的歴史的評価を避け、「人権」「和合」「民主発展」「相生」といった無難な言葉で結論をまとめたものであると言えよう。

結局、「報告書」の確定自体が、①事件発生後、五五年を経て、四・三事件を「国家公権力による人権蹂躙」として公式に認めた点、②集団虐殺の責任が、当時、軍統帥権者であった李承晩と韓国軍の作戦統制権を持っていた米軍にあることを指摘し、③韓国現代史において、朝鮮戦争に次いで人命被害が多かった悲劇的事件と、規定した点において、大きな意義を持つとしている[18]。四・三運動の側では、「報告書」の確定を「禁忌の歴史であった済州四・三が、開かれた歴史の広場に侵入する契機になった」、「真相糾明および名誉回復事業の基本章典になる」と評価するが、「真相報告の完結とはでき」ず、「新しい始まり」であるとしている（資料集一：四頁）。

3　「四・三特別法」の違憲審判をめぐって

四・三事件は、その歴史的性格からして、極めて政治的な価値判断を伴わざるをえない。四・三事件が半世紀近くにわたって韓国で禁忌視されてきたのも、それが分断国家として国家樹立をした大韓民国政府の正統性を否定する事件であり、冷戦体制がそれを支えてきたからである。それゆえに、四・三事件で多数の罪なき民が殺害されたことは、いまや誰も否定できないが[19]、犠牲者全体の名誉回復が必要であるという意見と、鎮圧の「行き過ぎ」を認めるとしても、確信犯的な事件の指導部に対する名誉回復はできないという主張が激しく対立してきた。

韓国の右翼勢力は、「四・三特別法」制定に強く反対していたが、二〇〇〇年一月、同法が発効すると、同法の取り消しなどを、大韓民国国会ならびに大統領を被請求人とする二件の違憲審判請求として憲法裁判所に提起した。それぞれ、事件名「二〇〇〇憲マ二三八　済州四・三事件真相糾明および犠牲者名誉回復に関する特別法議決行為取り消しなど」（以下、二三八事件）請求人、李哲承《イチョルスン》（自由民主民族会議代表）他一四名、事件名「二〇〇〇憲マ三〇二　済州四・三事件真相糾明および犠牲者名誉回復に関する特別法題名などの違憲確認」（以下、三〇二事件）請求人、鄭昇和《チョンスンファ》（予備役陸軍大将、星友会長[20]）他三三二名である。

二三八事件の請求人は、四・三事件でテロをおこなった極右テロ団員や鎮圧軍の将校などであり、三〇二事件の請求人は、一部二三八件と重複するが、韓国軍退役将軍からなる星友会員の集団訴訟である。憲法訴願審判請求対象は、両者はいずれも「四・三特別法」の諸条項[21]であり、三〇二事件は二三八事件と同一趣旨であるので、合併審理になった。

二三八事件の請求人主張の要旨は次のとおりである。①（請求人たちは）四・三事件鎮圧に参加し犠牲になるなど、大韓民国の建国と自由民主的基本秩序守護に寄与した。②「四・三特別法」は国家公権力の合法的で正統な鎮圧行為に対して価値判断を不可能にして、公権力の適法性推定を否定した。③「犠牲者」の概念を不明確に規定して、武装遊撃隊と軍人・警察の区別を困難にさせ[22]、鎮圧参加者や、武装遊撃隊による被害者たちの名誉を毀損した。④犠牲者の審査を「委員会」に白紙委任することによって、包括的委任立法禁止原則（憲法第七五条）に違反した。⑤武装遊撃隊とその連累者を犠牲者として美化することによって、請求人たちの尊厳と価値、および幸福追求権（憲法第一〇条）と良心の自由（憲法第一九条）を侵害し、戸籍を失った者たちに対しては、戸籍登載・訂正の権限を「委員会」に付与することによって、国会の立法権（憲法第四〇条）を侵害し、「委員会」の決定だけで犠牲者の名誉回復をさせて、司法権（憲法第一〇一条）を侵害した。⑥武装遊撃隊と軍人・警察を同一に扱って平等原則（憲法第一一条）に違反した。上記二三八事件と重複しない三〇二事件の主張の要旨は次のとおりである。①「四・三特別法」の名称を、「済州四・三暴動行為およびその鎮圧過程で犠牲になった無辜の良民の名誉回復に関する特別法」とすべきだ。②武装遊撃隊と軍人・警察を同一に扱い、軍服務者に対する不利益禁止（憲法第三九条第二項）に違反した。（「憲法裁判所決定」：五〜六頁）

これに対し、憲法裁判所の諮問を受けた関係機関の意見要旨は次のとおりである。

（1）行政自治部長官、国会議長は、法令が憲法訴願の対象になるには、法自体によって直接に憲法上保障された基本権が現在、侵害されていなければならない。しかし、この法が具体的に執行されていない現在、この法律条項を審判対象にできない、とした。（「憲法裁判所決定」：七頁）

（2）済州四・三事件民間人犠牲者遺族会（以下、遺族会）など四団体の意見要旨

①上記（1）と同じ。

② 一九九九・一二現在、犠牲者申告数は、一四、八四一名であるが、その中で武装遊撃隊は、約五〇〇名に過ぎず、大多数は無辜の良民である。加害者では、討伐隊が八四%、共産武装隊が一一%、分類不能が五%であり、討伐隊の過剰鎮圧で、大多数の良民が犠牲になったのは明らかである。

③ 四・三事件を北韓共産勢力と連携した組織的共産武装反乱とするのは、誤った歴史認識である。

④ この法の目的は四・三事件の真相を糾明し、犠牲者とその遺族を名誉回復させることにある。暴動首謀者や連累者までも犠牲者として決定する素地があるとして、違憲主張するのは過剰解釈である。(「憲法裁判所決定」:八頁)

二〇〇一年九月二七日、憲法裁判所は、裁判官九名のうち二名の違憲意見を除く多数で、却下を決定した。憲法裁判所の当該事件に対する判示事項[23]は次のようなものである。

一、法令の違憲を争う事件での直接性の意味

二、わが憲法の基本理念としての自由民主的基本秩序を毀損しようとした者たちを済州四・三特別法によって「犠牲者」として認定して、同人たちの名誉を回復させることができるのか

三、名誉回復委員会に(犠牲者決定の)裁量権があるのか?

四、名誉回復委員会に上記の裁量権があるとするなら、法律の違憲を争うこの事件の憲法訴願の直接性が認定されるのかどうか

これに対する決定要旨は、

一、法律に対して直接、憲法訴願審判を請求しようとするなら、……法律による執行行為を通じてではなく、直接当該法律によって基本権の侵害を受けねばならないことを要件とする。

二、自由民主的基本秩序を否定し、人民民主主義を指向する北韓（北朝鮮）共産政権を支持し、米軍政期間の公権力の執行機関である警察とその家族、制憲議会議員選挙関連人士・選挙従事者または自分と反対の政治的理念を伝播する者とその家族を加害するために、武装勢力を組織、動員し、攻撃した行為まで無制限に保護するのは、わが憲法の基本原理である自由民主的基本秩序と大韓民国の正体性（アイデンティー）に深刻な毀損を招く。このような憲法の指向する理念に「四・三特別法」が制定された背景および経緯と同法の制定目的、そして同法に規定されている「犠牲者」に対する概念認識を通して見るなら、①首魁級の共産武装兵力指揮官、または中間幹部として軍警の鎮圧に主導的・積極的に対抗した者、②冒険的挑発を直・間接的に指導、または使嗾することによって済州四・三事件勃発に責任ある南労党済州道党の核心幹部、③その他、武装遊撃隊と協力して鎮圧軍警とその家族、制憲選挙関与者等を殺害した者、④警察などの家屋と警察官署など公共施設に対する放火を積極的に主導したような者は、「犠牲者」と見なすことはできない。

三、「四・三特別法」は……「犠牲者」決定を「委員会」に委任している。

四、その結果、「犠牲者」に該当するかどうかは、「委員会」の決定という具体的執行行為を通じてはじめて明らかになり、特別法によって直接、請求人の基本権侵害如何が発生しないので、この事件の憲法訴願は法令に対する憲法訴願の適法的な要件である直接性がない。

憲法裁判所の棄却決定は、極右勢力の敗北、四・三運動側の勝利と受け止められた。しかし、犠牲者の範囲を幅広く認める考え方を前提としながらも、上記の決定要旨二で示したように、排除される四つのカテゴリーを示している。

この「犠牲者」の定義は、大きな紛争を引き起こす火種となった。

4 犠牲者の選定基準——排除規定をめぐって

「四・三特別法」では法の執行を行うために、第三条で「済州四・三事件真相糾明および犠牲者名誉回復委員会」と第四条で同「実務委員会」の設置を規定し、第三条二項で「委員会」の審議・議決事項を次のように列挙している。

一、済州四・三事件真相調査のための国内外関連資料の収集および分析に関する事項
二、犠牲者および遺族の審査・決定に関する事項
三、犠牲者および遺族の名誉回復に関する事項
四、真相調査報告書作成および史料館造成に関する事項
五、慰霊墓域造成および慰霊塔建立に関する事項
六、済州四・三事件に関する政府の立場表明などに関する建議事項
七、この法で定められている戸籍登載に関する事項

八、その他

犠牲者については、第二条二項で、死亡、行方不明、後遺障害の三つの場合をあげており、審査の基準は具体的に規定していない。犠牲者申告を二〇〇〇年六月四日から受け付けたが、二〇〇〇年八月二八日の発足以来、犠牲者審査をすべき「委員会」は二年四ヵ月の間に八回開催されただけで、「審査の効率化を図るために」と、七名からなる「犠牲者審査小委員會」（以下、「小委員会」）が構成され業務が委任された。ところが、犠牲者の認定＝名誉回復行為は、四・三事件関連刑事受刑者や憲法裁判所が「法の保護を受けられない」とした共産主義者の名誉回復までをも含むものであり、かつての司法的判断をも覆しうる強力なものであるともいえる(24)。

そこでまず、問題となるのは犠牲者認定の基準であり、「小委員會」は、憲法訴願却下決定のあった直後の二〇〇一年一〇月一一日に第一回の会議を開催して以来、翌年一月一〇日の第五回会議まで、これを論議したが、激烈な対立があり（済民日報二〇〇二年一月一一日）、認定の実質業務は全く進まなかった。そこで、一月二五日、「遺族会」と済州四・三研究所は「緊急討論会」を開催し、「実務委員会が公告した申告資格に該当しさえすれば、犠牲者として分類されうる」こと、つまり法で定めた済州四・三事件期間に被害を受けた者は、申請しさえすれば、誰でも認定されるべきであると主張した。認定基準をめぐって、一月三〇日の「小委員会」第六次会議で妥協が図られたが、「委員会」の議決を経るまで、選定基準を非公開にするという「小委員会」の軍の不透明な態度に被害者側各団体は、一斉に非難声明を発表した。ところが、「小委員会」の軍の利益代表である韓光徳《ハンクアンドク》委員（退役少将、前国防大学院長、星友会安保評論委員）が非公開の合意を破り、三月六日の『朝鮮日報』に「四・三犠牲者基準に問題あり」という投稿をして、事態は急展開した。

韓委員は、「小委員会」が「済州四・三事件が南労党との関連なしに、純粋な済州島民の情緒から発生したもので、これを過剰鎮圧した軍警の問題だという視角と、民族和解と相生という特別法の基本精神を生かさねばならない」という主張で、上記、憲法裁判所の四つの排除カテゴリーの①②だけ残し、「四・三当時、殺人、放火等で有罪確定判決を受けた者までも、客観的な資料がなければ、全て名誉回復」するという決議をなしたと非難した。済州現地を代表する二名を含む五名の委員がこれに賛成し、韓委員ともう一人は、憲法裁判所決定の違反だと、反対した。

それと全く逆の立場から、被害者側では、「四・三事件による犠牲者かどうかだけを確認する水準」、「済州四・三犠牲者を決定するのに除外基準があってはならない」（済民日報二〇〇二年三月七日）と、実質的審査に反対した。特に、「委員会」の現地出先機関であり、下部機構である、「実務委員会」が反発した点は注目される。三月九日第一六次「実務委員会」を開催し、「特別法の趣旨を生かして真相糾明がなされるまで、除外対象者の審議を留保すること」（済民日報二〇〇二年三月一一日）を要求し、それまで調査対象者である一四、〇二八名の一部でも犠牲者から除外される場合は、「四・三特別法」の趣旨に背くとして、「実務委員会」での犠牲者審査業務をボイコットし、犠牲者諸団体との共同声明文を通じ、「選定基準案の全面白紙撤回」を要求した。[25]

このような状況の中で、「委員会」が三月一四日に開催され、犠牲者選定基準については、

「四・三特別法」が規定する「済州四・三事件と関連する死亡者、行方不明者、後遺障害者とするが、南労党済州道党核心幹部と軍警の鎮圧に主導的に抗した武装隊首魁級などを除外した。ただし、その場合にも具体的で明白な証拠資料がなければならないという但し書きがつき、犠牲者を審議・決定するときには、在籍委員の過半数出席と出席委員過半数の賛成で議決するようにした」と、「小委員会」の妥協案を承認した。被害者側は、当然、この決定に反対し、遺族会の金ドゥヨン副会長は、「犠牲者除外基準は四・三を南労党により発生した事件であるとして、四・三の性格を（最終報告書を待たずに）予め規定するものと見るしかない」と非難した（済民日報二〇〇二年三月一五日）。「自由民主主義的基本秩序の毀損」や「主導的」「積極的」参与程度などによる実質的審査に反対する被害者側の主張は次のとおりである。

① （排除に該当する）人物はごく少数であり、これを選別すれば、地域社会の分裂をもたらす。
② 彼らを除外するなら、討伐隊として過剰鎮圧をした者も相応する扱いをしなければならない。
③ 憲法裁判所の判断は、拘束力のある判決の主たる理由ではなく、「意見」に過ぎない[26]。
④ 各行政機関が「漏れなく」申告するように督励した。……彼らが犠牲者ではないという決定を受ければ、その衝撃を誰が責任をとるのか？[27]

結果的には、「委員会」の決定を覆すことはできず、排除条項は削除されなかったが、執行においては、被害者側の要求にほぼ近い線で審査が進められるものと期待される[28]。

5　四・三事件軍法裁判の不法性と受刑者の権利回復

犠牲者の範囲の問題は、「ゆえなく、財産上の、非財産上の被害を受けた者はもちろん、i、裁判なしに処刑されたもの、ii、裁判を受けたとしても、憲法と憲法に合致する手続法、実体法によらず処刑されたものを含まねばならない」（金淳泰 一九九九：一三頁）という主張にも関連する。

排除基準の但し書きの「具体的で明白な証拠資料」として、まず考えられるのは裁判記録であろう。「報告書」において刑務所在所者の人命被害について三六頁にわたって報告されている(29)（「報告書」四四二～四七八頁）。四・三事件発生後、戒厳令下に大量虐殺、大量逮捕がなされた。済州道戒厳下における「軍法会議命令」と被告人名簿は、一九九九年九月一五日に、秋美愛《チュミエ》議員が政府記録保存所から入手し公表した事があった。それによれば、民間人に対する軍法会議は、一九四八年一二月と一九四九年の七月の二度、行われた。「軍法会議命令」に四八年に八七一名、四九年には一、六五九名、計二、五三〇名の被告人名簿が添付されていた。四八年軍法会議では六二名が、四九年には二四九名が死刑を宣告され、計三一一名が銃殺された。その他は、ソウル、仁川《インチョン》、大田《テジョン》、大邱《テグ》、全州《チョンジュ》、木浦《モクポ》などの陸地の刑務所に分散収容され、朝鮮戦争勃発とともに、漢江《ハンガン》以北のソウル、仁川などでは、人民軍に解放された後、多くは朝鮮人民軍志願軍として参戦し戦死するか北朝鮮に行ったものと推定される。大田、大邱、全州などの平澤《ピョンテク》以南の刑務所では、不純分子処理方針に従い、ほぼ全員虐殺されたものと思われる。

今回の調査の結果、驚くべきことに、書類上は「軍法会議命令」が存在するが、実際に裁判は行われなかったことが明らかになった。三〇名の生存者の証言を通じて明らかになったことは、①軍警の調査を受けて、裁判なしに刑務所に移送された後に、罪名と量刑を知らされた場合、②軍警の調査を受けて、法廷に集団で出席させられ、名前を呼ばれただけで、刑務所に移送された後に、罪名と量刑を知らされ収監された場合、③軍警の調査を受けて、法廷に集団で出席させられ、名前を呼ばれ、量刑の言い渡しを受けただけで、刑務所に移送され収監された場合（「報告書」四六二頁）で、いずれも裁判の手続きに従った審理や弁論などは行われておらず、個々の裁判記録も存在しない。より重要なことは、このような大量の処分にもかかわらず、外部には全く知らされておらず、死刑執行は大統領の裁可が必要であるのに、『大統領裁可文書綴』[30]にも一切の関連文書が存在しないという点である。すなわち、済州道警備司令部の一存で恣意に裁判手続きなしに処分したと推量される（「報告書」四六七頁）。

このように見るなら、排除事由が明白であると思われていた軍法会議で有罪判決を受けた者は、「不法拘禁」された（「報告書」四六一頁）ことになり、軍法会議の被疑者名簿は、逆に名誉回復さるべき犠牲者であることの証拠書類だといえよう。

そもそも、大韓民国憲法発布後、一九四八年一二月に韓国国会で戒厳法を制定する以前の一〇月に、旧大日本帝国の戒厳法を根拠として布告された済州島に対する戒厳令は無効であるという説が有力である[31]。また、戒厳令が有効だとしても、軍司令官すら戒厳令がいつ解除されたかも知らず、その戒厳令すらも守られず赤裸々な虐殺・テロが恣にされた事実が明らかになってきた。そこで、全員が名誉回復されねばならないという被害者側の主張が一層、説得力を持つのである。

6 「報告書」に対する批判、「四・三特別法」の過去清算法としての欠点

さて、「報告書」は、自ら重要な警察資料と米軍資料を入手できなかったことを欠陥としている(「報告書」五三九頁)が、李在承《イジェスン》教授はさらに峻烈である。韓国の過去清算法は「過去を清算するよりは、もみ消し合理化するのに力を注いできた。責任者の処罰と適切な賠償はなからなおざりに、真相調査に基づく慰霊事業と若干の生計支援に止まった[32]」と前提して、「報告書」の欠点を次のように指摘している。

① 事件の性格規定が不透明である。すなわち大量虐殺を国家犯罪と規定せずに、多少無理な作戦遂行で現れた「過剰」行為、「過誤」、「不祥事」であったとしている。

② 村々ごとに行われた個別的集団虐殺でも、加害者と指揮系統を明らかにしなかった。最初から、処罰に対する関心や要求が欠如しているので、最小限の法的責任糾明すら行われなかった。

③ 中途半端な「真実—和解モデル」を採り、過去清算の重要課題である「正義具現」に失敗した。

④ 被害者と加害者を同列に置いた「委員会」構成自体が誤っている。

⑤ (排除規定によって、) 左翼は死んでもいいという論理だけが残ることになった。このような論理

こそが、国際人道法に正面から背馳するものである。左翼は死んでもよいという論理を清算することが、わが社会において最急務であり、人的清算や悪法清算より重要な文化的清算問題である。

⑥ 軍事裁判は犯罪である。

「報告書」のこれらの欠陥については、法律成立当時、すでに筆者も指摘した（徐勝 二〇〇〇：五四〜五七頁）が、「民主主義の底抜け」とでも言える上記⑤の指摘の重要性はいくら強調しても足らない。これは民主化が高度に進んでいるといわれている韓国や台湾における、民主主義の本質的な限界を示している。運動の側も、このような論理を内在化したり、それに飼いならされているところも無くはない。また、韓国放送大学校の金淳泰教授は、①「四・三特別法」に賠償・補償規定が無いこと、②特別再審規定を置かなかったことの問題を指摘している。つまり、その場で虐殺された者には名誉回復の余地があるが、「運良く」裁判の形式を経て、死刑になったり、懲役刑を受けた者には、名誉回復の機会が与えられない。③「委員会」の活動が二〇〇三年までに限られている。さらに今後の課題として、「山の武装隊、いわゆる「暴徒」をいかに評価するか」という、重く鋭い問題指摘をしている。

7　結びに代えて——済州四・三事件の被害からの原状回復の論理とダイナミズム

本章を閉じながら、「報告書」確定と大統領の公式謝過は四・三事件真相糾明および犠牲者名誉回復運動の一里塚に過ぎないという感を深くしている。上述したように、「報告書」と大統領謝過を担保に、四・三運動は、記念事業（運動の拠点としての平和公園と資料館の完成）、補償・賠償請求、さらには（少なくとも道徳的・政治的）加害責任の明確化と追及、調査の継続要求とともに米国の責任追及、歴史における民衆の復権とも言える民族自主・統一運動の先駆としての四・三事件の歴史的再評価運動へと急坂を登りつめるものと思われる。

諸勢力間の極めて政治的な妥協と曲折を経て、絶え間ない論戦、デモンストレーション、異議申し立てを精力的に推し進め、極めて劣弱な「四・三特別法」を自家薬籠中の物とし、それを駆使して、「報告書」において四・三事件を国家暴力による「重大な人権侵害」であると記載させた四・三運動の力を評価しなければなるまい。現場を掌握することによって、法を自分の側に引き付ける腕力こそ、東アジアの他地域の民衆運動が学ぶべきものである。この力の背景には、酸鼻な四・三事件の犠牲の「真実」と重力がある。さらに、米国であれ、軍部であれ、止めることのできない「聖域破壊」という韓国民主化の威力がある。特に、「実務委員会」のボイコットに劇的に現れたように、立場の違いを超えた済州島民の凝縮された運命共同体意識がある。

「報告書」の確定過程を通じて軍部、極右勢力の顕著な弱体化がさらけだされた。一昔なら、恐れおおくも米国や軍部の「反共」や「自由守護」「国家安保」の殺し文句に逆らうなぞ思いもよらなかった。時代遅れの冷戦論理に足をとられてもたつく軍警・反共勢力に対して、四・三運動の側は軽やかに身を翻して、「相生と和解」「人権伸張」「民主発展」という和解の時代の論理を先占したのである。

しかし、手放しで楽観ばかりできない面もある。これまでの被害者と四・三運動側の一致団結は、「四・三特別法」に補償規定がなかったという面もプラスに作用していると思われる。補償請求運動は多くの場合、補償が実現するか、その展望が開けると、金銭問題で紛糾し、分裂してきた。今後とも、犠牲者・運動側の一致団結が勝ちとれるか、四・三運動が済州島の狭隘性を脱して論理と運動の普遍化を図れるのかが、四・三運動の成敗を決めるであろう。

今年度一月七日、韓国国会法制司法委員会法案審査第二小委員会で過去事真相糾明三法が通過した。すなわち、朝鮮戦争を前後して、一〇〇万とも言われる民間人虐殺の被害者問題を扱う「韓国戦争前後民間人犠牲事件真相糾明犠牲者名誉回復などに関する法律」、日本にも大きな影響を与えると思われる「日帝強占下強制労働犠牲等に関する特別法」、それから、一世紀以上前の甲午《カボ》農民戦争の農民軍の名誉回復に関する「東学農民革命軍の名誉回復などに関する特別法」である。時間切れで本会議を通らず継続審議となったが、二月の臨時国会で成案の見通しとなった。[33] すこし古い資料になるが、二〇〇二年一〇月末現在、民間人虐殺事件だけでも八件の法案と二五件の請願が国会に上がっている。韓国はまさに過去清算の花盛りの時代を迎えている。光州民衆抗争が突破口を開き、四・三事件が冷戦・反共の重い扉をこじ開けた。その隙間から、解放直後・朝鮮戦争時期の「重大な人権侵害」の諸案件が解決を求めて殺到している。またそれは、台湾のみならず、東アジア全体の過去清算運動とも共鳴しあうものである。

四・三事件の闘いは、われわれに歴史の真実は覆いつくせないこと、過去清算こそが和解と平和を達成する正道であることを教えてくれている。さて、東アジアにおける、最後の、そして最大の残された過去清算は、日本と東アジアとの歴史的関係の清算である。それを越えてこそ、東アジア全体の平和と協力の地平を展望する事ができるのである。

注

（1）纐纈厚は、「日本のブルジョア層や天皇制権力からすれば、〔朝鮮半島での〕分断と戦争が、まさに「天佑」として受けとめられたのである。……そこでは日本の植民地支配を問う主体としての朝鮮民族が、分断と戦争によって実質解体されるという危機状況の中で、日本政府は安堵しさえしたのである」（纐纈 二〇〇三：二七頁）と、朝鮮戦争が日本の過去清算義務（意識）を阻却させたことを指摘している。また国共内戦と冷戦の中で、実効支配も正統性もない国民党政府を中国の正統政府と認める日華平和友好条約を締結し、蔣介石に対中国賠償放棄を約束させ、日本は対中国の過去清算をまぬかれた。

（2）東アジアにおける冷戦と国家テロリズム、その犠牲者の権利回復運動は、国際シンポジュウム「東アジアの冷戦と国家テロリズム」日本事務局刊　「台湾シンポジウム報告集」（一九九八年）、「済州島シンポジウム報告集」（一九九九年）、「沖縄シンポジュウム報告集」（二〇〇〇年）、道場親信「東アジアの冷戦とナショナリズムの再審」現代思想二〇〇一年一二月号参照。

（3）しかし、九・一七以降は、「反テロ」がアメリカのヘゲモニー貫徹と世界支配の口実として使われている。

（4）「五月運動」については、鄭根埴《チョングンシク》「復活光州――今日的課題」『光州民衆抗争　光州の復活――冷戦と分断の克服へ』（国際シンポジュウム「冷戦と国家テロリズム」日本事務局刊　二〇〇〇年四月）参照。

（5）「居昌良民虐殺事件」を指す。朝鮮戦争中の一九五一年、慶尚南道居昌郡神元《シンウォン》面での大量虐殺事件。韓国軍第一一師団九連隊が作戦中、二月一一日、男女老若六〇四名を集団虐殺し、上部には共産主義者と通じた一八七名を処刑したと虚偽報告をした。

(6) 一九四八年四月三日、済州島の民衆は、米軍政と李承晩が五月一〇日にしていた朝鮮半島南部だけでの単独政府樹立を企図した制憲議会選挙に反対し、「単独選挙反対」を叫ぶゲリラ部隊が警察所が襲撃された。米軍と政府軍の残忍な弾圧で、島の人口の九分の一以上である三万名以上が虐殺されたとされる。

済州四・三事件は、単に四・三、あるいは四・三事件と略称される。政治的立場によって、済州島反乱事件、四・三共産党武装反乱事件、四・三民衆抗争、済州四・三人民蜂起など、さまざまな呼称があるが、「四・三特別法」の制定時に「済州四・三事件」が公式用語となった。

(7) 一九四七年二月二八日、台北で発生した専売庁の闇タバコ取り締まり班の暴行事件に憤激した民衆たちが蜂起し、全島的に拡散、蔣介石は二個師団を急派し、血の弾圧を行った。犠牲者は数万人と言われる。

(8) 青瓦《チョンワ》臺《デ》ホームページ (http://www.president.go.kr/) 大統領演説、「済州四・三事件関連大統領のお言葉」。

(9) ①済州島民、四・三事件の被害者に対する政府の謝過、②政府による四・三事件追慕記念日の制定、③歴史教科書の改訂、④「四・三平和公園」造成への政府の支援、⑤生活困難な遺族への生計費の支援、⑥集団埋葬地および遺跡地発掘事業支援、⑦真相糾明及び記念事業の持続的支援。

(10) 「済州四・三事件真相報告書」の概要と意義については、(梁祚勲《ヤンジョフン》 二〇〇三) 参照。

(11) この時、「報告書」を採択する「委員会」で最も先鋭に意見対立したのは、「焦土化作戦」「集団虐殺」という用語の問題、「米軍の直接介入」の問題、一部証言資料を根拠に歴史的事実を規定する問題などであった。主な修正部分は、武装蜂起に関連し「南労党済州道党が主導した」という文言を挿入（一五四頁）、「焦土化作戦」を「大討伐作戦」または「強硬鎮圧作戦」に、「集団虐殺」を「集団人命犠牲」に修正する件、「焦土化作戦の責任は、李承晩《イスンマン》大統領と米国にあったと判断される」の「李承晩大統領」を「当時の政府」、「米国」を「駐韓米軍事顧問団」へ変更（二三九頁）など。「四・三事件の勃発と鎮圧過程から米国も自由ではない」（五七五頁）の「米国」も「米軍政と駐韓米軍事顧問団」へ変更し、米国への直接言及を避けた。その間、新資料の発見に伴い、李承晩大統領が四九年一月、国務会議で「過酷な方法で弾圧せよ」と言ったことを挿入した（済民日報二〇〇三年三月三〇日）。

(12) 六カ月間で、三七六件の修正意見が寄せられたが、三三件が採択された。そのうち、表現の修正および添削二一件、事実と関連する修正および添削一〇件、新しい内容による内容追加二件である（二〇〇三年一〇月一六日、済州四・三事件真相糾明および犠牲者名誉回復委員会告示）。

(13) ただし、二〇〇三年一〇月一六日までに「委員会」で審査されたものは、二、二八六名で、一一三名の後遺障害者を含む二、二六六名が犠牲者として認定され、一六名が保留になった。

(14) 被害者側にとっては、「四・三事件とは何だったのか」はあまりにも明らかなことであり、いまさら改めて、調査する必要もないことであろう。また、一九八八年、済州四・三研究所の設立以来、在野の四・三運動側で積み重ねてきた調査・研究成果、一九九〇年から九九年まで済民日報の長期にわたる粘り強い調査による特集「四・三は語る」の四五六回の連載や、済州道議会が一九九三年三月二〇日に「四・三特別委員会」を構成し、九四年から被害申告の受付と真相調査に着手し、九五年、『済州四・三被害調査一次報告書』、九七年には『済州四・三被害調査報告書（二次修正補完版）』（被害者、約一五、〇〇〇名の名簿整理）

を刊行したこと等から、ほぼ実体は明らかになっていた。ただ、事件の性格をあいまいにしたのは、反共意識が根深く、諸勢力が拮抗する中で、まず与野合意の下に「四・三特別法」を通過させるための妥協であったと考えられる。なお、真相と評価は、また別のもので、被害者側でも、四・三事件をめぐって、「無辜の良民虐殺」という視点と、「反米民族自主統一運動の先駆け」という視点などの対立は内在している。

(15) 李承晩は国連選挙監視団のもとで、選挙可能な三八度線以南での単選（単独選挙）による、単政（単独政府）の樹立を主張し、米国の支持のもとに、南北分断に反対する多数の国民の声を押さえ込んで、選挙を強行した。

(16) 上段で、ジェノサイド条約、一九四九年のジュネーブ協定をあげている。ちなみに、私見では、四・三事件は「政治的集団虐殺」(Politicide) であり、法的にジェノサイドとは言えない。

(17) 「重大な人権侵害」という国際人権法の概念が性格規定に使用されている点は注目に値する。

(18) 社説「四・三真相報告書確定」済民日報二〇〇三年一〇月一六日。

(19) 従来、済州島で死んだ軍警関係者以外は、全部「アカ」だという立場をとっていた退役将軍クラブである星友会ですら、「済州四・三事件と関連して、当時の無辜の犠牲者の名誉は最大限、回復されねばならないが」と、無辜の犠牲を認めている（二〇〇三年一二月九日、星友会声明）。

(20) 星友会は韓国陸・海・空・海兵予備役将軍の集まりで、一九八九年一二月に創立された。その目的は①親睦と扶助、②自由守護、国家保衛、祖国の平和統一などの研究分析、③自由民主主義の体制守護の為に国民的決意を先導。http://www.starflag.or.kr/status/starus purpose.asp 02/11/23

(21) 第一条、第二条第一、二号、第三条第一、二項、第八条、第九条第一、三項、第一一条。

(22) 四・三事件犠牲者の八〇%以上が軍警・右翼によるものであるが、法的には、軍警・右翼も名誉回復申請が可能である。しかし、すでに彼らは、軍で褒章を受け、警察と右翼は、国家有功者として、栄誉と手厚い待遇を受けているのでその必要がなく、実質的には、「アカ」として殺された人たちの名誉回復を意味することになる。だから、請求人がここで不明確、区別の困難を言い立てるのは理解の不足によるものである。

(23) 以下の判示事項と決定要旨は、憲法裁判所ホームページ—憲法裁判所判例検索(http://www.ccourt.go.kr/information/Tsearch.asp) 事件題名「済州四・三事件真相糾明および犠牲者名誉回復に関する特別法議決行為取り消し等」(全員裁判部二〇〇一・九・二七・二〇〇〇憲マ二三八・三〇二(併合))による。

(24) ただ、名誉回復による「法的効果は何か」となると、具体的な規定はない。台湾「不当審判条例」第四条「受裁判者、及びその家族で名誉毀損を受けた者は、その回復を申請できる」と規定し、希望者には「官報」に名誉回復者として登載するが、「四・三特別法」にはない。あわせて、「四・三特別法」に賠償や補償規定がなく、事件発生から半世紀を経た、親戚・家族が公民権の制限を受ける連座制も廃止され、今日では、具体的利益は第九条(医療支援金および生活支援金)規定による、後遺症のある者に対する支援金支給程度しかないのが実情である。ただ、「報告書」や記念事業を通じて、また大統領から「反乱分子」ではなく、「無辜の犠牲者」であった点を認められ歴史的評価が変わり、国家暴力の犠牲者であることが認められれば、当然、次の段階では、補償・賠償が具体化するという期待などが、利益と言えよう。

(25) 済州道知事を委員長とする、現地の実務委員会が、実力で上部の決定に抗うという異例の事態は、済州島という限られた地域に集中的に弾圧が加えられた特殊性から来る、被害者側の凝集力、運命共同体意識がいかに強いかを示すものである。

(26) 姜昌一《カンチャンイル》「済州四・三犠牲者選定基準論難」「資料集一」一一頁。

(27) 前掲一六頁。

(28) 台湾の「不当審判条例」第八条（排除条項）の一の二項で、「反乱犯、または匪諜として確実な証拠があると認められる者」は、「補償申請を出来ない」としている。ただし、二で政府機関の証拠提出と、基金会による審査を義務づけている。「不当審判条例」では、法で排除条項を規定している点で「四・三特別法」より、厳格であるといえるかもしれない。しかし、実際は、内部規定によって認定基準を緩和し、武器を執って人を害した確実な証拠がある場合を除いて認定するという方法で運営され、非認定は数件に過ぎない。その面で両者は類似するとも言えるが、「不当審判条例」は補償金が支給されるだけに、かなり緩和されているといえるだろう。ただし、「四・三特別法」と同じく、「本当のアカ」は「法の保護」を受ける事ができない、という限界を前提としている（詳しくは、徐勝 二〇〇一A：一〇八七〜一〇九一頁）。

(29) この報告の法的検討部分は、審査小委員会第一六次会議（二〇〇二年一〇月二五日）においてなされた「〝軍法会議裁判〟関連事実調査結果書」に基づきなされたものであり（「報告書」注一七二）、それに先駆けて、二〇〇二年八月三〇日に済州四・三研究所など四個関連団体が「済州四・三〝軍法受刑者〟を通してみた国家犠牲者と人権」というシンポジュウムを行っている。

(30) しかし、済州島での大量処刑や学校や工場を利用した収容所の惨状は、米軍の情報報告書で上部に伝わっており、むしろ、当時、韓国軍（国防警備隊）は、済州島を戦場とみなし、全く法的手続きを省みない日本軍式の三光・殲滅・焦土化作戦を展開し、米軍と李承晩がこれを黙許したと考えざるをえない。ちなみに、当時の作戦指揮官である第九連隊長、宋堯贊《ソンヨチャン》は日本軍准尉出身者である。

(31) 金淳泰「済州四・三当時　戒厳の不法性」『済州四・三研究』（歴史批評社、一九九九年）。「報告書」、戒厳令の宣布。特に、2)の不法性の論難がこの問題に触れている（二七六～二八六頁）。

(32) 李在承「人権と過去清算の側面から見た『報告書』の成果と限界」『済州四・三運動の成果と課題』（シンポジュウム資料集、二〇〇三年一〇月一六日）一七頁。

(33) http://www.genocide.or.kr/04/1/8

文献一覧

日本語

金奉鉉《キムボンヒョン》・金民柱《キムミンジュ》　一九六二『済州島人民の四・三武装闘争史』文友社

梁祚勲　二〇〇三「韓国における〈歴史の和解〉——「済州四・三事件真相報告書」と盧武鉉政権」世界 no. 721（二〇〇三）岩波書店

纐纈厚　二〇〇三「北朝鮮問題と私たちはどう向き合うのか」軍縮問題資料 No. 279（二〇〇三年）

大串和雄　一九九九「罰するべきか許すべきか——過去の人権侵害に向き合うラテン米国諸国のジレンマ」社会科学ジャーナル四〇号　国際基督教大学

徐　勝　二〇〇〇a「東アジアにおける国家テロリズムの犠牲者達の名誉回復・賠償に関する研究」ソウル大学校修士論文　〈朝鮮語〉

徐　勝　二〇〇〇b「双勝と慈悲——朝鮮半島における和解、協力、統一」現代思想二〇〇〇年一一月号

徐　勝　二〇〇一a「台湾戒厳時期不當叛乱暨匪諜審判案件補償條例の研究」立命館法学二七一・二七二号

徐　勝　二〇〇一b「東アジアの国家暴力」法社会学五四号
徐　勝編　二〇〇三a『現代韓国の法・政治構造の転換』（大久保史郎・徐勝編）日本評論社
徐　勝編　二〇〇三b『東北アジア時代への提言——戦争の危機を平和構築へ』（武者小路公秀監修、徐　勝・松野周二・夏　剛編）平凡社

朝鮮語
済州四・三事件真相糾明および犠牲者名誉回復委員会　二〇〇三『済州四・三事件真相調査報告書』
済州四・三事件支援事業所「憲法裁判所決定—四・三特別法違憲審判関連—」発行日無し。（憲法裁判所判例検索（http://www.ccourt.go.kr/information/Tsearch.asp）事件題名「済州四・三事件真相糾明および犠牲者名誉回復に関する特別法議決行為取り消し等」（全員裁判部二〇〇一・九・二七・二〇〇〇憲マ二三八・三〇二（併合））で、同一文の検索可能。）
金淳泰　一九九九a「済州四・三被害賠償等に関する特別法（案）の一般原則と具体化」『済州四・三被害賠償等に関する特別法（案）公聴会資料集』済州四・三事件真相糾明および犠牲者名誉回復推進汎国民委員会
金淳泰　一九九九b「済州四・三当時　戒厳の不法性」『済州四・三研究』歴史批評社
資料集一『済州四・三運動の成果と課題』（済州道記者協会、済州四・三研究所、韓国民族芸術人総連合済州道支会共催シンポジュウム資料集　二〇〇三年一〇月一六日）
資料集二「済州四・三犠牲者選定基準論難にともなう緊急討論会」報告資料（済州道四・三事件犠牲者遺族会、済州四・三研究所　二〇〇二年一月二五日）

第Ⅲ部

共生の未来に向けて

グローバル時代の平和学
3

歴史の壁を超えて
和解と共生の平和学

第8章　現代日本における地方自治体の外国人施策
――人権・国際化・多文化共生

山脇　啓造

1　はじめに

国連によれば、二〇〇〇年現在、世界人口の約三％にあたる一億七五〇〇万人が「移民」（出生国とは別の国に住む者）であり、先進国に限ればその比率は一割になるという[1]。加速するグローバリゼーションや先進国における高齢化の進展により、「移民」の数はさらに増大することが予想されている。

日本で暮らす外国人も、戦前から居住する在日コリアン[2]など旧植民地出身者とその子孫に加え、八〇年代以降に来日したニューカマーと呼ばれるアジアや南米出身者の存在によって、多国籍化しつつ、大きく増加した。〇二年末現在の外国人登録者数はおよそ一八五万人、総人口の一・五％を占めている[3]。日本の総人口と外国人登録者数をそれぞれ一〇年前と比較すると、前者は二％増であるのに対して、後者は四五％増となっている。

国籍別では、韓国・朝鮮人が四九万人の特別永住者を含む六三万人で、登録者全体の三四％を

図表10—1　外国人登録者数の推移 1980—2002

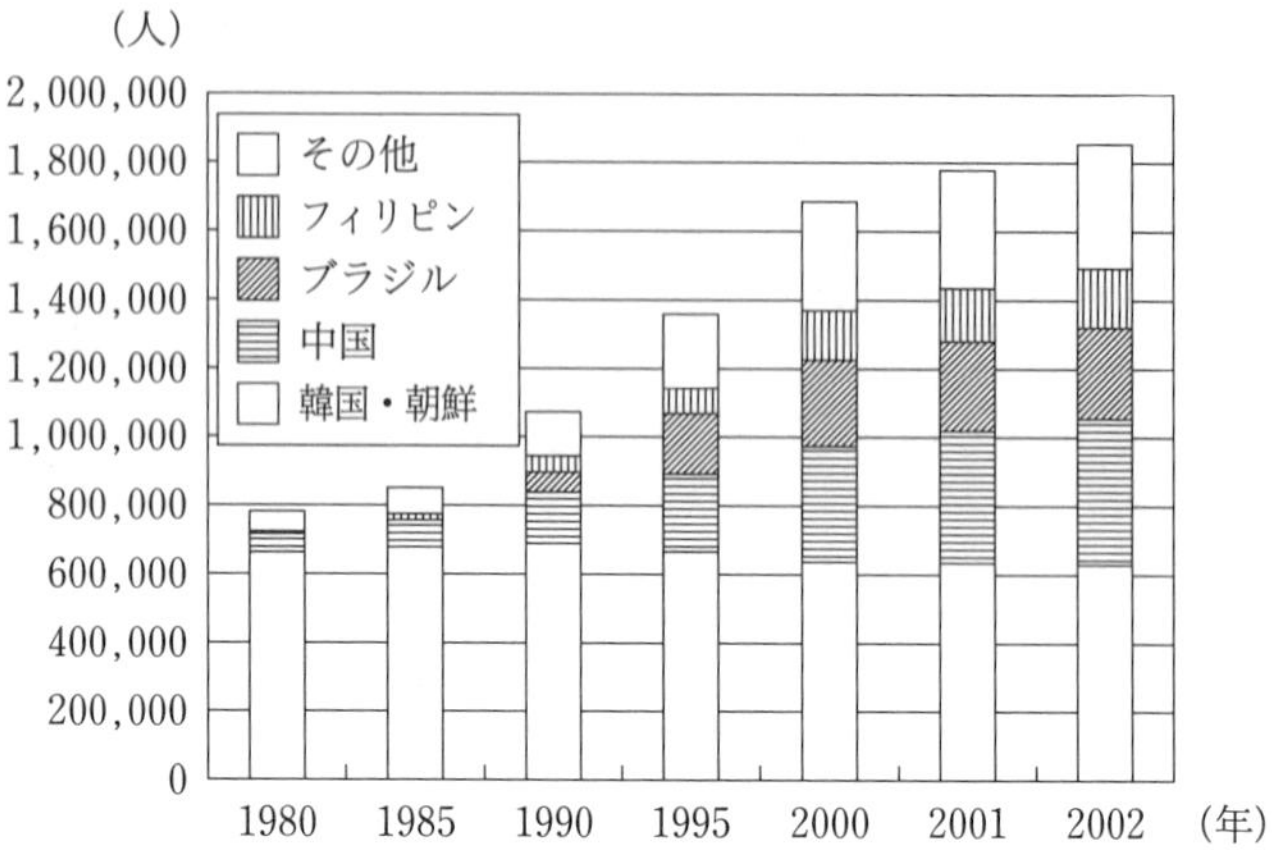

出典：『在留外国人統計』（法務省／入管協会，各年）より筆者作成。

占める。以下、台湾人を含む中国人（四二万人、二三%）、ブラジル人（二七万人、一五%）、フィリピン人（一七万人、九%）と続いている（図表10—1）。アジア出身者（七四%）と南米出身者（一八%）を合わせると、全体の九割を超える。[4] 外国人登録者が増えているだけでなく、九〇年代後半になると、ニューカマーの中から永住資格を取得する者（一般永住者）が急増している。〇二年末の外国人登録者数は前年から四%増であったが、一般永住者は二二万四〇〇〇人で前年から二二%増となっている（図表10—2）。

永住外国人が増えている背景には、国際結婚の増大がある。八〇年代から〇一年まで一貫して増加し、〇二年はやや減少したが、年間およそ三万六〇〇〇件で、国内の婚姻件数の五%近くを占めている（図表10—3）。また、留学生も、日本政府が打ち出した留学生一〇万人計画によって、八〇年代から今日まで大きく増えた。〇三年五月現在

図表 10－2　永住および帰化の許可数の推移 1990—2002

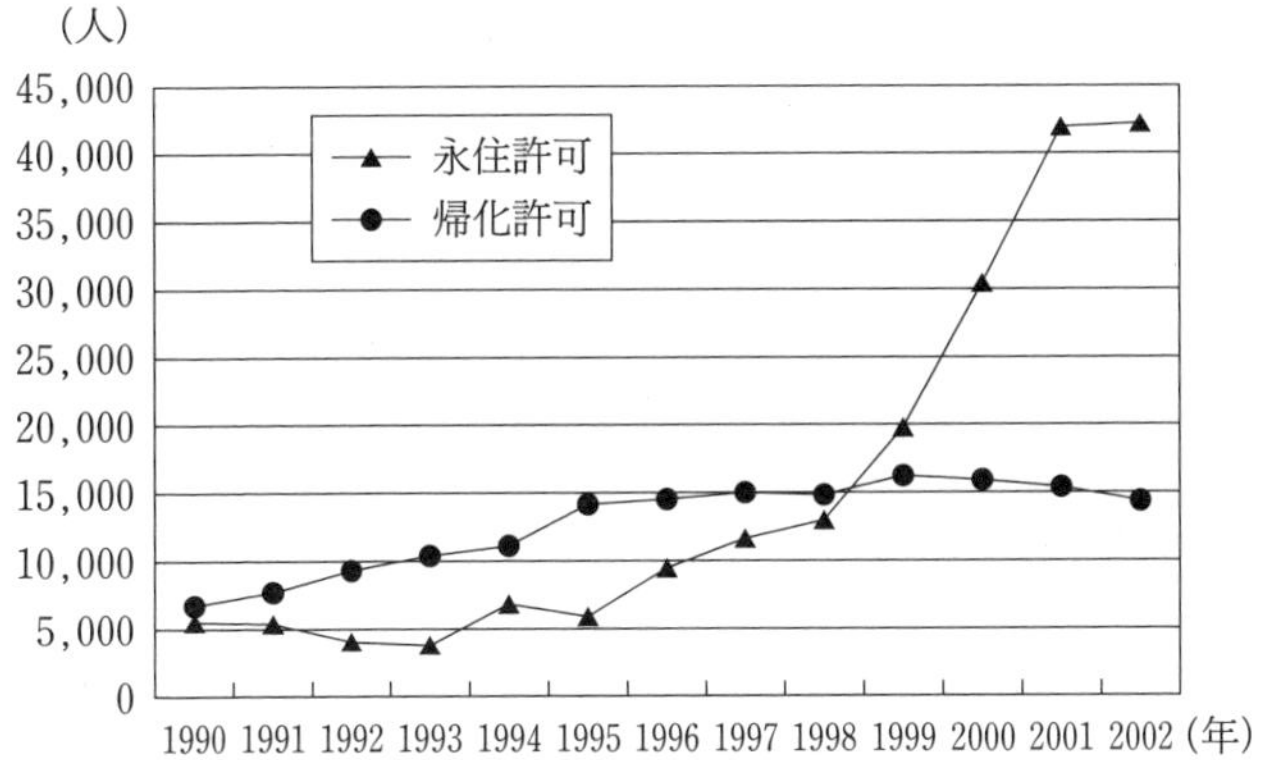

注：永住許可数には，特別（1991年まで「特例」）永住許可数を含まない。
出典：『法務年鑑』および『出入国管理統計年報』（法務省，各年）をもとに筆者作成。

図表 10－3　国際結婚件数の推移 1980—2002

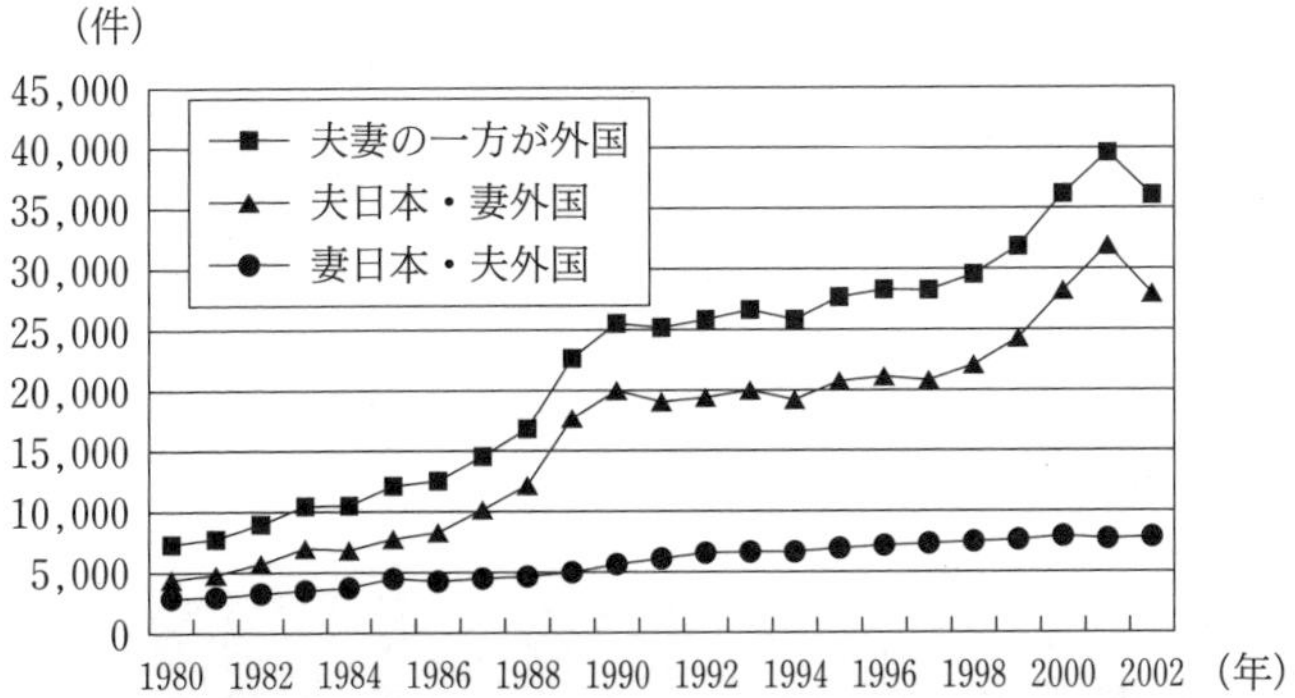

出典：『婚姻統計』（厚生省，1997年），『人口動態統計』（厚生省統計情報部，各年）をもとに筆者作成。

の留学生数は一〇万九五〇八人である。近年は、卒業後に日本社会で就職する者も増え、永住資格を取得するなど、定住化傾向にある。

一方、外国にルーツがある日本国民も増えている。〇二年に帰化により日本国籍を取得した人は、一万四三三九人である(図表10―2)。そのうち、韓国・朝鮮籍だった者が六割を超え、中国籍だった者が三割を占める。また、国際結婚によって生まれた子どもも、両親の一方が日本国籍であれば、出生時に日本国籍を取得する。多様な民族的背景をもった日本国民は、今後ますます増大することが予想される。

外国人の増加と定住化をめぐる具体的課題は地域差が大きい。外国人が住民の一%にも満たない地方自治体が多い一方で、一五%を占める群馬県大泉町のようなところもある。また、ブラジル人が九〇年代に急増し、全国一多い静岡県浜松市のような自治体もあれば、戦前から朝鮮半島出身者が全国一多い大阪市のようなところもある。

外国人の出入国に関する行政は国(法務省)の所管であるが、いったん入国した外国人の受け入れを担うのは自治体である。実際、外国人の受け入れに関しては、これまで自治体が国に先行して様々な施策を進めてきた。一方、国には外国人の出入国や在留を「管理」する政策はあっても、在留外国人の人権保障や社会参加という観点にたった社会統合政策が欠けていた。今日、外国人受け入れに関する基本理念や政策を定めるのは、国にとって緊要の課題であると筆者は考えているが、[5]国の政策のあるべき姿を論じるためにも、自治体のこれまでの施策に関する批判的考察を行うことが有益であろう。

本章では、まず、外国人の定住化と自治体の外国人施策の歴史的推移を振り返る。次に、自治体の外国人施策の具体的事例を取り上げる。最後に、自治体の今後の課題を指摘したい。

2 外国人受け入れの歴史的推移

一九七〇年代——在日コリアンの定住化と差別撤廃運動

戦後、日本国籍を一方的に剝奪され、「外国人」となった旧植民地出身者のうち、韓国籍者が永住資格を取得したのは、日韓国交正常化（一九六五年）以降のことであり、七〇年代に入ると、在日コリアンの定住化を前提にした外国人施策が国や地方自治体に求められるようになった。六〇年代までは、日本政府も韓国民団や朝鮮総聯という在日コリアンの民族団体も、在日コリアンがいずれ朝鮮半島にある母国へ帰国することを当然視していた。自治体も外国人を住民とみなす発想が乏しく、様々な行政サービスの対象から排除していた。そうした認識が変わる契機となったのが、在日韓国人二世の原告が就職差別を訴えた裁判（日立裁判）であった。七〇年に始まった日立裁判は、在日外国人が差別を告発した日本で初めての裁判であり、七四年に原告勝訴に終わった。原告を支援した在日コリアン（主に二世）と日本人からなる全国の市民グループは、それぞれの地域の自治体に対して、公営住宅への入居、児童手当の支給、地方公務員への採用などに関する国籍差別の撤廃を求め、地域住民として日本人と対等な扱いを求める運動を始めた。そうした運動に応える形で、一部の自治体は、外国人住民に対して公営住宅への入居を認め、児童手当の支給や地方公務員への採用を始めた(6)。

こうした運動は、日本に生まれた在日コリアン二世を中心とし、定住化の現実が背景にあったものと言えるが、七五年には在日コリアンの定住化を前提とした政策立案の必要性を示した論文が法務省の若手官僚によって執筆され、その後の出入国政策や在日コリアン運動にも少なからぬ影響を及ぼした。また、七七年には、国民年金法の国籍要件を「社会保障上の差別の頂点に位置する」ものとして撤廃を求める在日コリアンの運動が起こった。一方、民団も七七年に「在日韓国人の生活擁護のための人権宣言」を採択し、全国的な行政差別撤廃運動を始め、総聯も国際人権規約の署名と批准が行われた七八年から七九年にかけて、在留権保障と社会保障の適用を求める運動を行った(7)。

在日コリアンの差別撤廃運動が起こった背景には、米国の公民権運動や日本における様々な社会運動の盛り上がりがあった。また、人種差別撤廃条約や国際人権規約の発効（六九年、七六年）による国際的な人権意識の高揚があった。六〇年代後半以降、大都市圏を中心として革新自治体が次々に誕生したことも差別撤廃運動の追い風になったといえよう。日本政府も国際人権規約の批准（七九年）、女子差別撤廃条約への署名（八〇年）、そして難民条約への加入（八一年）を行った。国際人権規約の批准を受けて、建設省（現国土交通省）は公営住宅への外国人の入居を認めるよう通達を出し、難民条約への加入時には、国民年金法や児童手当に関する三法の国籍要件が撤廃された。また、朝鮮籍者にも永住資格が認められるようになった。日本の社会保障制度の対象に外国人が含まれるようになったことには、定住化を前提に外国人を日本社会の構成員と認める重要な意義があったといえよう[8]。

一九八〇年代——「地域の国際化」とニューカマーの増加

七〇年代の日本は、六〇年代の高度経済成長を経て、経済大国として国際社会の主要な構成国たる地位を占めつつあった。七五年に始まった西側主要先進国の首脳会議（サミット）に参加し、七九年に東京サミットを主催した日本が、国際人権諸条約を次々と批准したのも、そうした流れの一環と理解できよう。一方、七〇年代以降、日本は経常黒字が次第に拡大し、八五年には世界一の債権国となった。当時の中曽根政権（八二〜八七年）は、「国際国家」をスローガンに、経済力を背景にした日本の国際的地位の向上をめざし、「国際化」は時代のキーワードになった。財界からも、金融・サービス分野の自由化や市場開放と内需拡大をめざす「内なる国際化」の推進が提起された[9]。八六年版『外交青書』は、初めて国際化の推進を正面から取り上げ、米国につぐ経済大国として、「自ら積極的に一層の国際化を推進し、世界に開かれた日本を実現する」ことを外交の基本課題に挙げている[10]。また、八八年版『経済白書』も、国際化には日本から企業が進出する「外なる国際化」と、外国からのモノやヒトを受け入れる「内なる国際化」があり、両者のバランスが必要であることを指摘している[11]。

日本政府の国際化戦略は、自治体によっても担われることが期待された[12]。すなわち、自治省（現総務省）によって、八〇年代後半から「地域の国際化」が推進された[13]。まず、八五年に「国際交流プロジェクト構想」を発表し、八六年から国際交流基盤の整備に先導的な取り組みをする自治体が実施する事業に対して、リーディング・プロジェクトとして支援を始めるとともに、省内には「国際交流企画官」を設置した。また、語学指導や国際交流のための外国青年招致事業（JETプログラム）を、外務省、文部省（現文部科学省）と共同で開始し、その事務局として国際化推進自治体協議会を設立した。

自治省は、八七年三月、「地方公共団体における国際交流の在り方に関する指針」によって、自治体の国際交流施策の大枠を示した。それによれば、自治体による国際交流の意義は、「世界に開かれた地域社会づくりを推進し、地域の活性化を図っていくこと」にあり、その主眼は「地域の特性を生かしながら、国際交流事業を推進して、住民の国際認識と国際理解を喚起し、国際社会における地域アイデンティティを確立して、地域産業・経済を振興すること」にあった[14]。国際交流施策の具体的な展開方策の一つに、「国際化に対応した地域づくり」が挙げられ、「外国人滞在者・訪問者」にとって暮らしやすい地域づくりが例示された。八八年には、「国際交流のまちづくりのための指針」を作成し、「国際交流のまち推進プロジェクト」によって、市町村の指定を始めた[15]。また、同年、諸外国の地方行財政制度の調査研究や海外での自治体の活動支援等を任務とする自治体国際化協会を設立した（八九年に国際化推進自治体協議会を吸収合併[16]）。そして、八九年、「地域国際交流推進大綱の策定に関する指針」を各都道府県・政令指定都市に通知した。大綱の九項目の一つが、「外国人が活動しやすいまちづくり」であった。また、各都道府県、政令指定都市ごとに「中核的民間国際交流組織」を「地域国際化協会」と認定し、地方財政上の支援を始めたので、各地に国際交流協会と呼ばれる自治体出資の財団法人が生まれた。このようにして、「地域の活性化」をめざした国際交流の一環として、観光客や一時的滞在者を念頭に外国人施策を進めることが自治省によって指針として示されたのであり、労働者や生活者すなわち住民としての外国人という認識は弱かった。

ここまでは、中央政府主導の上からの「地域の国際化」であったが、下からの「地域の国際化」の動きもあった。その代表例が、神奈川県による「民際外交」である。神奈川県は七六年に全国に先駆けて国際交流課を設置し、翌年には国際交流協会を設立した。そして、八〇年に「内なる民際外交」として外国籍県民施策を始めるようになった。また、研究者や市民団体の間でも、日本企業の海外進出を支える外向きの「国際化」に対抗して、在日外国人、とくに在日コリアンに関する課題を重視する「内なる国際化」が唱えられた[17]。この背景には、在日コリアンの差別撤廃運動の盛り上がりやインドシナ難民や留学生など在日外国人の増大があった。

定住を前提にしたインドシナ難民の受け入れは七八年に始まった。中国帰国者の受け入れも、集団訪日調査の開始（八一年）によって、本格化した。八三年には前述の留学生一〇万人計画も始まった。一方、八〇年代を通して、日本企業などの海外でのプレゼンスの増大や、円高などの経済的要因を背景に、近隣アジア諸国からの出稼ぎ労働者も急速に増加していった。当初は風俗産業で働く女性が多かったが、次第に建設現場や工場で働く男性も増え、女性の就労先も工場や飲食業などに広がった。こうした外国人の多くは、超過滞在者など、非正規に就労する人々であった。賃金不払い、労災隠しなどの労働問題のほか、無保険者の医療や入居差別の問題が各地で起きた。その結果、八〇年代後半には、外国人労働者や留学生などニューカマーを支援する市民団体が全国に作られた。一方、外国人の増えた自治体では、自治省が推進する「国際交流のまちづくり」に従って、在住外国人に対して、外国語による情報提供や相談窓口の設置などが行われた。(18)

一九九〇年代——ニューカマーの定住化と外国人施策の体系化

八九年、外国人雇用の拡大を受けて、入管法が改定され、九〇年に施行された。在留資格の種類が増え、専門・熟練職の外国人の受け入れ範囲が拡大された。また、「定住」資格の新設などによって、日系人が活動制限のない在留資格を取得できることが明文化され、九〇年代をつうじて、日系南米出身者、とくにブラジル人が急増した。日系人労働者は愛知県や静岡県、群馬県などの工場が多い特定の地域に集住する傾向があり、日本人住民との間にさまざまな軋轢が生じた。日系人の受け入れは、事実上、労働力不足と超過滞在者の急増への対応策であった。超過滞在者は九三年には約三〇万人に達し、その後は少しずつ減少していった。一方、技術移転の建前をとりながら、実質的には労働力不足対策として九三年に始まったのが、技能実習制度であった。これは、研修終了後の一定期間（最大二年間）、労働者として働くことを認める制度である。「研修」、「技能実習」といいながら、実際には低賃金労働者として雇用される場合が多く、深刻な人権侵害事件も続発した。(19)

こうしたニューカマーの増大に対する取り組みの中心は、依然として市民団体であった。八〇年代後半には、労働や医療相談を受けていたが、九〇年代前半になると、日本人との結婚や子どもの国籍、教育問題など、相談の幅が広がった。一方、自治体も少しずつニューカマーを住民として受けとめる施策に取り組み始めた[20]。

九〇年代後半になると、ニューカマーの中で、永住資格や日本国籍を取得する者が増加し、国際結婚も大きく増え、定住化が進んでいった。一方、在日コリアンは、八〇年代に外国人登録の指紋押捺に反対する運動を展開し、目標を達成した後、九〇年代には地方参政権や公務就任権の保障を要求していた。九五年には、最高裁判所の判決によって、永住外国人への地方選挙権の付与は違憲ではないことが示され、参政権運動は勢いを得た。また、九六年以降、川崎市をはじめとして、政令指定都市や都道府県で職員採用の国籍要件を撤廃するところが増えてきた。こうした運動の盛り上がりを受けて、外国人の政治参加や、多文化共生のまちづくりへの関心が高まり、外国人を住民と位置づけ、外国人施策の体系化をめざす自治体が増えていった[21]。

一方、八〇年代後半に始まった自治省の「地域の国際化」政策は、九〇年代も継続された。九二年には、在住外国人の増加に対応して、「国際交流のまち推進プロジェクト」は、国際交流推進型と在住外国人対応型の二種に分かれた[22]。九三年には、地方財政計画上に国際化推進対策経費が初めて認められるとともに、自治省に国際室が設置され、市町村職員の「国際化対応能力の育成・向上」を図るために全国市町村国際文化研修所も開設された。九四年には、総合的・先進的な国際化施策を行っている自治体に対する「世界に開かれたまち」表彰も始めた。一方、自治体国際化協会は、九〇年に各地の地域国際化協会間の情報交換を目的とした地域国際化協会連絡協議会を設け、九一年から地域国際化協会の先導的事業に対して、「国際交流推進事業」として支なる国際化の現状と課題」と題した報告書を発表している。[23]

自治省は、九五年に『国際交流から国際協力』へという新たな潮流」を強調した「国際協力大綱の指針」を各都道府県・政令指定都市に示し、国際交流と国際協力を自治体国際化の二つの柱に位置づけた。そして、自治体国際化協会内に自治体国際協力センターを設置した。自治省は、「来日外国人、在住外国人の増加により、外国人が活動しやすいまちづくり施策の必要性」が高まっているとの認識を示したこともあるが[24]、今日まで国際交流と国際協力を二本柱とする施策体系は続いている。九八年には、自治省の「国際交流のまち推進プロジェクト」と自治体国際化協会の「国際交流推進事業」が統合され、自治体国際化協会による「地域国際化協会等先導的施策支援事業」が始まった。これは、地域国際化協会や市町村の国際交流協会等の先導的施策を重点的に支援していく目的で創設された。なお、自治省が地域の国際化推進の要とみなし、「世界最大の青年交流事業」と呼ぶＪＥＴプログラムは、招致外国人数が初年（八七年）の八四八名から〇二年には六二七三名に達し、参加者総数も三万五二四八名となっている。[25]

こうして、自治省から国際交流と国際協力の推進に関する大綱策定の要請を受け、都道府県や政令指定都市の多くは、八〇年代末から九〇年代を通して国際化施策の大綱や指針を策定し、その枠組みの中で外国人施策の体系化も徐々に試みられるようになった。[26] また、そうした枠組みを超えて、外国人施策に関する指針を策定した自治体も現れている。[27]

3　地方自治体による外国人施策の体系化

前節において、一九七〇年代以降の外国人の定住化と地方自治体の外国人施策の推移を振り返ったが、今日、外国人施策に積極的に取り組んでいる自治体は、大きく三つに分かれるといえよう。まず、七〇年代に在日コリアンを対象とする施策（主に人権施策）を始めた自治体と九〇年代にニューカマーを対象とする施策（主に国際化施策）を始めた自治体に分けることができる。前者はさらに、今日も外国人住民に占める在日コリアンの割合が高く、在日コリアン施策を中心とする自治体と、ニューカマーの割合が増える中、次第にニューカマー施策も重視しつつある自治体に分かれる。すなわち、在日コリアン施策を中心に外国人施策の体系化を図っている自治体（人権型）、ニューカマー施策を中心に外国人施策の体系化を図っている自治体（国際型）および在日コリアン施策とニューカマー施策の統合を試みながら、外国人施策の体系化を図っている自治体（統合型）である。(28)

以下に、外国人施策の体系化を図り、多文化共生の推進に取り組んでいる自治体の代表例として、大阪市（人権型）、浜松市（国際型）、川崎市（統合型）の事例を取り上げる。いずれも人口規模の大きな都市で、当初は外国人の権利保障や生活支援に取り組み、次第に、外国人の地域社会への参加を促し、日本人住民にも働きかけて、多文化共生をめざす地域づくりへと施策の幅が広がり、体系化されつつある。

大阪市

大阪市の人口は二六二万人で、外国人登録者数は一二万人（四・六％）である（〇三年四月現在）。大阪市は、戦前から全国一の朝鮮半島出身者の集住地域であり[29]、韓国・朝鮮人は九万人を超え、外国人登録者全体に占める割合は七七％である。九〇年の時点でも、大阪市の人口や外国人登録者数はほとんど同じであったが、外国人登録者に占める韓国・朝鮮人の割合は九割あった。

大阪市では、戦後直後から市内各地に朝鮮学校が建設されたが、文部省（現文部科学省）の通達に従い、各都道府県が学校閉鎖を命じたため、阪神教育闘争（四八年）を始めとして、行政と在日コリアンの間で民族教育をめぐって厳しい対立が生じた[30]。その結果、大阪府知事の覚書（四八年）にもとづき、市内の一二小中学校では、府費によって課外で朝鮮の言語や文化を学ぶ民族学級が設置され、民族講師が配置された。

六五年に、日韓国交正常化後の外国人教育のあり方を検討するため、教育委員会（教委）の委託事業として、外国人児童生徒が多い小中学校の校長からなる外国人教育問題研究協議会（市外協）が発足し、外国人教育に関する実態調査を行った。また、七〇年に市教委は、全国に先駆けて「学校教育指針」の中に外国人教育の項目を設けた[31]。しかし、七一年に市立中学校校長会差別文書事件が起こり[32]、七二年に学校教育指針の外国人教育の目標は、より具体的な内容に改められ、市外協に代わって、市内教員を対象に外国人子弟教育研究協議会（七五年に外国人教育研究協議会と改称）が設置された[33]。一方、同年に市内の小学校で自主的な民族学級が始まった[34]。その後、日韓覚書（九一年）にもとづく文部省通知によって、「学校に在籍する在日韓国人に対し、課外において、韓国語や韓国文化等の学習の機会を提供することを制約するものではない」ことが示され、九二年から、市の事業としての民族学級（「民族クラブ」）が始まった。さらに、「人権教育基本方針」（九九年）や「在日外国人教育基本方針――多文化共生の教育をめざして」（〇一年）を策定している。[35]

教育以外の分野でも、大阪市は在日韓国・朝鮮人の人権保障に取り組んできた。七六年には、外国人の市営住宅への入居を認めた。また、九二年、都道府県・政令指定都市としては初めて、経営情報、国際の二区分を新設し、職員採用の国籍要件を部分的に廃止し、九七年には、前年の川崎市に続いて、消防職を除く全職種で管理職への任用制限つきで国籍要件を撤廃した。また、無年金の外国人障害者に対する特別給付金制度（九二年）や在日外国人高齢者福祉金制度（九六年）も創設している。

大阪市は、九四年に七名の外国籍委員を含む一四名の有識者からなる外国籍住民施策有識者会議を設置した。九七年に「国際化推進基本指針」を策定し、施策展開の四本柱の一つに「国際共生都市」を挙げ、「外国人も住み活動しやすい都市」をつくるために、外国籍住民施策の充実を唱えている（〇二年改定）。九八年には、「外国籍住民施策基本指針――共生社会の実現をめざして」を策定し、外国籍住民の人権の尊重、多文化共生社会の実現、地域社会への参加という三つの目標を掲げている（〇四年改定）。とくに、国際人権規約の内外人平等の原則に基づいて、「住民として同等な行政サービス」を提供することを重視している。

大阪市は、八一年に庁内に人権啓発推進会議を設置し、全庁的な取り組みと職員への人権意識の普及に努めてきた。また、人権尊重のまちづくりを推進するため、同年に結成された市人権啓発推進協議会や各区で組織されている人権啓発推進協議会などと連携して、地域に密着した人権啓発活動を行ってきた。「人権教育のための国連一〇年行動計画」（九七年）や「人権教育のための国連一〇年後期重点計画」（〇一年）を策定し、「人権行政基本方針」（九九年）では、課題の一つに外国籍住民にかかわる問題を取り上げている。二〇〇〇年には、「人権尊重の社会づくり条例」も制定している。

なお、大阪市では、九四年に市民局市民部人権啓発課（八二年設置）が外国人施策の連絡調整の担当部門に定められた。九八年には、企画調整機能を持った担当部門として、市民局人権部企画課（〇二年から企画推進課）が設置され、〇二年に外国籍住民施策担当課長が置かれた[36]。

関西地方の自治体には人権型自治体が多い。これは、以前から被差別部落出身者の人権問題に取り組んできた経緯があり、在日コリアンに関しても、同様なアプローチが取られたためと言えよう。ただし、これらの自治体においてもニューカマーが増えているので、次第に統合型へ移行していくだろう[37]。

浜松市

浜松市の人口は六〇万人で、外国人登録者数は二万二〇〇〇人（三・七％）である（〇三年九月現在）。外国人登録者は九〇年代に大きく増加した。とくにブラジル人は、八九年の一四六人から〇三年の約一万三〇〇〇人（全国一）へと百倍近くに激増し、外国人登録者全体の約六割を占める。

浜松市では、八二年に浜松商工会議所内に国際交流協会を設立している。ホンダ、ヤマハ、スズキなどの国際企業があり、海外から訪れる経済人や技術者が多かったことが背景にあり、「内なる国際交流」を推進した[38]。改定入管法の施行（九〇年）によって、ブラジル人の急増が始まるが、浜松市は九一年に企画部に国際交流室を設置し、協会を財団法人にした。また、九二年には国際交流センターを開設するとともに、自治省の「国際交流のまち推進プロジェクト」の指定を受け、「国際交流のまち推進基本計画」を策定した。

九〇年代前半には、生活や行政情報のポルトガル語による提供が進められた。市教委は、九〇年に海外・帰国子女相談室を開設し、九一年には国際理解教育推進協議会を発足させ、外国人児童生徒教育研究部会を立ち上げ、受け入れ体制の整備を図った。一方、成人に対する日本語学習支援としては、協会が八〇年代前半から日本語教室を開催していたが、九二年には市が協会に委託した日本語教室が国際交流センターで始まり、公民館でも日本語教室が始まった[39]。こうした取り組みが評価され、九四年には、自治省が同年に創設した「世界に開かれたまち」の受賞団体となった。浜松市の外国人施策は、九〇年代前半においてすでに先進的ではあったが、自治省主導の「地域の国際化」の枠組みに従うもので、外国人を地域住民として位置づける発想は必ずしも十分でなかったといえよう[40]。

「技術と文化の世界都市・浜松」を唱えて九九年に就任した北脇保之市長は、〇一年に「世界都市化ビジョン」を策定した。「世界都市化ビジョン」の特徴は、「共生」を「国際交流・協力」

と並ぶ施策の柱に位置づけたことである。共生社会を築くために、外国人市民が「積極的に社会参加できる環境を整え」、「市民同士が交流し、お互いの文化や価値観に対する理解を深めるなかで、快適で愛着の持てる地域をつくっていく」ことを唱えている。(41) 具体的施策としては、外国人市民会議（二〇〇〇年）を設置し、外国人住民の多い地域において地域共生会議（〇一年）を始めた。また、ブラジル人不就学児童生徒のために、ポルトガル語で教えるカナリーニョ教室（〇二年）を市内三か所に開設した。さらに、都市間連携を重視し、他の自治体に呼びかけて外国人集住都市会議（〇一年）を設立した。同会議は、国に対して外国人の定住化を前提にした政策立案を求める「浜松宣言及び提言」（〇一年）をまとめ、「一四都市共同アピール」（〇二年）において、「外国人受け入れ及び在日外国人に関わる基本方針をまとめ、省庁間の政策を総合的に調整する組織の早期設置」を国に要望した。これは、自治体として初めて国に外国人政策の基本方針の策定を求めた画期的な提言である。なお、国際交流室は国際室（九九年）を経て、国際課（〇三年）へと改組されている。

川崎市

川崎市の人口は一二七万人で、外国人登録者数は二万六〇〇〇人（二％）である（〇三年七月現在）。九〇年の時点では、一万四〇〇〇人（一・二％）であった。市内には首都圏有数の在日コリアン集住地域がある。八〇年まで韓国・朝鮮人が外国人登録者全体に占める割合は九割を超えていたが、九〇年には六割を切り、〇三年七月現在、三六％となっている。

川崎市の外国人施策は、前述のとおり在日コリアン住民の行政差別撤廃運動に応える形で七〇年代に始まった[42]。運動の拠点となったのは、六九年に在日コリアンによって開設された桜本保育園（七四年に認可）であり、その経営母体として七三年に設立された社会福祉法人青丘社であった。桜本保育園は在日コリアンの集住地区にあり、在日コリアンと日本人の園児が通った[43]。

伊藤三郎市長（七一年～八九年）は、外国人の人権保障に積極的に取り組み、七五年には外国人に市営住宅への入居を認め、児童手当の支給も始めた。八〇年代になると、小中学校における民族差別の撤廃や桜本地区に青少年会館設立を求める市民運動が盛り上がり、「在日外国人教育基本方針――主として在日韓国・朝鮮人教育」（八六年）が策定され、子どもから高齢者までを対象に、日本人と在日コリアンを中心とする外国人の共生を目的とした日本初の社会教育施設であるふれあい館（八八年）が設置された[44]。一方、八〇年代、とくに外国人登録証明書の大量切替期にあたる八五年、外国人登録における指紋押捺を人権侵害として拒否する在日コリアンが続出し、全国的な反対運動が盛り上がった。外国人登録は法務省の機関委任事務として、各市町村が実務を担っていたが、指紋押捺拒否者は警察に告発するように行政指導を受けていた。伊藤市長が告発しないと宣言したことをきっかけに、同様な方針を示す自治体が全国に増え、法務省は指紋押捺制度の見直しを余儀なくされた[45]。

伊藤市政を引き継いだ高橋清市長（八九年～〇一年）も、積極的に外国人施策に取り組んだ[46]。外国人を市民として位置づけ、総合的な施策づくり求める市民団体の要求に応える形で、川崎市は九〇年に外国人市民施策に関する二四項目検討課題を公表した。そして、市民局に国際化施策を担当する国際室（九一年）を設置した。国際室は九二年に二つの委員会を組織した。一つは外国籍市民意識実態調査委員会で、アンケート調査及び聞き取り調査を行い、それぞれ九三年と九五年に報告書を提出した。もう一つは外国人市民施策調査研究委員会である。前述の二四項目は在日コリアンに関するものが大半であったため、ニューカマーにも焦点をあてた施策づくりをめざした。「国際政策のガイドラインづくりのための提言」と題した委員会の報告書（九三年）は、五三項目の提言としてまとめられた。

川崎市の外国人施策史における第一の節目をふれあい館の設置（八八年）とすると、第二の節目は外国人市民代表者会議の設置（九六年）であった。[47] 九四年に組織された調査研究委員会は、ドイツ、フランスなどの自治体が設置している外国人会議を参考に、日本で初となる外国人会議の設置を提言した。その提言に基づき、川崎市は、まず会議の事務局として市民局に人権・共生推進担当（九九年に人権・男女共同参画室に改組）を置き、そして会議設置のための条例づくりに取りかかった。川崎市が外国人会議を設置してから、他の自治体でも同様な組織が設けられることになったが、要綱ではなく、条例で設置したのは川崎市だけである。条例第一条には、会議の目的が、「本市の地域社会の構成員である外国人市民に自らに係る諸問題を調査審議する機会を保障することにより、外国人市民の市政参加を推進し、もって相互に理解しあい、ともに生きる地域社会の形成に寄与する」ことにあると記された。[48] 二六名の第一期委員は公募と団体推薦からなり、韓国・朝鮮籍者は七名（留学生二名を含む）であった。なお、九六年には全国の都道府県、政令指定都市の中では初めて職員採用における国籍要件を任用制限つきで撤廃している。

外国人市民代表者会議が毎年まとめる提言を受けて、川崎市はニューカマーの課題も含めた「外国人教育基本方針――多文化共生の社会をめざして」（九八年）を定め、外国人などへの入居差別問題に対応すべく「住宅基本条例」（二〇〇〇年）を制定した。一方、九八年には、「国際化推進大綱――『世界に開かれた地域社会づくり』をめざして」を策定し、「外国人とともに生活し、理解し合える地域社会の実現」を基本方向に定めるとともに、二〇〇〇年には、「『人権・共生のまちづくり』をめざして――人権施策推進指針」の中で、「多文化共生のまちづくり」を基本理念に掲げ、外国人市民の人権施策の充実を分野別方針に含めている[49]。また、〇三年には、「識字・日本語学習活動の指針」を策定し、識字・日本語学習活動を多文化共生の地域づくりの一環に位置づけている[50]。

4　今後の課題

前節では、地方自治体の外国人施策について、人権型、国際型、統合型の施策展開をしている事例を取り上げた。その中で、外国人施策に関する先進的自治体は、人権あるいは国際化という観点から外国人施策を始め、そこから施策の幅を広げ、より総合的な外国人施策を展開し、多文化共生の地域づくりに取り組みつつあることを示した。人権型・統合型と国際型の自治体を比較すると、人権型・統合型自治体の場合は、外国人集住都市会議のような組織がなく、自治体間の連携が弱いことを指摘できよう。一方、国際型自治体は人権施策が遅れていて、外国人の人権保障の視点も弱いといえよう。いずれにしても、本章で取り上げた自治体は、ほぼ例外的な存在で、全国に三千余りある自治体、とくに人口規模の小さい市町村の大半は、外国人施策の充実や多文化共生の推進への関心が依然弱いと思われる。最後に、自治体の外国人施策にかかわる人権、国際化、多文化共生の三つの観点から、今後の課題を示したい。

まず、人権について述べる。日本政府は、国際人権規約を皮切りに人権諸条約を次々と批准してきた。一九九五年に始まった「人権教育のための国連一〇年」を受けて、推進本部を首相官邸に設け、国内行動計画（九七年）も設けている。多くの自治体においても、人権担当部門を設け、行動計画を策定している。しかし、日本政府は九五年に人種差別撤廃条約を批准しながらも、まだ民族差別を禁止する国内法を制定していない。外国人の人権侵害に関しては、すでに幾つもの訴訟が起きている。[51]法律の制定を待たずに、外国人住民の多い自治体は民族差別禁止条例（仮称）の制定を検討すべきであろう。

次に、国際化について述べる。[52]第一に、国際交流と国際協力を二本柱とする総務省主導の国際化施策の体系では、外国人施策は国際交流の一分野に位置づけられ、優先順位が低い。かりに外国人施策の優先順位が上がったとしても、外国人住民に関する課題を国際交流と位置づけるのは問題である。国際交流は、外国に住んでいる人、外国からやってきた人との交流という発想につながりやすいが、現在求められているのは、外国人を「ゲスト」ではなく、地域住民として、その地域社会の構成員とみなす視点である。そして、外国人住民に総合的な生活支援を行い、地域社会への参加を促す仕組みづくりである。今後は、多文化共生を国際化施策の第三の柱に位置づけるとともに、従来の国際交流・協力事業も多文化共生の視点から見直すべきであろう。第二に、「国際化」という概念は、国民国家を前提に、日本と外国、日本人と外国人という二分法の発想に基づき、日本人や外国人の均質性が前提にされている。しかし、国際結婚や帰化による日本国籍取得者の増大により、日本国民の民族的多様性は増しつつある。外国人も多様な民族的背景を持った人々である。今後、グローバルな人の移動の拡大や多様な民族的背景をもつ日本国民の増加によって、「国際化」や「外国人」施策という枠組み自体の見直しも必要となろう。

　最後に、多文化共生について述べる。筆者は、多文化共生社会基本法（仮称）の制定によって、国が多文化共生を推進する基本理念を定め、基本計画を策定し、施策の推進体制を整備することを提起している[53]。今のところ、多文化共生の推進は国の優先課題とはなっていないが、多文化共生に関心の高い自治体が先行して、多文化共生推進条例（仮称）を制定することを期待したい。多文化共生のまちづくりを進めるには、自治体のほか、市民団体、自治会・町内会、学校、国際交流協会、社協、企業など、地域社会が一体となった取り組みが欠かせない。そのためには、自治体の施策の基本理念を定め、推進体制を整備すると同時に、地域社会の担い手それぞれの責務を示す条例の制定が必要であろう。

注

（1） United Nations Population Division, *International Migration Report 2002*, United Nations, 2002.

（2） 国籍にかかわらず朝鮮半島出身者とその子孫を指すこととする。

(3) この数字には、二〇万人を超えると推定されている超過滞在者など非正規滞在者が含まれていない。
(4) 『在留外国人統計(平成一五年版)』(入管協会、二〇〇三年)。
(5) 国レベルでの受け入れ体制の整備については、「日本における外国人政策の批判的考察――多文化共生社会の形成に向けて」明治大学社会科学研究所紀要四一巻二号(二〇〇三年)参照。
(6) 各地の市民グループが集まって、七四年に民族差別と闘う連絡協議会(民闘連)を設立した。七〇年代における在日コリアンの社会運動については、山脇啓造「戦後日本の外国人政策と在日コリアンの社会運動」梶田孝道編『国際化とアイデンティティ』(ミネルヴァ書房、二〇〇一年)参照。児童手当の支給については、吉岡増雄「在日外国人と児童手当」同『在日外国人と社会保障――戦後日本のマイノリティ住民の人権』(社会評論社、一九九五年)参照。
(7) 山脇・前掲論文(注6)参照。
(8) ただし、八〇年代に入るまで、外国人が社会保障制度から完全に排除されていたわけではない。社会保険、厚生年金、障害者関係法は外国人に適用され、生活保護も準用されていた。
(9) 「関西財界セミナー開幕」日本経済新聞一九八五年二月七日大阪夕刊。「関西財界セミナー閉幕、内需拡大で国際国家に」日本経済新聞一九八七年二月二一日地方経済面。
(10) 具体的には、日本の経常収支黒字が八五年に約五〇〇億ドルに達するなど、経済摩擦が激化し、諸外国との関係が悪化していることを踏まえ、市場アクセスの改善、内需拡大などを通じた輸入の増大、国際的に自由・無差別な競争、経済構造の改革が不可欠の課題と指摘している(外務省編『わが外交の近況(昭和六一年版)』(大蔵省印刷局、一九八六年)一一~一六頁)。

(11) 経済企画庁編『経済白書(昭和六三年版)』(大蔵省印刷局、一九八八年)八七~九三頁。

(12) 八七年に閣議決定された「第四次全国総合開発計画」は、国土計画の課題の一つに国際化が挙げられ、「全国各地域がそれぞれの特性を生かした国際交流機能を分担することにより、地域の活性化を図る」ことが必要であると指摘している。国土庁計画・調整局編『第四総合開発計画』(大蔵省印刷局、一九八七年)四~五頁。なお、第三次総合開発計画(七七年)は、国際化にまったく言及していない。

(13) 長澤純一「国際化時代と地方公共団体の対応」地方自治一九八七年八月号参照。

(14) 自治大臣官房長が「推薦のことば」を寄せた伊藤善市他編『自治体の国際化政策と地域活性化』(学陽書房、一九八八年)では、地域活性化にかかわる国際化政策として、産業振興、観光振興、文化振興、学術・教育振興および国際的まちづくりの五つの類型をあげている(七八頁)。阿部孝夫『国際化と地域活性化』(ぎょうせい、一九八七年)も参照。

(15) 具体的事業として、公共サインの外国語表示、外国語表示の地図の作成、外国語表示の生活情報の提供、在住外国人と地域住民の交流の場の設定などが例示されている。落合直樹「『国際交流のまち推進プロジェクト』について」地方自治一九九二年一月号参照。

(16) 自治体国際化協会設立の経緯については、内貴滋「自治体国際化協会の設立と今後の展開」地方自治一九八八年一〇月号参照。

(17) 初瀬龍平編『内なる国際化』(三嶺書房、一九八五年)参照。

(18) ニューカマー施策は、広報の多言語化に始まり、相談窓口の開設、日本語講座の開講、外国人スタッフの採用へと展開されたという(山田貴夫「外国人住民の行政参加」都市問題一九九二年六月号三二頁)。

(19) 外国人研修生問題ネットワーク編『まやかしの外国人研修制度』(現代人文社、二〇〇〇年)。
(20) 江橋崇編『外国人も住民です』(学陽書房、一九九三年)。
(21) 駒井洋・渡戸一郎編『自治体の外国人政策――内なる国際化への取り組み』(明石書店、一九九七年)。
(22) 九二年の在住外国人対応型には、栃木県佐野市、埼玉県越谷市、東京都羽村市、神奈川県愛川町、静岡県浜松市の五市町が指定された。古川智之「『国際交流のまち推進プロジェクト』について」地方自治一九九三年二月号参照。
(23) 「地域の自治体等にとっても、在住外国人を『住民』としてどう受け止め、施策を展開していくかが大きな課題となっている」(前書き)との認識を示している。
(24) 自治大臣官房国際室「地域レベルの国際化と地域国際交流団体」『自治体国際化フォーラム』一九九五年五月号、三頁。地域国際化施策の柱を国際交流、国際協力、「内なる国際化」の三つとする認識を示したこともある(自治大臣官房国際室「自治体による地域国際化施策の流れと今後の展望」『自治体国際化フォーラム』一九九七年九月号、八頁)。
(25) 外務省編『外交青書(平成一五年版)』(国立印刷局、二〇〇三年)一九九頁。
(26) 九〇年代前半までの各道府県の国際化施策の概要については、岩田勝雄『新地域国際化論』(法律文化社、一九九四年)参照。
(27) 「兵庫県地域国際化推進基本指針――外国人県民との共生社会をめざして」(一九九四年)、「大阪市外国籍住民施策基本指針」(一九九八年、二〇〇四年改定)、「大阪府在日外国人施策に関する指針」(二〇〇二年)。

(28) 外国人施策に関する自治体の類型化に関しては、駒井洋・渡戸一郎編『自治体の外国人政策』(明石書店、一九九七年)、柏崎千佳子「在住外国人の増加と自治体の対応」『自治体変革の現実と政策』(中央法規、二〇〇二年)、同「自治体と外国籍住民」『草の根の国際交流と国際協力』(明石書店、二〇〇三年)を参考にした。

(29) 大阪市生野区は今日でも住民の四分の一が外国人であり、東成区も一割を超える。

(30) 九〇年代前半までの大阪市における外国人教育の歴史については、中山秀雄編『在日朝鮮人教育関係資料集』(明石書店、一九九五年)参照。

(31) 七〇年の「学校教育指針」は、外国人教育について「人間尊重の精神を基盤とした国際理解の教育の推進につとめ、差別や偏見を排除して学校生活への適応や将来の進路について、自己実現や自己受容が深まるよう指導の充実をはかる」ことを指導の重点としている(中山秀雄編『在日朝鮮人教育関係資料集』(明石書店、一九九五年)二一九頁)。

(32) 校長会差別文書事件を契機に、朝鮮人教育に関心をもつ教員が集まり、公立学校に在籍する在日朝鮮人児童生徒の教育を考える会が七一年に発足した。同会は、七九年から毎年開催されてきた全国在日朝鮮人教育研究集会(現全国在日外国人教育研究集会)や、八三年に発足した全国在日朝鮮人教育研究協議会(現全国在日外国人教育研究協議会、略称・全外教)において、中心的役割を果たしてきた。

(33) 外国人教育への取り組みの進展には、六〇年代後半から盛んになった部落解放教育の影響もあった。大阪市は六六年に、全国に先駆けて「同和教育基本方針」を策定していたが、市同和教育研究協議会は、七一年から七五年まで在日朝鮮人子弟教育部会を設けていた(中山秀雄編「同和教育と在日朝鮮人教育」『在日朝

鮮人教育関係資料集』（明石書店、一九九五年）、鄭早苗他編『全国自治体在日外国人教育方針・指針集』（明石書店、一九九五年）四七〜四八頁）。

(34) 鈴木久美子「大阪市――『在日』コミュニティを内包する大都市」駒井洋・渡戸一郎編『自治体の外国人政策』（明石書店、一九九七年）参照。

(35) 市教委は九三年に「識字施策推進指針」を策定し、総合的な識字・日本語施策の推進も図っている。大阪市における識字の取り組みの中では、六〇年代後半に始まった同和地区の識字学級が先駆的な役割を果たしてきた。国際識字年（九〇年）を契機に、市内の社会教育施設や人権団体などが識字・日本語教室を開設した（『多文化・多民族共生社会における地域識字・日本語学習活動』大阪市地域日本語教育推進委員会、二〇〇〇年）。

(36) 広報の多言語化や外国人相談、留学生支援など大阪国際交流センター（八七年設置）と連携した事業は、市長室国際交流課（八二年設置）が担当している。

(37) ただし、その移行は緩やかに進行すると思われる。九八年に近畿地方の市町村を対象に行われた調査では、「在日韓国・朝鮮人や中国人等のオールドカマーは歴史的背景が異なるので、他の在住外国人とは別に施策を講ずるべきだと思いますか」との質問に、回答者の五五％が「わからない」と答え、二九％が「そう思う」と答えている（近畿の市町村第五号（一九九九年）五頁）。

(38) 松尾良一『地球市民していますか』（松尾良一、一九九四年）参照。

(39) 『浜松市における日本語教育のあり方に関する報告書』（浜松市地域日本語教育推進委員会、一九九八年）五一〜五二、五九〜六四頁、参照。

(40) 石川雅典「日系ブラジル人増大に伴う行政の対応」『共同研究　出稼ぎ日系ブラジル人』(明石書店、一九九五年)、松尾良一「浜松市――外国人混住社会から共生社会への道程」駒井洋・渡戸一郎編『自治体の外国人政策』(明石書店、一九九七年)、池上重弘「浜松市における国際化施策の展開」『ブラジル人と国際化する地域社会』(明石書店、二〇〇一年)参照。

(41) 『世界都市化ビジョン――技術と文化の世界都市・浜松』(浜松市企画部国際室、二〇〇一年)三六頁。

(42) 川崎市独自の外国人施策は、六五年の日韓協定締結後、外国人のうち韓国人にのみ適用されていた国民健康保険の全外国人への適用(七二年)に始まったが、これは主に朝鮮総聯の働きかけによって実現した。

(43) 山田貴夫「川崎における外国人との共生の街づくりの胎動」都市問題一九九八年六月号。

(44) 岩淵英之「川崎市における在日外国人教育と青丘社」『共に生きる』(青丘社、一九九四年)参照。ふれあい館には、公民館と児童館の機能が併設されている。

(45) 『指紋制度を問う――歴史・実態・闘いの記録』(神戸学生・青年センター、一九八七年)参照。

(46) 川崎市の総合計画である「川崎新時代二〇一〇プラン」(九三年)においても、「外国人とともに生活し、理解しあえる地域社会の実現」のため、「外国人が暮らしやすいまちづくりの推進」を施策体系に位置づけている。

(47) 伊藤長和「川崎市――在日韓国・朝鮮人の経験に立つ総合的外国人市民政策」駒井洋・渡戸一郎編『自治体の外国人政策』五三頁。

(48) 外国人市民代表者会議成立の経緯については、山田貴夫「川崎市外国人市民代表者会議の成立と現状」宮島喬編『外国人市民と政治参加』(有信堂、二〇〇〇年)参照。

(49) 川崎市の外国人施策の歴史については、加藤恵美『外国人市民の権利保障の意味――川崎市・外国人施策の歴史と現在』(川崎地方自治研究センター、二〇〇〇年)参照。

(50) 川崎市では八〇年代中頃から、市民と行政が協力しながら、外国人のための日本語教室が開かれてきた。九五年には市内七区すべての市民館において、識字学級が開設されるに至っている。

(51) 『ジャパニーズ・オンリー――小樽温泉入浴拒否問題と人種差別』(明石書店、二〇〇三年)参照。

(52) 「国際化」施策の限界については、柏崎千佳子「在住外国人の増加と自治体の対応」古川俊一・毛受敏浩編『自治体変革の現実と政策』(中央法規出版、二〇〇二年)一六七〜一七二頁、参照。

(53) 山脇啓造「外国人政策――多文化共生へ基本法制定を」朝日新聞二〇〇二年一一月六日朝刊、同「多文化共生を推進する『基本法』と『条例』に関する一〇の質問」NPOジャーナル三号(二〇〇三年)。

(付記) 本稿は、山脇啓造「外国人の定住化と地方自治体―人権・国際化・多文化共生」国際文化研修特別号五(二〇〇三年)に大幅に加筆修正したものである。草稿にご批判をいただいた柏崎千佳子、小山紳一郎、近藤敦、柴香里、田村太郎、中島智子、野山広各氏に感謝したい。また、調査にご協力いただいた大阪市、浜松市、川崎市の外国人施策担当者の方々にもお礼申し上げる。

第9章　フランスにおける移民新世代結社と〈新しい市民権〉
――リヨン郊外マンゲット地区新世代ムスリム結社ＵＪＭの経験から

浪岡新太郎

1　問題のありか

どのようにしたら、様々な属性をもつ人間が、その差異を抑圧することなく政治共同体を構成することができるのだろうか。ある政治共同体のメンバーであることを示す市民権は、現実に様々な属性をもつ人間が共同の問題について意見を交わすことができる公共圏を前提としている。そのために市民には一定の社会的文化的同質性が前提とされていた。しかし、人、モノ、情報のグローバル化が進む現在、この同質性の要求はかつてよりも困難になっている。

フランスはこの問いに普遍的な形で答えようとしている。フランス共和制統合モデルは政治共同体において市民に公的空間と私的空間の区別を要求する。(1) あらゆる人間が、公的空間では集団的属性から切り離された個人＝抽象的な市民としてのみ平等に承認されることで、政治共同体（国民国家）と市民が向き合う二極構造が生み出された。市民生成の場として、学校を初めとする社会化の装置が高く評価され、個人を単位とした契約によって、その集団的属性に関係なく誰でもフランス市民として政治共同体に統合することができると考えられた。国籍法において出生地主義を認めるこの統合モデルは、政治共同体を血縁によって構成しようとするドイツ流のフォルク概念をその普遍性の欠如から批判した。また、統合政策として個人ではなくエスニックな共同体を公的に承認する多文化主義、アングロ・サクソンモデルをマイノリティの「分離」(ségrégation)を生み出すという理由で否定した。(2)

しかし、フランスにおいて、二九〇万人を超える旧植民地マグレブ(ムスリム)系移民出身者の、特にその新世代は市民性を疑われ、彼らの「統合」は大きな問題であり続けている。(3) 社会党政権下の一九八〇年代初頭に彼らの統合を目的として「都市政策」(politique de la ville)が立ち上げられた。都市政策は統合モデルの普遍性を維持し、移民出身者のエスニックな属性に注目することなく、移民出身者の問題を彼らが相対的に多く居住し、失業と貧困が集中する「郊外」(banlieue)の問題として読み替えた。(4) 同時期に非宗教性、反「共同体主義」(communautarisme)を特徴として、人権、平等、反人種差別など共和制の普遍的な価値を訴える公民主義運動が新世代の中から誕生した。(5) この運動は、社会党、都市政策に支えられ、八〇年代を通じて盛んになる。そしてその中から、差別に抗して新世代のアイデンティティの承認を訴える「差異への権利」(le droit à la différence)や国籍と市民権を切り離す「新しい市民権」(la nouvelle citoyenneté)が主張された。しかし、郊外の状況は悪化し、暴動が頻発する。「国民優先」や移民排斥を掲げる極右政党、「国民戦線」(Front National)は勢力を拡大し、マグレブ系移民出身者に対する激しい差別は止むことがなかった。九〇年代初頭に都市政策の機能不全、公民主義運動の失敗が語られるようになると、郊外の新世代のうちに「イスラームへの回帰」が目立つようになる。[6]

一九八九年のイスラームのスカーフ事件を初め、学校など公的施設での新世代のムスリム・アイデンティティの主張は、S・ラシュディ事件、二度の湾岸戦争、九月十一日のテロ事件を背景に、普遍性に対立する特殊性の主張、個人の自由、政教分離原則の侵犯＝統合の拒否、共同体主義と受け取られ、政治的社会的に問題化する。極右の言説に典型的に見られるように、その実際を考慮することなく、ムスリムであることは、フランス市民であることと対立するという本質主義的なイスラーム理解がなされた。ムスリムの統合不可能性、普遍的であったはずのフランス統合モデルの「限界」が主張され、フランス市民＝国民の定義を巡って相次いで国籍法が改正される。現在もなお、学校におけるイスラームのスカーフ着用は問題化し続け、マグレブ系移民出身者はその実際と関係なく、ムスリムと表象され差別される傾向が強くなっている。[7]

こうしたなか、一九八七年、公民主義運動の発祥地であり、都市政策が集中して行われたリヨン郊外マンゲット（Minguettes）地区で、新世代中心のムスリム結社[8]「ムスリム若者連合」（Union des Jeunes Musulmans：以下ＵＪＭ）が成立した。イスラームの神学的解釈への低い関心、郊外の若者への教育活動、出身国、エスニック・ナショナルな基準の乗り越えなどＵＪＭは典型的な新世代ムスリム結社の特徴を有し、地域結社としては最大の、全国的にも有数の影響力をもつ。特に市民性を強く主張する結社として、ＵＪＭはその規模、歴史においてフランスを代表する新世代ムスリム結社となっている。[9] 彼らは「ムスリムでありフランス市民である」と自己定義し、共和制の普遍的な価値に基づいて、ムスリムのフランス社会への統合を目標として掲げる。

彼らの活動は郊外の若者に対する教育活動を中心に、イスラームの普及、反グローバル市場化運動にまで及ぶ。しかし、彼らは都市政策、八〇年代の公民主義運動を激しく批判し、行政、メディアから「原理主義団体」として糾弾されている。[10] 二〇〇三年五月にはムスリムの統合を目指すムスリムの代表組織「フランス・ムスリム宗教実践評議会」(Conseil Français du Culte Musulman：以下CFCM）が内務省主導で成立したが、彼らは参加を拒絶している。

ＵＪＭのムスリム・アイデンティティの主張は、共同体主義的なのだろうか。すなわち、共和制の価値に対立し、ＵＪＭ内部では個人の自由な価値選択を抑圧することで、「分離」を生み出すのだろうか。彼らの主張する「統合」、「市民」とは何を意味するのだろうか。ここでは、新世代ムスリム結社の主張する市民性を考えるために、ＵＪＭの事例に注目したい。まず、ＵＪＭの展開と彼らによる都市政策・公民主義運動が掲げた「統合」、「市民」への批判、批判の具体化としてのＵＪＭの活動内容を明らかにする。次に、その活動がどのように生み出されるのかという観点から、組織としてのＵＪＭ、主要な活動家の方向性、ＵＪＭ新世代活動家の多様なムスリム／フランス市民・アイデンティティを考察する。最後に、複合的な運動としてのＵＪＭにとってのイスラーム、「統合」、「市民」の特徴を検討する。

2　ムスリム若者連合[11]

フランスのムスリム

フランスのムスリムには、信仰、組織のあり方によって移民第一世代と新世代の間に乖離がある。第一世代にとって信仰は出身国との繋がりを確認するものであり、モスクを中心に出身国毎に組織化される傾向がある。アルジェリア政府系のパリ・モスク、モロッコ政府系の「フランス・ムスリム全国連盟」(FNMF)、チュニジア系の「フランス・イスラーム組織連盟」(UOIF)が三大結社といえる。どれもCFCMに加盟し、その中でUOIFが最大勢力になっている。

五行を実践する新世代のムスリムは、フランス社会での生活を重視し、個人の選択としての信仰を強調する傾向がある。彼らが中心となるムスリム結社の多くは全国組織化されておらず、出身国ではなく、郊外居住地域毎にまとまり若者の教育活動に専念するが、モスク運営や学校での神学教育にはあまり関心をもたない。規模の大きさから、主要結社としてUJM、「フランス若者ムスリム」(JMF)、「学生ムスリム連盟」(EMF)を挙げることができるが、どれもCFCMに加盟していない。ただし、EMF、JMFは全国組織であり、組織形態からいえば例外である。UJMは地域結社ではあるが、そのネットワーク、「フランス・ムスリム団」(Collectif des Musulmans de France)は百を越える新世代ムスリム結社を抱え、JMF、EMF、UOIFの主要メンバーを含んでいる。[12] UJMがリヨン市内で組織する講演会は常に数百人を集め、その出版活動はフランス語圏で強い影響力をもっている。

ＵＪＭの誕生と展開

ＵＪＭが活動するリヨン大都市圏（agglomération）東部ヴェニシュウ市（Vénissieux）マンゲット地区は、フランスの郊外問題を象徴する地域である。一九八一年七月には、マンゲットで新世代が盗んだ車を乗り回し、それを最後に燃やす「ロデオ」が大きくメディアで取り上げられた。この事件は、その多くが移民労働者であった第一世代とは異なる、失業中の貧しい、低学歴の暴力的な新世代の姿を明らかにした。また、八三年には、同じ地区で、警察の新世代に対する「過剰防衛」をきっかけに、新世代の公民主義運動を象徴する「行進」が始まった。Ｃ・ドゥロルム（C. DELORME）神父らに支援され数人の新世代から始まった行進は、反人種差別など共和制の価値の実質化を訴え、その数はパリでは十万人にまで膨れ上がる。彼らはミッテラン大統領と会談し、一律一〇年の滞在許可証、外国人への地方参政権などを要求する。これらの事件は新世代の危険性と、彼らとの対話の可能性を明らかにし、以降、彼らの統合を図って都市政策が展開され、新世代公民主義結社の運動が活発化し、メディアで大きく取り上げられていく。都市政策は失業率、学歴、犯罪率、住居の空き率などから平均的な地域との分離を基準に特定の地域を指定し、その地域の社会的経済的発展を実現することで、「分離」をなくそうとした。また、公民主義結社は郊外の新世代と行政との仲介を目指した。しかし、ほとんど効果を挙げることなく、八〇年代後半から公民主義結社は次々と姿を消し、都市政策は住民の関心を引くことなく、政策評価報告書で批判されるようになる。[13]

現在、豊かな大都市圏西部と貧しい東部の分離は明らかで、特にマンゲットは大都市圏の平均から大きく分離している。マンゲット地区には地下鉄が存在せず、唯一の公共交通機関であるバスは夜早い時間に終わってしまう。外国人率は三四・二%で大都市圏平均の約四倍、失業率は二八・七%で平均の二倍以上である。マンゲットの四〇%以上が高卒の学歴をもたない。大学二年以上の学歴取得率は六・五六%に対し大都市圏平均は二二%である。犯罪率も高く、人口は減り続けている。[14] かつては西部と東部に階級対立が存在したが、現在は産業構造の変化に伴い、労働組合、共産党は弱体化し、東部の住民は拠るべき集団的アイデンティティをもてないでいる。ヴェニシュウ市では長年、共産党が市長を輩出しているが、近年は中産階層が極右支持にまわるのを恐れ、「分離」解決に市の予算を使うよりも、治安の観点から郊外を管理しようとする傾向を強めている。[15] 特に近年はイスラーム「原理主義」の拡大が問題化している。現在、マンゲット地区出身の新世代の若者二人がアル・カイダとの関連を疑われてアメリカ政府に逮捕されており、二〇〇四年一月には同じマンゲット地区でテロ容疑で若者の近親者らも逮捕された。

UJMは、マンゲット地区に外国人留学生、新世代を中心とする二〇人ほどのメンバーによって設立された一九〇一年法による世俗結社NPOである。一九八九年には、現在フランスで一、二を争う規模になったイスラーム系出版社タウヒード（Tawhid）書店をリヨン市内に設立し、以降、マンゲットと市内の二箇所に事務所を持ちながら活動を行う。設立当初、UJMは都市政策などから補助金を受けていた。しかし、イスラームのスカーフ事件によって学校から排除された女子生徒の支援、S・ラシュディ事件での本の発禁の要求、さらには九二年の第一回年次総会に一二〇〇人を超える参加者を集めたことなどから、行政により危険な「原理主義団体」と目される。九三年から補助金が打ち切られる。続いてUJMの副責任者が、UJMへの所属を理由にソーシャルワーカーの職をクビになると、彼らは行政、メディアを初めムスリム以外の人間と関係をもたなくなっていく。

一九九二年の総会以降、UJMは郊外での個別具体的な活動は、各メンバーが運営する地域結社にその多くを委ね、フランス全国の新世代に対して、フランス社会の生活に即したイスラームの具体的な知識を発信することに重点を移す。[16] UJMの年次総会は九三年には二〇〇〇人を超え、九四年には四〇〇〇人に達した。この時点でUJMは大人数の様々な要望に応えられるよう全国組織化するのか、リヨン郊外を中心に活動するのかを迫られる。彼らは、UOIFなど全国結社と代表性を巡る争いを避けようと、全国組織化しないことを決定し、年次総会を中止する。

一九九〇年代、ムスリム差別は徐々に激しさを増す。九四年、UJMはリヨン郊外の多宗派文化センターの使用を禁じられ、九五年にはK・ケルカル（K. KELKAL）事件が起きる。リヨン郊外出身のケルカルがイスラーム・テロ組織のメンバーとしてテロに関与し、警官に射殺されたのだ。この事件は郊外の新世代と「原理主義」との結びつきをさらに疑わせ、郊外で活動するUJMはケルカルとの関係を噂された。さらに、九六年には、T・ラマダン（T. RAMADAN）がフランス入国を禁じられる。スイス国籍の彼は、ムスリム同胞団の創始者、H・アル・バンナ（H. AL-BANNA）の孫でUJMの実質的な思想的指導者であり、その著作の多くがタウヒード書店から出版されている。[17]

こうした事件を通じて、ＵＪＭは自分たちの行動をムスリム以外の人々にアピールする必要性を感じるようになる。一九九五年の地方選では、「リヨンとその郊外の若いアラブ」（ＪＡＬＢ）、「アゴラ」（Agora）などのリヨンを代表する公民主義結社らの選挙への参加と軌を一にして、郊外の若者たちの選挙登録を促す「一〇万人全国委員会」を組織した。[18]選挙への関与は結社に大きな負担を強い、にもかかわらず従来の政治のあり方、郊外の若者たちにはほとんど影響を与えなかったことをＵＪＭは確認する。以来、ＵＪＭはフランスで自分たちの居場所を確保するに当たって、制度的な政治に関わるよりも、市民社会に自分たちの主張を訴えようとする。ＵＪＭはメンバーだけでの単独の行動をやめ、かつて行っていた活動の大半を、リヨン郊外の各地域で活動する様々な公民主義結社、ムスリム結社と協力して行い、自分たちは各結社活動をつなぐ結節点の役割を特に担うようになる。彼らの活動は、ムスリムの「統合」を目的に掲げ郊外問題を中心に「市民」として活動するが、都市政策、八〇年代の公民主義運動を批判する。都市政策、公民主義運動の掲げた「統合」、「市民」とはどのようなものだったのだろうか。ＵＪＭはどのように批判するのだろうか。

統合問題と郊外問題＝都市政策、公民主義運動の失敗

Ｊ・ドンズロ（J. DONZELOT）によれば、かつて「統合」とは、経済成長を前提とする社会で、職場などで社会化される労働者階級など、既存の社会秩序に抵抗する勢力との交渉を意味し

ていた。しかし、一九八〇年代からの都市政策は、グローバル化を背景に社会的、経済的、地理的な「分離」の中で、労働者階級意識などあらゆる連帯意識から洩れた「勢力にならない者」(non-force) をネイションの枠内で管理しようとした。ここでは統合モデルに沿って、ネイションの権威に対立する可能性のある共同体、集団的な属性から切り離された抽象的な個人が「市民」として要求される。[19] そのためにネイションの掲げる普遍的な価値、フランス語の地位やカトリック性など公的空間の歴史性が問われることはなく、結果的に同化的傾向の強いものになった。つまり、フランスの政治共同体へ統合されるべき「市民」は実際の社会でのエスニックな関係を考慮しない、ネイションへの規範的な「統合」によって根拠付けられる。たとえば、都市政策は、実質的に移民出身者の統合政策という意味をもっていたにもかかわらず、彼らの集団的出自に注目しなかったために、移民出身郊外住民の日常的に経験するエスニックな属性による差別の問題を公的に扱うことができなかったし、八〇年代後半からはムスリム・アイデンティティを主張する活動を共同体主義として警戒する傾向を強めた。[20] また、都市政策の住民とは国籍所有を前提としており、不法移民はその住民としての活動如何に関わらず排除された。

一九八〇年代の公民主義運動も社会党、都市政策に大きく支えられたために、都市政策の「統合」、「市民」を全体としては踏襲した。この運動は当初、新世代独自のアイデンティティの承認を求めて、フランスのナショナルな統合政策の同化的傾向や、ネイションと国籍、市民権との結びつきを批判した。しかし、ネイションの擁護、異なる文化（特にイスラーム系）出身者の排斥を主張する極右勢力の伸張を背景に、二大公民主義結社「フランス―プリュス」、「ＳＯＳラシズム」は差異の主張がマジョリティの差異の擁護、そして「分離」につながることを恐れ、法の下の平等を強調した。二大結社はマジョリティ中心のネイションの普遍性、ネイションへの帰属＝国籍所有と市民権獲得との結びつきを問い直すことはなく、「外国人への地方参政権付与」や、集団としての独自の扱いを求める「差異への権利」といった要求を撤回する。

一方、こうした傾向に逆らって、リールの「豊かな記憶」(Mémoire Fertile)、ＪＡＬＢなど自分たちがフランス市民であることを強調し、「差異への権利」によらずに新世代のアイデンティティの承認を要求し続け、「新しい市民権」を掲げた結社もあった。[21]「新しい市民権」は国籍と市民権、特に参政権との結びつきを問い直す「外国人への地方参政権付与」運動をさらに進め、ネイションへの帰属をも統合、市民権獲得にあたって不必要と考える。そして、「統合」は政治共同体のメンバーとして他の住民から具体的に承認されることで達成されると考え、メンバーのアイデンティティの多様性を主張し、市民権を権利・義務の集合に還元することを拒否する。つまり、市民権は、「想像の共同体」としてのネイションへの帰属ではなく、地域生活に基づく「具体的な共同性」によって根拠付けられる。その活動は正義の回復を目指して警察などの行政と法的に争ったり、フランス社会のマジョリティに対するアピールが中心となり、郊外での教育活動にはそれほど関心を示さなかった。特にＪＡＬＢは教育の場における集団的属性の主張は共同体主義につながる危険があると考え、ＵＪＭによるムスリム・アイデンティティの主張を「自律した市民」を抑圧するものとして批判した。結局、ＪＡＬＢらも「勢力にならない者」としての新世代を、地域生活、運動に継続的に参加する「市民」に生成することなく、解体していく。

UJMによる批判：「市民」の生成と親密圏の必要性

UJMによれば、郊外問題として扱われる失業や暴動、家族崩壊、ドラッグの売買といった問題は、移民出身者の場合、低学歴や貧困といった社会的経済的な問題であるだけではなく、アイデンティティの問題でもある。[22] フランス社会は現在もなお、フランス国籍の有無に関わらず、旧植民地国出身者を、「アラブ」、「移民」、「暴力的なムスリム」と表象し、否定的に見ており、第一世代は植民地時代からの否定的な自己イメージを引きずっている。新世代は自分たちの否定的なイメージを家庭、学校での社会化、日常的な差別体験を通して内面化する傾向がある。自尊心、行動の指針を持つことができない彼らは、消費社会の価値を容易に内面化し、長期化する失業の中で暴力・逸脱行動に走るとUJMは主張する。移民出身者のアイデンティティの問題を考慮しないという点で、移民出身者が特に被るエスニックな属性による差別を扱うことができない都市政策や一九八〇年代の公民主義運動の多くが掲げる「統合」、「市民」は失敗であった。また、JALBらの「新しい市民権」は評価できるとしても、どのようにしたら否定的な自己イメージを抱える新世代の多くが「市民」として立ち上がることができるのか、という問題に答えなかった。

UJMは出身国の伝統を受け入れられず、受入国のマジョリティの文化からは受け入れられない新世代の若者たちに、フランス社会の生活に対応しつつ、彼ら（本来）ムスリムである者の誇りを取り戻させるようなイスラームを提示する。[23] UJMはムスリムのイメージを高め、市民のアイデンティティの多様性をフランス社会で主張し、ムスリムの居場所を作り出そうとする。ただし、UJMは郊外での活動でイスラームを教義として示すことはせず、スポーツ活動などを通じて模範的な大人としての自分たちを見せ、この模範性から若者たちを惹きつけようとする。UJMは、否定的に表象され、差別される彼らに自己肯定の感覚を与えるための具体的な他者による承認の場（親密圏）を用意しようとする。[24] この親密圏から新世代が地域生活へ積極的に参加する「市民」として生成し、他の住民から同じ「市民」＝住民として承認されることを目指している。

UJMの活動、組織

UJMの認識は次のような形で具体化されている。活動は三つに区別され、それぞれ内部の委員会が対応する。第一に内部メンバー向けの教育（ハラカ）委員会がある。ここでは、週一回ほどUJMメンバーの自宅に集まり、コーランの解説とその日常生活に結びついた形での議論、祈禱が主に行われる。郊外の若者たちがイスラームに関心をもつと、しばらく様子を見て、ハラカへの参加を勧められ、新たなメンバーが養成される。第二に教育－社会委員会があり、アラビア語やイスラームについての授業や、断食明けのお祭り、遠足などを計画する。第三に文化委員会があり、イスラーム一般やフランスのムスリムの位置について公開の講演会を市の会場などを使って行う。ここでは特に、子どもの将来に対する親の責任、学校教育の重要性が主張される。

現在、UJMはネットワークとして機能しており、かつてUJMが単独で担っていた役割を他の結社との協働作業の中で果たしている。まず、新世代の若者を対象にした郊外地域活動である。現在、具体的な活動は一九九六年正式結成の、リヨン郊外の新世代ムスリム結社を中心とするネットワーク、リヨン・ムスリム団を通じて行っている。この枠組の中で、学習補助、就職相談やボクシング、合気道、サッカーといったスポーツ活動、地域間の試合を組織する。また、遠足や公的施設の見学を通して郊外に閉じ込められがちな若者たちに別な場を見出させる。こうした活動は、若者たちの自主性に多くを任されている。この活動を通じて、彼らが他の人と団体行動をするときのマナー、他人と暴力を使わずに交渉する術を身に着けることを目的とする。さらに、各ムスリム結社が実践から得た知識を分かち合うネットワークとして地域毎にフランス・ムスリム団、パリ・ムスリム団、北部ムスリム団、南部ムスリム団が存在する。(25)

次に、フランス、ヨーロッパレベルでのムスリム・アイデンティティのあり方については、「ムスリムの存在」(Présence Musulmane) を通じて活動を行う。これは、スイス、ベルギー、フランスの主要な新世代ムスリム結社をほぼ網羅する、日常的な困難を巡ってイスラームを解釈するT・ラマダン主催の情報ネットワークである。この枠組の中で、公開講演会を頻繁に組織し、結社の幹部養成セミナーを行う。

最後に、市民運動については二〇〇〇年結成の「多様性―都市」(Divercité) を通じて活動を行う。この Divercité はヴォーランヴラン市 (Vaulx-en-velin) で、政策提言や都市政策批判で実績を上げた Agora を中心に結成される多様な結社のネットワークである。ここでは、不法滞在者支援活動、刑務所内の移民出身者の「自殺者」、警察による「過剰防衛」の調査要求、法律相談、J・ボヴェ (J. BOVE) 支援を含むエコロジー運動、消費社会批判、移民を巡るフランスの「記憶」の問題などが含まれる。また、行政から独立性を保ちながらどのように補助金を獲得するのかといったセミナーも行う。〇二年より積極的に反グローバル市場化運動、「ヨーロッパ社

会フォーラム」（ＦＳＥ）に参加している。(26)

ＵＪＭの活動分野、各活動の方向性

ＵＪＭは多様な傾向の結社とネットワークを組み、その活動範囲は広範だが、これらの活動が常に調和しているわけではない。ＵＪＭの活動は場合によっては対立する〈イスラームの普及〉、〈フランス社会への参加〉、〈郊外問題の解決〉という三つの目的分野から区別することができる。(27)さらに、各活動が郊外での移民出身者個人の経験を越えて多様な人々の問題に繋がっていくのか、それとも、その活動が郊外での個人の具体的な日常の経験にとどまるのかによって〈普遍―現場〉の軸で分類したい。

第一に、彼らの〈イスラームの普及〉を巡る言説は、エスニック・ナショナルな帰属、社会的経済的格差を超えたイスラームの普遍性を強調する。これはムスリム間の連帯のみならず、イスラームの普遍的な価値を正義などに読み替えて、エコロジー運動や、反グローバル市場化運動へとＵＪＭの活動をつないでいくが抽象的になりやすい〈イスラーム―普遍〉。しかし、現場性にこだわり、イスラームを、出身文化の維持のためにマグレブ系文化と重ねて教えたり、貧しい郊外のマグレブ系移民出身者の問題としてイスラームを強調する立場も存在する。たとえば「俺達ムスリムは昔からフランスに支配され、今も郊外に閉じ込められている」といった言説はイスラームをムスリム系以外の人間や中産階層の新世代の経験から切り離す〈イスラーム―現場〉。

第二に〈フランス社会への参加〉を巡っては、普遍的にはフランスの共和制的価値を評価し、

人権などの価値の実現を求めて不法滞在者支援などにつながる〈フランス社会―普遍〉。現場性からは学習補助などを通して高い学歴を獲得し、個人の努力による既存のフランス社会での「承認」、ムスリムの社会的上昇を求め、不法滞在者の拒否、郊外問題とムスリム・アイデンティティの切り離しなども主張される〈フランス社会―現場〉。

第三に〈郊外問題の解決〉を巡っては、普遍的には、新世代のブランド品への依存の傾向、高い失業率、犯罪率などの郊外問題をグローバル市場化、消費社会問題、ポスト・コロニアルな問題と結び付けていく〈郊外―普遍〉。現場性からは郊外の若者に対して、他の住民から承認されるよう、ルールを守ることの重要性が主張され、スポーツ活動や遠足などが個別具体的に行われる。たとえば、スポーツマンとして立派であることが要求され、ムスリム・アイデンティティは不明確になる傾向がある〈郊外―現場〉。

現在のＵＪＭは現場性と普遍性を両立させながら〈郊外問題の解決〉を中心に他の二つの目的分野を結び付けている。彼らの活動は状況に応じて〈普遍―現場〉の軸を揺れるが、自分たちの特殊性に閉じこもりフランス社会全体と関係を絶つようなものではない。彼らは、郊外やムスリムといった自分たちの限定された条件、困難などの現場性にこだわりながらもその問題を普遍的な視点から考えることで「分離」を乗り越えようとしている。

こうしたＵＪＭの活動は、どのように生み出されるのだろうか。共同体主義と批判されるＵＪＭは、各メンバーのその自由な価値選択を抑圧するのだろうか。

3　ＵＪＭの活動家

ＵＪＭのメンバー

メンバーとしての会員証はないが、恒常的にＵＪＭのハラカに参加する者は五〜六〇人存在し、会費を払っている（内一三人は女性）。彼らは全員ボランティアで専従はいない。彼らは総会に出席することができ、責任者の選出など大きな問題について議論し、選挙を行う。ほかに、具体的な行事や、他の結社との協力関係などについては月二、三回の行政（運営）委員会で決定される。委員会のメンバーは約一三人で、年一回の選挙で選ばれる。

ＵＪＭの行政委員会メンバー一三人中、アルジェリア系が五人、チュニジア系が二人、モロッコ系が二人とマグレブ系新世代が多いが、フランス人改宗者一人、アフガニスタン出身者二人（元留学生とその妻）、マリ出身者一人（イマーム＝宗教的教導者）も存在し、女性は二人いる。その平均年齢は三〇半ばであり、すでに「若者」とは言えなくなっている。新世代はほぼ全員郊外出身ではあるが、委員会メンバーの学歴はきわめて高く、彼らの郊外での模範性を保障している。全員大学入学資格を取得しており、五人は修士号以上を取得している。ただし、イマームを除くと何らかの教育機関でイスラームの知識を得た者はいない。

親密圏としてのＵＪＭ

ＵＪＭでは加入も脱退も手続きはなく、出入りは自由である。決定は合議制であり、議論が押し付けにならないように配慮される。とはいえ、各メンバーは自分たちの郊外での活動、個人的な経験に基づいて意見を述べるので、激しくなる。この議論の過程こそが教育の一部と考えられている。また、ＵＪＭとして決定があるにせよ、個人的に従わないことも認められる。

行政委員会メンバーは皆、ＵＪＭに参加する前に五行の実践を始めている。彼らは否定的に表象されるイスラームを「本来帰属すべきアイデンティティ」として肯定的に捉えなおすという対抗的な「自己カテゴリー化」を個人的に行っている。否定的に表象されているだけに、ムスリム・アイデンティティを個人的に選択した者の間には強い個人的連帯感覚がある。[28]ただし、このアイデンティティは個人の内的な体験に結びついて尊重される。ＵＪＭでは、アラビア語ではなく、フランス語によるイスラームの知識、理解の深化が勧められるが、知識の多寡によって信仰の程度を測ることは拒否される。ＵＪＭのメンバーは、公民主義運動の多くとは異なり、争点ごとに集合するのではなく、イスラームという一生を超えて続く連帯感覚から頻繁に集まり、活動する。とはいえ、彼らの帰属はＵＪＭに限定されず、複数のメンバーシップが認められる。ＵＪＭはその多くが郊外出身であるメンバーに、郊外問題、ムスリム差別を初めとする自分たちの問題を私化するのではなく、共通のもの、社会の不正義として捉えなおすことを可能にさせる「親密圏」として機能している。[29]ＵＪＭは個人の判断、その内的体験を個別的なままに尊重し促すという意味で共同体主義から遠く離れている。

中心的メンバーの多様な方向性

UJMのメンバーが対等に議論し、方向を決定するとしても、その中で主導権を発揮するメンバーがいないわけではない。

UJM創立以来中心となっている行政委員会メンバーが三人いる。一人目はUJM責任者、アフガニスタンからの元留学生で民間企業管理職のAである（四二歳）。彼は、一流校のリヨン中央工学校で博士号を取得している。彼は同じムスリム同胞として郊外の若者たちに社会性を身につけさせようと、＜イスラームの普及＞を中心に＜郊外―現場＞を結び付けて活動する。二人目はチュニジア出身で郊外に移民してきた、大学三年の資格課程を修了した知的障害者専門のソーシャル・ワーカー、Zである（四六歳）。彼は、二二歳で五行の実践を始める。もともとトロツキストであったが、八〇年代公民主義運動への失望からフランス政治・社会の改革を目指し、＜フランス社会への参加＞＜郊外問題の解決＞を中心に＜イスラーム―普遍＞を結びつけて活動する。三人目はアルジェ系で、郊外で生まれ育った、歯科医師免許をもつタウヒード書店責任者のMである（四一歳）。彼は、一六歳で五行の実践を始める。アルジェリア大学に進学したが、アルジェリア人ともフランス人とも認められないことを意識し、八〇年代の公民主義運動に失望し、郊外出身者としてフランス社会に居場所を作り出そうとする。彼は主として＜郊外問題の解決＞を中心に＜フランス社会―普遍＞＜イスラーム―普遍＞を結び付けて活動する。

外部ではあるがＵＪＭの方向性に大きな影響を与える活動家

ＵＪＭは現在その活動の多くをリヨン・ムスリム団や Divercité と協働している。これらのメンバーの中にＵＪＭの方向性に大きく影響を与える活動家が三人いる。

一人目は、アルジェリアからの元留学生で、ＵＯＩＦリヨン・ローヌアルプ代表を務める、大学教員のＧである（四〇歳）。彼は、一流校のリヨン応用科学学院で博士号を取得している。彼はＵＪＭとＣＦＣＭを実質的につなぐ役割を果たすと同時に、同じマグレブ系、ムスリム同胞という意識から、第一世代中心のモスクを郊外の若者や高学歴の若者の教育活動に開いていこうとする。彼は〈イスラームの普及〉を中心に〈郊外―現場〉で活動する。二人目は、海外県レユニオンからの元留学生で、元ＵＯＩＦの結社を運営する、配達員のＳである（三七歳）。法学部一年を修了している。彼は、ムスリム同胞という意識を、エスニック・ナショナルな枠を超えて解釈し、エコロジー運動と反グローバル市場化運動、消費社会批判運動にＵＪＭを導いた[30]。彼は〈郊外問題の解決〉を中心に〈イスラーム―普遍〉を〈フランス社会―普遍〉と結びつけて活動する。三人目は、Agora の元責任者で、Divercité 現責任者を務める、失業中のＴである（三五歳）。彼はコートジボアール出身で郊外に移民してきたカトリック教徒で、キャリア公務員の養成を図る政治学院卒である。彼は同じ郊外出身者として、ムスリム・アイデンティティの表明に理解を示すと同時に、郊外の若者たちのアイデンティティが必ずしもイスラームに拠る必要はないことを主張し、ＵＪＭが孤立しないよう、行政との交渉の仕方を教える。彼は〈郊外問題の解決〉を中心に〈フランス社会―普遍〉を結びつけて活動する。

場合によっては対立する多様な立場の人々と状況に応じて〈郊外問題の解決〉を軸に協働することができるのは、二つの理由からである。第一にムスリム団をはじめとする結社がどれも郊外での具体的な活動を自分たちの存在根拠にしており、全国組織による拘束が弱いこと。第二にUJMが個人的な関係を重視しており、立場の違いによって関係が切れにくいことである。(31)

彼らはどのようにしてムスリムになったのか

新世代の行政委員会メンバーが皆、フランスで社会化され、「ムスリムでありフランス市民である」と強く主張するとしても、彼らのイスラームの解釈、その活動への具体化は多様である。彼らの「ムスリムであること」と「フランス市民であること」がどのように接合されているのかを、彼らのイスラームへの入信時、すなわち五行の実践を始める前後の変化を巡る彼らの語りから、「郊外出身―社会運動」、「郊外出身―生活規律」、「中産階層―アイデンティティ」の三タイプを区別することができる。

第一の「郊外出身―社会運動」タイプ（三人：平均年齢四二歳(32)）では、ムスリムであることは郊外問題に取り組み、運動を通して社会に参加するなど、共和制的なフランス市民の公的側面を根拠付けるものとして語られる。彼らは兄弟の死など特定の出来事をきっかけに入信するが、この出来事を個人的であると同時に、差別や失業、公民主義運動の失敗といったフランス社会の問題と関連付けて理解することから、社会運動に関わるようになる彼らは具体的な郊外での教育活動を重視するが、同時に、郊外問題を郊外居住者だけの問題にせず、イスラームの価値を人権に読み替えたり、フランス社会の平等という価値に着目したり、郊外問題を生み出す構造に注目することで、郊外問題を南北問題やグローバル市場化と結び付けて論じ、活動する。(33) 彼らは共通して〈郊外問題の解決〉を中心に他の二つの目的分野にも関わり、常に活動を普遍的に考えようとするのが特徴である。

第二の「郊外出身―生活規律」タイプ（三人：平均年齢三二歳）では、ムスリムであることは、郊外などでの乱れた生活から脱し、フランス社会においてきちんと仕事をもち、家族を大切にするなどフランス市民の私的側面を根拠付けるものとして語られる。彼らは徒党の解体など、特定の出来事をきっかけに入信する。この出来事を第一のタイプと同じように社会的なものであると理解している。ただし、彼らはイスラームによって、社会全体の変革よりも、身の回りの生活を大切にすることに重点をおく。彼らはスポーツ活動、アラビア語教育や学習補助など〈郊外―現場〉に〈イスラーム―現場〉と〈フランス社会―現場〉を結びつけて活動する。

第三の「中産階層―アイデンティティ」タイプ（四人：平均年齢二九歳）では、ムスリムであることを郊外問題などと結び付けられず、フランス市民の個人的なアイデンティティを根拠付けるものとして語られる。彼らは特定の出来事を経ずに入信し、第一、第二のタイプに比べて高学歴で、排除された経験が少なく、中産階層フランス人として自分を語る。彼らは企業内での五行の実践の承認を目指すなど〈フランス社会―現場〉に〈イスラーム―現場〉を結びつけて活動する。

ＵＪＭの創立以来の行政委員会メンバーには第一のタイプが多く、現在は第三のこれまでになかったタイプが増えてきている。第二のタイプは残るだろうが、第一の自分たちの経験を普遍的に考えるタイプは減りつつあるように見える。[35] UJMの活動は、従来の本質主義、共同体主義的なイスラーム像、「統合」、「市民」概念にどのような新しい解釈を付け加えているだろうか。

4 UJMのイスラーム、「統合」、「市民」

パフォーマティブなイスラーム

イスラームとその実践：UJMの郊外教育活動は、個人が自律した市民になることを目指しているので、イスラームを巡っても個人の判断、解釈が最優先される。たとえば、イスラームを一般的に説くラマダンと、郊外の個別具体的な事例に沿ったイスラームを求めようとするUJMの間には衝突がある。「いいムスリムであるためにイスラームの教義をわざわざ勉強する必要はない。抽象的な教義を勉強したって、グレムリン（郊外の悪がき）たちには通用しない[36]」。そして、ムスリム結社、制度は、個人のイスラーム解釈を促すために必要と考えられているので、ツリー型全国結社よりも地域結社同士のネットワーク型の組織形態が好まれる。

イスラームと共和制：UJMは現在の政教分離原則を初め、共和制の価値とイスラームの両立性を主張する。UJMは、イスラーム系学校の設立に関してはカトリック系学校などに対する数の上での不均衡を修正するという意味で評価するが、同時に市民生成の場としての学校での宗教教育が「分離」に繋がることを懸念し、公教育の価値を高く評価する。内務省主導で成立したC

ＦＣＭも、公立学校での生徒のスカーフ着用を禁じる二〇〇四年の「スカーフ禁止法」も、政教分離原則が保障すべき信教の自由の国家による侵犯の問題として解釈される。ＵＪＭは、フランス市民として共和制の普遍的な価値に基づいて公権力のあり方を批判するが、ムスリムだけの問題として語ることは拒否する。したがって、ＵＪＭが対立するのは多くの場合、共和制の法的な解釈というよりも社会的な解釈である[38]。

イスラームと女性：イスラームにおける女性の地位を、教義の中で規定するというよりも、個別具体的な事例の中で解釈していこうとする傾向が強い。たとえば、複数婚をフランス国内で承認することについてはＵＪＭのイマームすら否定的である。ＵＪＭの行政委員会メンバーは皆、族外婚（非ムスリム男性との結婚）に反対であるが娘に強制はしない、と考える点で一致している。また、女性ムスリムの方からは、親同士の取り決めによる結婚に対する強い反感がある。行政委員会へのメンバー数に応じた女性の加入など、両性間の平等を訴えるが、行政委員会の開催時間が夜遅くで女性には出席が難しいなど問題は多い。ただし、公開講演会場での男女分離の廃止など、状況に対するＵＪＭの柔軟な対応が見られ始めている。また、頻繁に女性抑圧の象徴として語られる女性ムスリムのスカーフ着用については、ＵＪＭはそれが信仰の深さと関係があるとは考えていないし、実際、着用しない者もおり、着用は個人の判断に委ねられている。

イスラームと承認：ＵＪＭは自分たちの生活の場の限定性にこだわって発言する[37]。そのために一義的なカテゴリー化を要求するようなムスリムの代表機関の成立、出身国の帰属に従った第一世代のイスラームを受け入れることはできない。ＣＦＣＭが内務省による制度的承認を求めるのに対して、UJMは、むしろルモンド・ディプロマティック紙やJ・ボヴェ等の協力の下に積極的に市民社会に自分たちのイスラームの承認を求めていく。ただし、一般にメディアや行政、研究者に対する不信感は依然として強く、名誉毀損の訴訟なども起こしている。

再解釈される「統合」、「市民」

外部問題としての「統合」批判：UJMは「統合」という言葉の一般的な使い方に反対であるが、それは、「統合」という言葉は「外部」の者を「内部」に統合するという意味で使われるからである。

「自分たちはここ（フランス）で生まれ、育った。自分たちの国はフランスだし、自分たちの問題はフランスの問題だ。いつまで自分たちは「統合」されなければいけないんだ。「統合」を拒否しているのはフランス社会だ[39]」。郊外問題、移民出身者問題、ムスリム問題は、フランスで生活する者の問題である。多くの場合国籍上も「フランス市民」である彼らの問題がどうして、「外部」になるのか。彼らの問題はフランス内部の問題であり、フランス市民全員の問題でなければならない。同じ理由から彼らはマイノリティという言葉やイスラーム政党の設立を否定する。「マイノリティという言葉は、自分たち（ムスリム）を孤立させる[40]」。

参加としての統合の主張：とはいえUJMが「統合」という言葉を使わないわけではない。彼らがこの言葉を使うときには、フランスの歴史におけるムスリムの貢献を主張し、積極的に社会に参加するなど、自分たちの特殊性によってフランスを初めとするヨーロッパの歴史的に限定されたマジョリティ中心の普遍性、市民権概念をより普遍化するという意味で使う。

「どのようにしたら彼ら（フランスに居住するムスリム）が自分たちの国に統合されうるのだろうか。……重要なのは「参加」（engagement）である[41]」。ここで想定されるのは、ネイションへの統合ではなく、個別具体的な市民が自分たちの差異を巡ってぶつかり合いながら達成していく実際の社会への統合である。彼らはこの統合を通して同じ政治共同体のメンバーとしての承認を得ようとする。ただし、郊外の「分離」は、地域、ナショナルなレベルに止まらず、グローバル化と深く関わっているという認識から、UJMは反グローバル市場化運動に取り組んでいる。したがって、「承認」はナショナルなレベルに帰結せず、「フランス市民」としてフランス共和制の普遍的な価値をナショナルな政治共同体のレベルを超えて要求している[42]。

具体的な「市民」の主張：「ムスリムでありフランス市民である」と主張するUJMにとって、「市民」とは様々な属性に限定されながらある地域に実際に共に生活する個人であり、国籍の有無に関わらない。実際の生活、限定性にこだわりながら、自分の問題を自分だけの問題とするのではなく、普遍的な観点から提示し、結節点を見つけ他者と協働しようとする姿勢によって、彼らは市民権を根拠付けようとする。この普遍的な視点は暫定的なものであり、それが提示される公共圏は多層なものになる。公民主義結社との協力を含む、普遍性への志向はほとんどの新世代ムスリム結社に見られない、UJMの特色である[43]。「ムスリムに対する差別は、人権という普遍的な観点から議論されるべきであるし、その意味で、ムスリムはユダヤ人差別や不法滞在者の問題にも関わる必要がある[44]」。

生成する「市民」の主張：しかし、自分たちの限定性から普遍的な観点を表明するのは容易ではない。人が「市民」になるには社会経済的条件だけでは十分ではなく、郊外の若者たちが「社会に受け入れられている」という感覚、自尊心をもたなければ、「市民」として公共圏に姿を現すことはできない。ＵＪＭとその活動はメンバー、そして郊外の若者にとって、「親密圏」として機能し、彼らが共和制の普遍的な価値を内面化、実践することを促し、親密圏から「公共圏」を立ち上げ、現れるために必要な自尊心を身につけさせるという意味で、まさに「市民的」なのである。しかし、行政や旧ＪＡＬＢリーダーは、ＵＪＭにみられる「マグレブ系移民出身者を全員潜在的ムスリムとする見方や、バランスのとれた人間になるためには結婚が必要と主張する点、親密圏として特に家族を重視する点」を批判している。また、ドゥロルム神父は、ラマダンとその兄弟の薦めるイスラームがしばしばヨーロッパ文明批判、「分離」につながるのではないかと強く懸念している。[45] しかし、出身国とも、ＣＦＣＭとも関係をもたないＵＪＭはその正統性を郊外での活動から得ているので、その個別具体的な若者への活動を通じて、一義的なムスリム・アイデンティティのカテゴリー化は不可能なものとして受け止めている。この姿勢がＵＪＭが内部、外部に多様な矛盾するような立場を抱えながら分裂せずに協働することを可能にしている。また、世代交代と共にＵＪＭ内部にすら見られ始めた普遍性への無関心、社会関係のエスニック化の傾向に歯止めをかけている。

結び

ＵＪＭは統合政策の抽象的「市民」に対して個別具体的な「市民」を、規範的なネイションへの「統合」に対して運動としての社会への「統合」を対峙する。彼らはあらゆる具体的な人間に開かれた政治共同体としてのフランス共和制モデルの普遍的側面を評価し、「差異への権利」によらずに「ムスリムでありフランス市民である」と主張する。そうすることで、ムスリム・アイデンティティを、それが生成する親密圏にこだわりながら公共圏へと立ち上げ、普遍的なはずの市民、公的空間が実際にはカトリック、フランス語といったマジョリティの差異を中心に構成されていたことを明るみに出し、普遍性の実質化を求め、市民のアイデンティティの多様性、公共圏の多層性を実現しようとする。

しかし、ＵＪＭのパフォーマティブなイスラームへのこだわりは、行政によるカテゴリー化を困難にし、行政からは反「統合」、反「市民」とみなされ、実際にフランス社会とのコンタクトをほとんどもたない「原理主義団体」からはその柔軟性を批判されている。行政によるＣＦＣＭを通じた正統な「イスラーム」の画定は、郊外の若者の個別、具体性に応じたイスラームを非正統化し、結果的に「原理主義団体」の拡大を許す可能性がある。[46] ＵＪＭはこの点を強く意識し、批判しながらもムスリム団を通じて実質的にＣＦＣＭに影響を及ぼし、完全に非正統化されることを避けながら、他の公民主義結社と結びついていくことでムスリムや郊外の若者を普遍性へと開いていこうとする。

ＵＪＭは、市民権の根拠を地域生活への参加に求め、政治共同体の政治を権利・義務関係に還元しないという意味で、八〇年代の「新しい市民権」を引き継いでいる。ただし、「新しい市民権」がナショナルな枠内での市民権の性格を扱っていたのに対し、UJMはナショナルな枠を超えた市民権の可能性をも考慮している。また、JALBらがアイデンティティ・差別の問題を扱いながらも、重視しなかった市民の生成の問題をUJMは重視し、親密圏をつくり出そうとする。家族、学校といった社会化の装置が郊外の若者たちに自己の尊厳を獲得させるというよりは、彼らを周縁化する機能を果たしている現在、「勢力にならない者たち」が「市民」として立ち上がる際に、UJMのアプローチは有効であった。

UJMは従来の国民国家への統合を異化し、マジョリティ／マイノリティの境界線自体を異化することで、普遍性の名の下に同化を要求するような帰属なしに政治共同体を構成しうるのか、という問いに対して一つの答えを示そうとしている。

注

（1）ただし、特に人種、宗教といったエスニックな属性を考慮しないということであり、未成年、女性は認識され、社会的経済的格差には公的に介入する。本章では、公共圏と公的空間・私的空間は区別して使われる。公共圏とは「人間存在の複数性を前提とする交通によって、正義の諸原則を析出し、また持続する意味空間を指す。」交通の様式が単一ではありえない以上、この意味での公共圏は「対抗的な公共圏」など多層に存在する。栗原彬「生命政治と平和」平和研究二六号（二〇〇一年）参照。なおフランス統合モデルにおける公的私的空間の区別は実体化されており、国家によって一義的に画定される。

（2） Cf. WIEVIORKA. M, (dir), *Une société fragmentée*, La Découverte, 1996. フランスがそれぞれアングロ・サクソンモデル、フォルク・モデルと表象するが、このことは実際にアングロ・サクソン諸国とドイツがモデルに対応することを意味しない。

（3） フランスではムスリムが多い国の出身者（移民第一世代及び新世代）が宗教的にはムスリムとして考えられている。フランスではエスニック、宗教的な帰属を考慮した公的統計調査は原則として禁じられているが、高等統合評議会HCIは特にアルジェリア、チュニジア、モロッコを中心とするマグレブ系（マグレブ諸国からの）移民出身者をマジョリティに四一五万五〇〇〇人という概数を提示している。*L'islam dans la République*, dF, 2002, p. 38. この意味でフランスはEU内で最大のムスリム人口を抱え、カトリックについでイスラームはフランス第二の宗教になっている。ただし、このことは彼らが自分たちをムスリムであると自己カテゴリー化することをも、イスラームの五行（信仰告白、一日五回の礼拝、喜捨、巡礼、断食）を実践していることをも意味しない。一九九二年の例外的調査によれば、新世代の一四％前後が五行の多くを実践し、ムスリム・アイデンティティを主張している。浪岡新太郎「ムスリムの政治参加と『新しい市民権』」法学新報一一〇巻三、四号（二〇〇三年）参照。ここでは対象をフランス社会で最も可視化されるマグレブ系移民出身者に限定し、その内、主としてフランスで社会化された者を「新世代」と形容する。

（4） 一般の郊外問題＝マグレブ系移民出身者の問題というイメージに反して、郊外にもマグレブ系出身者以外のフランス人が多数生活する。郊外の住民は共通して、学歴が低く、その住所を理由に差別される傾向があるが、マグレブ系移民出身者の場合さらにそのエスニックな属性による差別が加わる。

（5） フランスの「統合」、「市民」を巡る言説において共同体主義とは、共同体の特殊な価値をフランス共和制の価値の普遍性に対立させ、共同体内部では個人の自由な価値選択を妨げ、政治共同体にエスニックな「分離」をもたらす、という意味で特に否定的に使われる。Cf. BOUCHER. M, *Les théories de l'intégration*, L'Harmattan, 2000.

(6) Cf. KEPEL. G, *Les banlieues de l'islam*, Seuil, 1987.

(7) GEISSER. V, *La nouvelle islamophobie*, l'atelier, 2003. ただしこのことはイスラームがフランスの宗教として制度的に承認されつつあることと矛盾しない。特に近年はイスラームを「良いイスラーム」と「悪いイスラーム」に分け、制度化を拒否し、公的空間でムスリム・アイデンティティを主張する新世代のイスラームを特に「悪いイスラーム」として批判する傾向がある。二〇〇二年の大統領選では国民戦線党首ル・ペンが第二位につけた。たとえば、マグレブ系外国人はフランス人平均よりも約八〇倍失業の可能性が高い。Cf. VOURC'H. F, et al, *L'inégalité raciste*, PUF, 2002.

(8) 「ムスリム結社」とは五行を遵守するムスリムがそのイスラーム性を対外的に明らかにしながら活動する結社を指す。「公民主義結社」は非宗教性、反共同体主義を掲げる結社を指す。共に一九〇一年法による世俗結社の地位を持つ場合がほとんどであり、宗教結社と世俗結社という法的な区別は必ずしも対応しない。浪岡新太郎「フランス共和制とイスラーム」思想二〇〇三年五月号を参照。

(9) CESARI. J, *Musulman et républicain*, complexe, 1998, p. 100. et GEISSER, "L'affirmation d'un islam jeune dans les quartiers populaires et sur les campus universitaires" dans *L'annuaire d'Afrique du Nord*, tome. 33, CNRS, 1994. UJMはムスリム結社として初めて、全国的な選挙登録キャンペーンを組織し、また、フランス語でのイスラーム理解を最も積極的に勧めた結社である。

(10) たとえば、月刊誌 *Lyon mag* の二〇〇二年からの一連の記事を参照。暴力的なムスリム、イスラーム国家を作ろうとするムスリムがしばしば、「イスラーム（原理）主義者」fondamentaliste, islamiste と形容される。この形容の問題については次の文献を参照。臼杵陽『原理主義』（岩波書店、一九九九年）。ROY. O, *Généalogie de l'islamisme*, l'Hachette, 2002.

(11) フランスのイスラームの全体像については、次の文献を参照。CESARI. J *Musulman et républicain*, *op. cit.* ＵＪＭに関する資料のほとんど、全てのインタビューは筆者が二〇〇二年から二〇〇三年に行った参与観察に基づいている。ＵＪＭの歴史については特にパンフレット *Présentation del' UJM*, Tawhid, 2003. を参照した。ＵＪＭを扱う研究は CESARI, *op. cit.* を初めいくつか存在するが、どれも結社の活動、代表者に注目し、その活動を支える主要な活動家のアイデンティティとの関連で分析した研究は存在しない。そのために、活動を一面的に把握し、活動家個々人たちがＵＪＭの名の下に集合し行動する際の衝突、葛藤、その市民性の多義性に注目することができなかった。

(12) ネットワークは結社とは異なり法的な地位を持たず、加盟結社はお互いに上下関係にはならず、相補的で具体的な争点ごとに集結する。これはＵＪＭの方向性に同意した結社のネットワークである。

(13) Cf. WENDEN. C. W, *La beurgeoisie*, CNRS, 2002. 都市政策は、社会的経済的な「分離」を扱うが、エスニックな「分離」を公的に扱うことはできなかった。

(14) 都市政策資料 *Convention particulière de la ville de Vénissieux 2000-2006* に拠る。

(15) CHIGNIER-RIBOULON. F, *L'intégration des franco-maghrébins*, l'Harmattan, 1999, pp. 313-330.

(16) タウヒード書店はイスラームを巡る本を広く扱う。ＵＪＭは様々な流派のイスラーム解釈を状況にあわせてブリコラージュしている。

(17) 彼は郊外の新世代に大きな影響力をもつ、「過激な」イスラーム原理主義者として頻繁にメディアに取り上げられている。

(18) BOUBEKER. A et BATTEGAY. A, *Parcours et mouvances associatives*, Rapport au FAS, ARIESE, 1996.

(19) DONZELOT. J, "Les transformations de l'intervention sociale face à l'exclusion" dans PAUGAM. S (dir) *L'exclusion*, La Découverte, 1996. cf. le même et al, *Faire Société*, Seuil, 2003.

(20) ただし、都市政策はエスニックな「分離」を阻もうとしたために、実際には、逆説的に住民のエスニックな属性に注目して低所得者用住宅配分などを行った *Ibid*.。

(21) BERTOSSI. C, *Les frontières de la citoyenneté en Europe*, l'Harmattan, 2001, pp. 194-195.

(22) MAKRI. Y, "Notre contribution" dans *Présence Musulmane*, 2000, No. 11.

(23) ただし、彼らの活動は移民出身者以外にも開かれ、出身者以外の参加は歓迎される。イスラームは移民出身者以外の郊外の若者にとっても有効であると考えられている。リヨン市内での講演会は、否定的に表象されるイスラームを肯定的に紹介し、その一般的な普及を目指しているが、郊外での活動は、若者らを「市民」として生成することが目的であり、彼らを特にイスラームに勧誘することはない。マンゲット地区でＵＪＭの活動を引き継いだ新世代ムスリム結社「オーブ」(Aube) のサッカークラブのメンバーの大多数は五行を実践していない。

(24) 親密圏については次の文献を参照。斉藤純一「親密圏と安全性の政治」斉藤純一編『親密圏のポリティクス』（ナカニシヤ出版、二〇〇三年）。「具体的な他者の生への配慮、関心をメディアとするある程度持続する関係性」としての親密圏は家族に限らず、見出すことができる。ＵＪＭは親密圏として「社会的歴史的な『場所の剝奪』」に抵抗するような政治性をもつ親密圏をつくりだそうとする。

(25) 各ムスリム団は二〇前後の結社を抱え、新世代の主要な結社全てを含み、ＵＪＭやその旧メンバーが中心になる。これらはネットワークであり法的地位ももたず、代表者もいない。ＣＦＣＭなどナショナルな問題について話すときにはフランス・ムスリム団として集まり、リヨン・ムスリム団が南仏の事情に関心があるときには南部・ムスリム団と協議する。結社によっては直接フランス・ムスリム団に参加することもある。

(26) このフランス支部には、住宅支援団体ＤＡＬ、失業者の団体や不法滞在者支援団体、労働組合ＣＧＴ、ＳＵＤ、ＦＳＵなどが参加している。これは経済のグローバル化を推進する世界経済会議（ダボス会議）に対抗して開催される「世界社会フォーラム」のヨーロッパレベルでの運動である。

(27) 各目的分野はＵＪＭによって繰り返し言及される。各目的分野は普遍的であればあるほど、具体的活動の中で重なっていく。たとえば、反グローバル市場化運動など。逆に、現場性にこだわるほど各分野は対立する傾向がある。

(28) 五行を実践することは、原理主義者とみなされて、仕事を失うなど、大きな不利益を伴うことが多い。

(29) 親密圏はその非対称な関係性、一定の被縛性においてアソシエーションなど市民社会の中間団体と、その異種混交性において「共同体主義者」が描くような「共同体」と区別される。斉藤・前掲（注24）二二八〜二三二頁参照。

(30) ムスリム団の中にすら黒人、海外県ムスリムに対する蔑視は存在する。この点、ＵＪＭの責任者が講演会などに集まるムスリムに怒りを表すこともあった。

(31) 個人的な関係の強さは、党派的な対立を超える強さにもなるが、他のメンバーが中心的メンバーに依存する傾向を強め、また世代交代によって結社の方向性が大きく変化する可能性もある。若手の意見を反映させ、彼らに主導権を渡すため、二〇〇三年七月の行政委員会でかつての中心メンバーは全員引退した。

(32) この区別は理念的なものであり、傾向を示す。この傾向はUJMが各個人の志向性に合わせた分業体制をとっているために強化されている。ここでは行政委員会メンバー一三人のうち、新世代のムスリムである一〇人(内女性一人)を対象にする。

(33) 五行を子供のころから実践するAとその妻、イマームも〈イスラームの普及〉を活動の中心にすることで問題を普遍的に捉えようとしている。彼らにとって「ムスリムでありフランス市民である」という主張は大きな意味をもたない。

(34) 家族が行動を制限する傾向のある女性ムスリムは、男性に比べて五行の実践前後の断絶は少ない。

(35) これは創立者たちの世代に比べて、フランスにおけるイスラームの存在が認められているからでもある。

(36) Aube 責任者とのヴェニシュウ市のカフェでのインタビュー。二〇〇二年一一月四日。インタビューにおける括弧内の表記は筆者による。

(37) 「ムスリムの存在」のセミナープログラム、*Formation Présence Musulmane 2002-2003* に拠る。

(38) スカーフ事件による学校からの生徒の排除は、法的な判断や文部科学省の決定すら無視して教員によって行われることがままある。ただし、不法滞在者の扱いやムスリムに対する就職差別の公的な認知の要求などを巡って、共和制の法的な解釈とムスリムによる解釈が対立する場合もある。

(39) 行政委員会メンバーYとのＵＪＭ事務所でのインタビュー。二〇〇三年九月三日。

(40) 行政委員会メンバーSとのリヨン市内カフェでのインタビュー。二〇〇二年一月一日。

(41) *Présence musulmane,* N°. 10, 1999.

(42) *Pour une résistance citoyenne* 09/04/03.「ヨーロッパ社会フォーラムへの参加」を呼びかけるこのビラの中で彼らは「フランス市民」(citoyens français et de français) として参加することを訴えている。

(43) Cf. BAILLET. G. D, *Militantisme politique et intégration des jeunes d'origine maghrébine,* l'Harmattan, 2001, p. 305.

(44) 行政委員会メンバーYとのＵＪＭ事務所でのインタビュー。二〇〇三年九月三日。

(45) "Islam et banlieues" dans *Le Progrès*, 16/10/2001.

(46) Cf. KHOSROKAVAR, F, *L'islam des jeunes*, Flammarion, 1997.

〔付記〕 本稿作成に当たってはリヨン・ムスリム団のメンバーに多くを負っている。時間を割いてインタビューに応じてくれたメンバーに感謝したい。なお、本稿は文部科学省科学研究費補助金（特別研究員奨励費）による研究成果の一部である。Cet article doit beaucoup aux membres du Collectif des Associations Musulmanes du Grand Lyon. Je voudrais ici les remercier.

第10章　要塞の中の多民族共生／多文化主義

——なぜ「過去」を眼差さなければならないのか

阿部　浩己

1　豊かさの暴力

「進化」するEU

二〇〇四年五月、旧東欧諸国など一〇カ国の新規加盟により、二五カ国・人口四億五〇〇〇万人を擁する欧州連合（EU）が誕生した。圧倒的な軍事力を背景に「帝国」への道を強引に押し開こうとする米国とは対照的に、EUの立脚する理念は多国間主義であり多極化された世界の構築である。力ではなく道義に権力の源泉を見出すその外交姿勢は、国連や国際刑事裁判所を意図的に軽視する米国との対比においていっそう洗練されたものにみえる。

EUには、官僚主導の政策決定過程を評して「民主主義の赤字」という批判が加えられてきたことは知ってのとおりだが、これについては、投票や市民参加といった伝統的な統治形態から「個人―司法」中心の新たなガバナンスへの転換がはかられているのだという反論がなされている。EU裁判所を中核として重層的に整備された司法機関へのアクセスを簡易化することで、個人の自己実現が制度的に担保される。つまり、民意を反映する議会ではなく個人を主体とした裁判（＝法の支配）中心の、しかも超国家的な司法中心の政治過程こそがＥＵの先端的特質であるとされる。[1] 司法の正統性がどのような回路で調達されるのか少なからぬ疑問があるところではあるが、それでも、こうした新たな政治スタイルが人類の未来を先取りする壮大な「民主主義の実験」として肯定的に語られていることは確かである。

ＥＵの「進化」は、司法を舞台に勇躍する個人の地位を高め、人権への制度的コミットメントを相乗的に強める力学を生み出している。現に一九九七年に改正されたＥＵ条約は性差別のみならず人種差別や国籍差別の撤廃を裁判によって実現するメカニズムを強化した。欧州にはさらに、最上敏樹が「人権保障共同体」と呼ぶ[2]欧州審議会の下で欧州人権条約機関が先進的な実績を積み重ねてきており、ＥＵ条約もまた欧州人権条約に保障された基本権を共同体の基本原則として尊重することを明らかにしている。これらすべてがＥＵあるいは欧州内での多民族共生／多文化主義を促進する契機として機能しているようにみえる。

構造的陰影

社会の同化主義的な主流文化への異議申し立てとして、多文化主義が重要な対抗言説を担いうることは間違いない。それによって多様な人間の経験や価値を許容する社会的スペースが広がる。欧州に限らず、北米であってもオセアニアであっても、この点はなんら変わりない。だが同じ多文化主義と表現されるものであっても、どのような位置から発せられているかによって、その意味するところが大いに異なることは確認しておいてよい。端的にいえば、それが官製あるいは企業的多文化主義の発現にとどまるのなら、そこでは文化や人間の多様性が同一の価値をもって承認されているようでありながら、その実態はマジョリティによる「多様性の管理」にすぎず、多文化主義が進めば進むほど、主流文化の無標性＝中心性とマイノリティ文化の周縁性＝有標性が強化されるという連環が生み出されてしまう。(3) 欧州での人権保障の推進が普遍的人権という標語の陰で特殊欧米的な文化様式（人間モデル）に正統性を刻印する営みにとどまる限り―後述のように、少なからずそうなっていると思うのだが―そこで増幅されるものは、欧州（西欧）中心性を強化する管理された多様性にすぎないということになるのである。

「域外」に目を転じた場合にいっそう懸念されるのは、EU言説に強固に付着する「他者への眼差しの欠如」である。このことを、挑発的な言葉を用いて実にわかりやすく思い起こさせてくれるのは、内橋克人との対談で宇沢弘文が発した次の一節ではないか。(4)

「EC、最近はEU（欧州連合）ですが、あれが戦後いちばん悪い役割を果たしてきた集団だと私は思います。ECが世界の、とくにアフリカの貧困の大きな原因になったと思います。ECは、結局金持ちだけが集まり、高い関税障壁を設けて、自分たちだけの繁栄を謳歌しようとした動きです。……アフリカの飢餓の問題は決定的にECがつくり上げている。」

また、齊藤純一の次の指摘はこのことを別の視角から敷衍する。(5)

「南アフリカの看護師が旧宗主国のイギリスにお金で次々に引き抜かれている…。南アフリカでは、看護師は高等教育を受けた準エリートなのですが、英語を話すということもあり、イギリスの病院や高齢者施設のケア・テイカーとして引き抜かれていく。ケアが手薄になった南アフリカは、今度は、ガーナなどのさらに貧しい地域から医師や看護師を引き抜いてその穴を埋めようとする。そうすると、最貧国におけるヘルス・ケアは空洞化せざるをえない。……ケアの資源は先進国に引き寄せられ、その鎖の末端のところでは、ケアのない状態にならざるをえない。フィリピンの女性がアメリカなどにケア・テイカーとして出稼ぎにいくというのも、同じようなケアの収奪の例です。」

「北」の先進性、EUの先駆性は「南」の物的・人的資源の一方的な収奪の上にはじめて成り立っている。これは、平和学を学ぶ者には自明のことといってよいだろう。域内で発現する多民族共生の風景は、そうした負の行為を幾重にも積み重ねてきた歴史の所産といってもよい。共生・人権という美しき言辞には醜悪な暴力の構造的陰影が宿っているということを忘却してはなるまい。本章では、EU言説が沈黙しがちなその陰影に焦点を当ててみようと思う。人権保障へのコミットメントを強め民族・文化の多元性に寛容な姿勢を示しているようにみえるEU／欧州人権条約体制のもつ暴力性を、非欧州／人という「他者」の存在を可視化させながら批判的にみつめ直してみる。突出する米国の単独行動主義への対抗バランスとしてEUに大いなる存在価値があることは認めるものの、だからといって、不均衡な国際構造に手をつけることなくひたすら豊かさを享受し続けるその暴力性が消去されてしまうわけではない。誰のための多民族共生／多文化主義か、誰にとっての人権保障か。「人類の未来を先取りする」欧州の現状を手がかりに、この問いへの解をグローバルな視座に立って模索することが本章の目的である。

2　非EUの創出

アイデンティティの構築

EUにとって最大の難題は、自らのアイデンティティをどのように画するかというところにある。ただ、領域を基準にするにせよ「文明」を基準にするにせよ、欧州を同定することは非欧州あるいは非欧州人を同定することにほかならず、となると、そこには必然的に選別・排除に連なる二分法の磁場が設定されることになる。加盟国の増加によってこの難題が自動的に解消されることはない。EUの構築は非EUの確定を意味する。しかし非EUを名指すことができるのはEUの側だけである。非EUの側がEUの範囲を確定できるわけではない。そこにはあきらかな権力＝差別構造が内包されている。「欧州共同体の本質そのものに差別が刻印されている[6]」といってもよい。これは、平等や人権の普遍性を公然と掲げるEUの理念と深刻な緊張関係を生み出さずにはいない。EUの先進性が深まり、非EUとの格差が広がるほどにその緊張関係は先鋭化していく。

EUの先進性を代表する徴証として挙げられるのは、国民国家の枠を超えた「EU市民権」の存在であり、域内における移動・居住の自由の保障である。特にEU市民権は、普遍的人権観の精錬とあいまって、権利保障の脱領域化・脱国籍化を促し、包摂的な「ポスト国民的」市民権の位相を顕現していると評されることもある。[7] ハーバーマスは、EUを民主的市民権を発出させる超国家的政治メカニズムととらえ、これによって、国民国家の分断と、分断された国民国家内で発現する同化（文化的同質化）圧力からの脱却が可能になるという見方を示す。ゲットー化されるマイノリティを拡大再生産する社会的圧力にあらがう可能性が広がるというわけである。[8]

しかし見落としてならないのは、いかに先進的な外観と機能を持とうとも、EU市民権はその本質において排他的な国民国家の論理を免れていないということである。欧州共同体設立条約一七条（旧八条）一項は次のように規定する。「連合市民権をここに創設する。構成国の国籍を有する者は何人も、連合の市民となる。連合市民権は、国家の市民権を補足するものであって、国家の市民権に代替するものではない」。つまり、EU市民たるにはEU加盟国の国民でなくてはならないが、誰を国民とするかについては特段の定めなく、したがって各国はこれまで同様、一般国際法の原則に従い国民の範囲を自由に決定することができる。そしてそのきわめて主権的な判断過程がそのままEU市民を産出する制度的淵源となるのである。この点は、域内共通の概念が設計された「労働者」や「配偶者」などの場合とは大きく異なっている。

チャンドラ・モハンティはいう。「移民と国籍に関する法律の構築、そしてその法に見合ったかたちで人種化されジェンダー化された市民性の構築は、植民地化された諸関係と、白人中心的、男性主義的、資本主義的な国家支配とのあいだにある連続性を示すものである」[9]。国籍・帰化の概念が人種主義、植民地主義、性差別主義、資本主義といった差別的な因子によって複合的に紡がれていることは、欧州も例外ではない。現に、人種に基づき階層化された国籍（市民）像の構築を行なってきた英国の法実践はいうまでもなく、ドイツにおいてもフランスにおいても、国籍法制の運用を一貫して領導してきたのは民族性や主流文化の継承という露骨なまでに政治的な要請であった。このため、そうした国籍を土台に構築されるＥＵ市民権にしても、その深層構造は排他的で差別的な性格を帯びざるをえないのである。欧州共同体設立条約が示すＥＵ市民の概念は、「包摂」ではなく「排除」の論理によってその根幹を支えられているといわなくてはならない。

要塞化

排除の位相は、ＥＵ市民権の深層構造においてだけでなく、ＥＵ市民権付与の前提となる加盟国たる地位との関連でも現われ出る。ＥＵ条約四九条（旧〇条）は、「自由、民主主義、人権および基本的自由の尊重ならびに法の支配」など「諸原則を遵守するいかなる欧州の国も、連合の構成国となることを申請することができる」と定める。「欧州の国」という概念は明確化されていないが、人権の尊重や法の支配を欠く国がＥＵの仲間入りをできないことははっきりしている。ＥＵは経済面だけでなく人権面でも優等生集団であることが前提とされており、そうした国々の間でのみ移動・居住の自由が保障されるのである。人権「劣等」国の国民には、自国の人権状況が劣悪であるという理由でＥＵ市民権を享受する機会が与えられないことになる。そればかりか、そうした国の人々には、そもそもＥＵの域内に入ることすら困難になっている。人権面での劣等性が強い国の国民であるほどＥＵへの入域が難しくされている。ＥＵの先進的理念は、人権水準を劣化させる国や人間の侵入を許さぬ堅牢な要塞の中で守られているといってよい。九・一一の影響はむろん小さくない。だが要塞化の潮流はその前からはっきりとその姿を浮き立たせていた。

ＥＵの要塞化は、入国阻止（non-arrival）政策と入国拒否（non-admission）政策を通じて具現化されている。米国やオーストラリアは、公海上で船舶の入域を阻止し、あるいは庇護申請者を海外の軍事基地や第三国に送り出すなど、「南」からの人の移動を公然と力を用いて阻止しているが、ＥＵも八〇年代後半から次のような入国阻止政策を断続的に採用するようになっている[10]——庇護希望者の出身国を標的として査証要件を課すこと、庇護希望者を連れてきた運輸機関に高額の制裁金を科すこと、難民を流出させる国の中に安全地帯を設定し領域外への人の移動を阻止すること。こうした政策の一部は九〇年のシェンゲン条約などにより国際法規範化され、さらに九七年の改正ＥＵ条約によりＥＵ法の一次規範に格上げされている。また、ＥＵ理事会の共同見解として、庇護希望者の出身国や中継国（パキスタン、スリランカ、イラク、トルコなど）に入管職員らを配置し、ＥＵへの不正規移動を事前に規制する体制を強化することも明らかにされている。難民としての保護を求めているかどうかはそこでの優先的関心事ではない。

ＥＵへの入域が著しく困難になった直接の結果として増加したのが、人身売買であり密入国である。犯罪集団の仲介を得ながら、極度に危険な手段を用いてでも国境を越えようとする人の数は、「北」の要塞化が進行するのに比例して増えている。欧州に密入国する人々の国籍と欧州で難民と認められる人々の国籍との間には明白な相関関係がみられる。たとえばソマリア、アフガニスタン、イラク、スリランカといった国々は、密入国者と被庇護者、双方の出身国リストで同じように上位を占めている。EUの共通政策により、迫害からの保護を必要としている者が「庇護を求める権利」の行使を阻害され、極めて危険な手段に訴えざるを得なくなっている実情がみてとれよう。[11]

EUにたどり着いても、そこで待ち受けるのが入国拒否のための諸施策である。「安全な（第三）国」の概念を用いて庇護申請を門前払いし、再入国協定により庇護希望者を中東欧諸国に送り返す法体制が整備されてきている。また、庇護申請国を限定するダブリン条約の締結、空港での国際区域の設定（そこは当該国領域でないと法的に擬制される）、難民認定基準の厳格化、一時保護制度の導入、社会保障水準の引き下げなど、庇護希望者の排除に向けたメッセージがEU全域を通じて絶えることなく発せられている。庇護を求める権利はもとより、生命への権利、拷問・非人道的取り扱いからの自由、迫害国向け送還禁止原則による保護といった、庇護希望者に保障されるべき最も基本的な人権規範の実現が制度的に阻害される状況になっている。[12]

こうして欧州は、非欧州との境界を画定する一方で、重大なパラドックスを自産しているといわなくてはならない。EU加盟のために人権規範の遵守を求めながら、最も基本的な人権の保障を自ら拒否するというパラドックスである。EU市民権に内蔵された差別性、EU加盟の選別性、そして域内への不正規移動の阻止。これらすべてがこの超国家機構の暴力性を形作っている。

3　定住外国人の処遇

二重の危険

ＥＵの先進性を指し示すものとして、ＥＵ域内における定住外国人の処遇が取り上げられることも多い。第三国国民であっても、ＥＵにおいて定住外国人として居住する場合には、権利保障の面で内国民とほぼ同一の取扱いを受けられる。国民との有意な差異として残る参政権についても、北欧諸国を中心に国籍による違いを無効にするような法状況が広がっている。[13] 内外人平等に向けた力学がことのほか強くはたらいており、それによってもたらされる斬新な社会制度が世界の注目を集めることに特段の不思議はあるまい。

だが設計された制度が想定どおりの現実をもたらすとは限らない。人種差別、外国人排斥の動向は九〇年代の深まりとともに欧州全域に蔓延し、数年前であれば極右の政策とみなされていたものが政治の主流を構成する局面もみられるようになっている。もとより、ＥＵにたどり着きさらに定住化することは、ＥＵの先進性を羨望する地球上の圧倒的多数の人間たちにとって、おそらく永遠にかなわぬ夢といってよいのではないか。のみならず、幸運にＥＵの域内で定住するにいたったとしても、彼／女らが外国人性を保持し続けるかぎり、内国民との間に決定的な差異が残ることも忘れてはならない。国外退去の可能性である。その国から追い立てられる可能性があるかどうか、それが国民と外国人とを分かつ決定的なメルクマールであることは、ＥＵ内の定住外国人であっても変わりない。

全体像が明らかでないので制約があるとはいえ、EU諸国の行なう第三国国民追放の実態は、欧州人権条約機関に付託される個人申立事例群に垣間みることができる。特徴的なのは、幼少時に両親とともに欧州に移り住み、人生のほぼすべてを欧州で合法裡に過ごしていた第二世代が、犯罪の実行を理由に国外への退去を強制される事例が頻発していることである。不法入国した同胞の鞄を数日間預かっていたことが不法入国幇助罪にあたるとして、二五年間フランスに正規滞在していたモロッコ人が懲役六カ月と五年間の国外退去、さらに滞在許可の取り消しを受けたというケース[14]はその典型だろう。

実際のところ、欧州人権条約機関には、フランス政府を相手どって旧植民地出身者（マグレブ系移民の新世代）から申し立てが持ち込まれることが多い[15]。学校や家族が崩壊した「郊外」でサブ・カルチャーに身をおく若者が周縁化＝人種化の圧力を受け社会的逸脱行為に走ったことへの法的制裁は、他の先進諸国がそうであるようにフランスでも刑事罰の賦課と「出身国」への追放である。これは、実質的に「二重の危険（double jeopardy）」を構成するにひとしい。二重の危険は非主流文化に属する外国人にのみふりかかる差別的な制裁で、事後的な出入国管理といってもよい。異質な存在を国外に排除することによって追求されているのは、「人種的に均質化された国民」という「架空の民族性（fictive ethnicity）」の構築である[16]。主流文化の再刻印といってもよいかもしれない。そしてこの営みに人権救済の名において正統性を付与し続けているのが、ほかならぬ欧州人権裁判所（以下、裁判所）なのである。

家族生活への権利

第三国国民への「二重の危険」の問題は、裁判所では「家族生活の尊重を受ける権利」の観点から審査されている。この権利は、欧州人権条約八条1に定められているものだが、奇妙なことに、同条項が並んで言及する「私生活の尊重を受ける権利」について裁判所（多数意見）はほとんどといっていいほど関心を示してこなかった。拷問や非人道的取り扱いからの自由を定める同条約三条や、差別の禁止を求める一四条の適用可能性についても同じである。裁判所は、第三国国民追放の問題を家族生活への権利の問題に収斂させたうえで、八条2の規定する人権制約事由（国の安全や公共の安全など）があるかどうかを個々に検討する手法をとってきた。

権利制約の可否を決する際に採用されているのは「比例原則（principle of proportionality）」である。家族の絆が弱く、「出身国」とのつながりが強く、犯罪が悪質であればあるほど退去強制の適法性を認める余地が広がり、その逆もまた真なり、というのが比例原則の指示するところといってよい[17]。二重の危険に関わるリーディングケースとなった一九九一年のムスタキム事件判決以後、この原則に依拠して、追放措置が家族生活への不法な干渉にあたるという判断が連続的に下される時期があった[18]。こうした司法状況を前に、国民と移民第二世代間の差異を除去することを裁判所が密かに企図している、という見解を示す論者もいたほどである[19]。たしかに、国家の広範な裁量に委ねられた国境管理権限に人権の観点から重大な制約が加えられはじめたと感じさせるに十分な判例の趣があったことは間違いない。だが裁判所はほどなく軌道を「修正」し、一転して追放措置の適法性を是認し始める[20]。

判例の転換を、比較衡量の対象となる事実が異なっていたから、といってすませられるなら説明は簡単かもしれない。だがそうだとしても、「事実」は裸のまま法廷に出来するわけではない。判決で語られる事実は法的評価の対象として加工された事実にほかならず、必要な部分が前景化され、不要な部分が切除されて提示される。しかも事実構成は必ずしも一貫性をもって行なわれるわけではない。一人の裁判官についてそうであり、裁判部を構成している裁判官が異なればなおさらそうである。犯罪の罪質・犯罪歴をどう評価するか、家族・滞在国との絆をどうみるか、出身国との残存するつながりをどうとるか、などについて裁判所の基準は客観的に固定されているわけでなく（そんなものは、もともとないのだが）、したがって召還される事実の構成も事案によって揺らぎをみせている。マルテンス裁判官はこうした揺らぎを「恣意的」と評している[21]。判例が一貫しないのは、裁判所（官）の判断が「恣意」に流されているから、というわけである。

他方で、ムスタキム事件を端緒とする、外国人に好意的な判例が転換するのが九六年であったことから、裁判所は欧州の政治状況の変化、より具体的には外国人排斥の潮流が増幅されたことに影響を受けて追放措置の適法性を是認するようになったのではないかと考える向きもあるかもしれない。裁判所も社会の一部である以上、その可能性を一概に否定し去るわけにはいかないだろう。欧州の右傾化がどの程度、裁判所の判断に影響を及ぼしているのかについては別途検証作業が必要なところだが、本章ではその作業に踏み込む余裕はない。裁判所の判断が九〇年代の前半と後半とで大きく揺らいだのは、単なる「恣意」の現われだったのかもしれないし、あるいは政治状況の変化によったためなのかもしれない。ここでは、その詳細には立ち入らない。ただ判例の変化にかかわらず、先進国／欧州の「暴力性」を端的に表象するものとして、裁判所が変わることなく維持してきた基本認識を四点確認しておきたい。

人権救済の逆説

第一に、裁判所は国家の国境管理権限を実質的に人権よりも上位の評価基準として位置づけている。裁判所の判断に欠かさず登場するのは、国家の国境管理権限をまずもって承認する一節である。すべての議論はそこからはじまるといってよい。つまり、国家には国境を管理する国際法上の権限があり、家族生活への権利はそれを「制約」するものにすぎないという論理が裁判所の思考回路を支配しているのである。たしかに各国の政策決定エリートたちが構築してきた国際法は、基本原則の一つとして国家に強大な国境管理権限を認めてきた。だがその一方で、家族生活への権利も実定法たる欧州人権条約が明定する基本的人権の一つであることはまぎれもない。裁判所は国境管理権限ではなく人権を第一義的に擁護する機関として設置されているはずなのだが、にもかかわらず判例上、家族生活への権利は国境管理の例外に格下げされてしまっている。

第二に、裁判所は各国の国籍法を価値中立的な所与の前提ととらえている。すでに示唆したように、各国とりわけ先進国の国籍は、植民地主義・人種主義等の諸因子が複合的に埋め込まれた差別的な構成物として顕現しているのが実態である。したがって、国籍法それじたいが国際法によって禁止される人種差別の効果を生み出しているのではないかということを―特に「間接差別」の概念を用いて―問う余地は十分にある。だが裁判所は、こうした国籍法の差別的性格にはまったく関心を示していない。

第三に、裁判所は国籍の有無に決定的な重みをおいている。退去強制は外国人にのみ課せられる過酷な制裁措置である。同じ犯罪を犯したとしても国民であれば退去を求められることはない。その国の国籍を有していないこと、この一点をもって国外への放逐が最終的に正当化されている。比例原則の適用に際しても、第三国国民が滞在国の国籍との関わりをどの程度もっていたかを裁判所はことさら問題にしている。たとえば、法律で定められた期限(六七年三月二一日)までに両親がフランス国籍の承認を宣言しなかったため幼少時にフランス国籍を失ってしまったアルジェリア人について、裁判所は一時とはいえ滞在国の国籍を保持していた事実があること、さらに、その国籍の喪失が自己の選択によるものでなかったことを重視したうえで当人に有利な判断を下している[22]。他方で裁判所は、五歳のときにフランスに移住してきたモロッコ人の退去強制を適法と判断した際にこう判示している。「申立人は、フランス国籍を取得する権利があったときにその意思を示さなかったように見受けられる[23]」。

裁判所は、「国籍」を滞在国への統合の度合いを推し量る指標とみているのかもしれない。しかし国籍は社会的現実の実態と重なりあうものではない。単なる国籍がなにゆえ人間の取り扱いの差異を正当化しうるのか、その実体的根拠について裁判所は沈黙したままである。より正確にいえば、沈黙しているのは裁判所だけではない。先進国の国際法/EU法学者のほぼすべてが出入国管理の局面で国籍により生じる差異を自明視しているといってよい。自らが「退去を強制する側=差異を生じさせる側」に立っているということを意識していないためか、国籍について本質主義的な思考に染まってしまっている。国籍は社会的に構築された概念にすぎないはずなのに、あたかもそれ以上に還元できぬものであるかのような法言説が無批判に繰り返されてきた。こうした捏造された心象を拡散し正統化するにあたって裁判所の果たしてきた役割はきわめて大きい。

第四に、滞在国への統合に言及する際に、裁判所は文化の単元性を前提視する傾向にある。この点が鮮明に現われ出たのは、九六年のブガネミ事件においてである。裁判所はこの事件において次のような認識を示していた。「申立人は、フランスに居住する家族と特に緊密な絆を築いていたことも、フランス社会にいずれかのかたちで統合されていたことも立証しなかった。……申立人はチュニジア人コミュニティとの現実の関係を維持していたのであり、したがってその生活はフランス的次元に限定されていたわけではない[24]」。

裁判所にとって、チュニジア人コミュニティへの帰属はフランスへの統合を示す事象とは解されていない。チュニジア人のサークルは現代フランス社会を構成する動態的な一部なのではなく、「中立的な」フランス主流社会、つまり「フランス的次元」の周辺に位置する、人種化された異質な外部とみられている。そうした人種化されたコミュニティへの帰属は、滞在国への統合を意味するものとは解されていないのである。もとより、これにより非主流文化のいっそうの周縁化が促進されることはいうまでもないだろう。

以上のような裁判所の基本認識は、事案についての結論がどうあろうと、伝統的な国民国家の論理を再確認し、強化することにつながっている。九〇年代前半に国家の国境管理権限を制約する現実の可能性を裁判所が示したことはたしかに画期的なことではあった。だがその場合であっても、家族生活への権利はあくまで国境管理権限の制約事由に位置づけられ、その逆であったわけではない。のみならず、申立人に有利な判断は全体からみればごくわずかにとどまっていることも見落としてはなるまい。そもそも、退去強制にかかわる大半の事例は欧州人権裁判所にたどり着くことなく葬り去られている。現に、家族生活への権利と出入国管理権限の衝突がはじめて欧州人権条約機関の本案審理の対象となった八五年までに、退去強制の取り消しを求めて欧州人権委員会に提出された九〇件ほどの申し立てすべてが門前払い（受理不能との判断）にあっていたとされる。[25] 条約違反の判断が下されるようになった時期においてすら多くの申し立てが受理不能として退けられており、この状況は九〇年代後半以後、現在にいたるまで一貫して続いている。二重の危険の事件を裁判所の審理の場に到達させることじたいが著しく困難なのであり、まして申立人が勝訴することはまずないといっても過言ではない。[26]

救済の可能性に期待をかけて行なわれる申し立てのほぼすべては、「受理不能」あるいは「違反なし」という判断に帰着し、退去強制に「お墨付き」を与えて終わっているのが実情である。第三国国民の行なう申し立ては、国家主権を制約するのではなく、反対に強化する効果をもたらしているといわなくてはならない。裁判所は、人権救済の名において現実には国民国家の論理に正統性を刻印し続けてきたといってよい。[27] そしてその陰で、多くの人間たちの生活が非人道的なまでに破砕され続けてきたのである。

4　過去を眼差すこと

一九世紀への逆行

欧州の現実に表出しているように、多民族／多文化共生にかかわる「北」の法言説は、「南」からの人の移動を統制し消去しようとする力学と対になって構築されている。「北」は常に、中心にあって安全でなくてはならない。「共生」が許されるのはその限りにおいてである。安全を脅かす異質な存在は、「北」の構成員性を認められないだけでなく、（外囲）国境上で拒絶の対象になり、さらに家族がいようとも「北」の領域から放逐される。その営みを人権の論理が擁護してきたのは皮肉というほかない。

二一世紀がはじまっても問題の根はまったく変わっていないことを思い起こすべきだろう。「北」の圧倒的優位、「北」に向かって人の移動を強いる不均衡な国際構造は放置されたまま、いやむしろ強化されている。「開発のための資源はますます南から遠ざかり北へと移転している。このような世界的不均衡が存在している間は、人の移動が大幅に減少することはけっしてないだろう」[28]。人を選別し排除する「北」の暴力性が強まる一方で、「北」にたどり着けない人々や「北」から排除された人々への想像力は薄まるばかりのようにみえる。「北」に巣食う「南」（の人々）への差別的眼差しも、「共生」の美名の下に覆い隠されてしまっているかのようである。

「南」の視点に立ってみれば、現行制度は略奪的で抑圧的にほかならず、それを隠蔽する国際法は「北」の政治的・経済的覇権を補強するものに相違ないのではないか。六〇〜七〇年代、脱植民地化の時代に第三世界の声が国際法を大きく変え始めたかにみえた時期があった。人民の自決権の法規範化、人類の共同遺産概念の具現化、新国際経済秩序樹立宣言など、国際構造の水平化と多元化に向けて政治的働きかけが精力的に進められた。だが、冷戦終結後またたく間に遍在化した新自由主義の思潮は、その時期につかみ取られた果実の多くを霧散させてしまった。「北」主導の国際法秩序は、「帝国主義」によって血塗られた一九世紀のそれにあまりにも似通ってきている。[29] 多様性・共生ではなく、一元化・差別にむけた潮流が驚くほどの勢いと広がりをみせているように思える。

二〇〇一年九月に南アフリカのダーバンで開催された「人種主義、人種差別、外国人排斥及び関連する不寛容に反対する世界会議」は、そうした潮流にあらがう重要な機会でもあった。[30] 不均衡な国際構造と「北」の中心性を支える植民地主義に正面から向きあい、その過去を正さないかぎり、「北」の構造的優位は揺るがず、「南」(の人々)への差別的眼差しは変わらない。植民地主義の克服は、言葉の真の意味における多様性と共生の実現に欠くことのできぬ前提といってよい。

アフリカを中心とする「南」の国々は、二〇世紀が積み残した比類なき歴史的不正義に対する「北」の責任を明確化することを求めてダーバンに乗り込んできた。[31] 平等な国際社会の構築と、植民地主義・人種差別の撤廃を要求する政治的意思は、九三年の「賠償に関する第一回汎アフリカ会議」において明瞭にされていたが、世界会議に向けた二〇〇一年一月のアフリカ地域準備会合で採択された宣言・行動計画も、全五八パラグラフのうち実に一五以上を奴隷制・植民地支配への賠償に割くものとなった。同年二月に開催されたアジア地域準備会合でも賠償責任の所在は確認されたものの、他方でこの問題は先進国の集う欧州の準備会合では触れられることすらほとんどなかった。

ダーバンの視座

ダーバン会議は、国際社会における公共の記憶をめぐり激しい政治的闘いの場と化した。最終的に採択されたダーバン宣言は、「妥協の芸術」を随所にちりばめながら、植民地主義とその責任について次のように言及することでこの問題を落着させた。（i）植民地主義が人種差別をもたらしていることを認める、（ii）アフリカ人、アジア人、先住民族が植民地主義の被害者であり、その影響を現在も受け続けていることを認める、（iii）植民地主義が社会的・経済的不平等を促してきたことを遺憾とする。宣言は、奴隷制と植民地主義が引き起こした大規模な人間の苦痛に対して深甚な遺憾の意を表明するとともに、過去の悲劇を包括的に伝える歴史教育の必要性を強調し、関係国に被害者の記憶を尊ぶことも求めている。また行動計画では、過去の不正義が「南」の貧困や周縁化を疑いなく促してきたことに留意しながら、その継続する効果を除去する必要性に特に注意を喚起している。

ダーバン会議は、このように過去の不正義と現在に引き続く影響を認めながら、しかしその一方で謝罪への言及は注意深く避けた。大規模な人間の苦痛をもたらした張本人が誰だったのかについても言明していない。植民地支配について法的な責任を追及することは、時際法の壁（行為が行われた時点において違法でなかったものについては法的責任を問えないという法理）が立ちはだかりただでさえ容易でないが、責任の認諾をいささかでもうかがわせるような表現の使用は慎重に回避された。それだけでなく、宣言・行動計画採択前後、「北」の政府は次々に発言を求め、防御的な姿勢を重ねてあきらかにしている。なかでも注目すべきは、EUを代表して行ったベルギーの意見表明であった。「この宣言と行動計画は政治文書であって法文書ではない。宣言と行動計画はいずれの者に対しても義務または責任を課しうるものではなく、また、そのように意図されてもいない。特に、宣言または行動計画のいかなる箇所も、国家責任に関して国際法の遡及適用を妨げる一般的な法原則に影響をおよぼしえない」。ベルギーは、現在に引き続く影響を除去する必要性に同意したからといって責任の受諾を意味するわけではないということも付言した。この会議では、奴隷制が人道に対する罪に該当したのかどうかも重大な争点であったが、先進国政府は時際法を盾に、ここでも法的責任の追及を妨げる戦略に終始した。

今日、人種差別撤廃条約をはじめとする人権諸条約を通じ人権の確保・差別の禁止は明確な国際法規範として確立している。にもかかわらず、現実の法執行過程には依然として人間間の階層的差異を自然視する意識が根強く、それが法解釈の形をとって実質的な人種差別を正当化することにつながっている。欧州という最も先進的な地域もその例外ではない。差別の契機が埋め込まれた入管政策と国籍条項を無批判に受け入れる欧州人権裁判所の見解にそれが如実に現われている。排除ではなく包摂の理念に立脚した共生を実現するには、差別の土台をなす植民地主義／植民地支配の過去を根底から清算せねばならず、ダーバン会議はその絶好の機会であった。だがその好個の機会が訪れたとき、EUを含む先進国政府の示した反応は、予想されたとはいえ防御的であったというしかない。法的言質をとられまいとする意識が最後まで充満していた。「地図の上から公式な『植民地』が次々と消え去っても、また、『自由と平等』が世界の共通価値として声高に提唱されても、そうした足元で、植民地主義のメンタリティや差別の社会構造は十分な力を温存させながら生き延びてきたということが明らかになった。むしろ、西欧的価値によって生み出された『市民社会』こそが依然としてこうした差別と隣り合わせに存在する現実を見せつけられたといって過言でない[32]」。

「北」と「南」の格差は「時間差」ではない。同時代の裏表である。「北」と「南」を同時代的に作り出す構造を変えないかぎり、つまり植民地主義そのものを根絶しないかぎり、先進国における美しき「共生」も、欧米的なるものを中心にした「多様性の管理」にとどまってしまおう。グローバル化の力学は、「地球上の距離を縮小するばかりでなく、歴史的時間をも乗り越えて」植民地主義の問題を「北」につきつけている[33]。要塞の中に閉ざされた多民族共生／多文化主義の理念を蘇生させるためにも、時空を超え、過去の不正義に正面から向き合う法理論・法言説の生成に力を注いでいくべきときがきている[34]。

注

(1) Jacobson, D and Ruffer, G. B., “Courts Across Borders : The Implications of Judicial Agency for

Human Rights and Democracy", *Human Rights Quarterly*, Vol. 25 (2003), pp. 74-92.

（2） 最上敏樹『国際機構論』（東京大学出版会、一九九六年）二三五頁。

（3） 米山リサ『暴力・戦争・リドレス』（岩波書店、二〇〇三年）第一章参照。

（4） 内橋克人編『経済学は誰のためにあるのか』（岩波書店、一九九七年）二四〜二五頁。

（5） 齊藤純一「グローバル化のなかでのセキュリティ／公共性」季刊ピープルズ・プラン二四号（二〇〇三年）二三〜二四頁。

（6） Bhabha, J., "'Get Back to Where You Once Belonged': Identity, Citizenship, and Exclusion in Europe", *Human Rights Quarterly*, Vol. 20, 1998, p. 599.

（7） Soysal, Y. N., "Changing Citizenship in Europe : Remarks on Postnational Membership and the National State", in Cesarani, D. & Fulbrook M. eds., *Citizenship, Nationality and Migration in Europe*, 1996, pp. 17-21.

（8） Habermas, J., "The European Nation State : Its Achievements and Its Liminations : On the Past and Future of Sovereignty and Citizenship", *Ratio Juris*, Vol. 9, 1996, pp. 125-137.

（9） 米山・前掲書（注3）三八頁。

（10） 阿部浩己『国際人権の地平』（現代人文社、二〇〇三年）三四二〜三五八頁参照。

（11） See Demir, J. S., *The Trafficking of Women for Sexual Exploitation : A Gender-based and Well-founded Fear of Persecution ?*, UNHCR New Issues in Refugee Rsearch Working Paper No. 80, 2003, p. 4.

(12) Kjaerum, M., "Refugee Protection Between State Interests and Human Rights: Where is Europe Heading?", *Human Rights Quarterly*, Vol. 24, 2002, pp. 515-524.

(13) 近藤敦『外国人参政権と国籍（新版）』（明石書店、二〇〇一年）一八一頁。

(14) Bhabha, *op. cit.* (n. 6), p. 616.

(15) 判決文は裁判所のウェッブサイト(http://www.echr.coe.int)で検索できるので、ここでは、事件名と判決日のみ引用する。

(16) Balibar, E., "The Nation Form", *Review*, Vol. 13, 1990, p. 349.

(17) ちなみにEU市民も「外国人」であるかぎり退去強制されることがあるが、EU法上それを許容しうるのは退去時に滞在国の公の秩序を脅かしている場合に限定され、その際、家族の絆と罪質を秤にかけるような比較衡量は特に必要とされない。第三国国民は退去強制の時点では既に罪を償っており、もはや公の安全を脅かす存在ではなくなっているはずなのに国外へ追いやられる。裁判所はこうしたEU市民と第三国国民との間の差異について次のようにいう。「EU加盟国が形成している特別の法秩序が独自の市民権を作り上げているのだから、そのような優先的な取扱いは客観的で合理的な正当化事由にもとづいている」(*C v. Belgium*, Judgment of 27 June 1996, para. 38)。つまり、EU市民は特権的扱いを受ける、なぜならEU市民は特権的な地位を有しているから、そういっているにひとしい。これでは同義反復そのものである。

(18) *Moustaquim v Belgium* (18 February 1991), *Beldjoudi v. France* (26 March 1992), *Nasri v. France* (13 July 1995).

(19) Cholewinski, R., "Strasbourg's 'Hidden Agenda', The Protection of Second-Generation Migrants

from Expulsion under Article 8 of the European Convention on Human Rights", *Netherlands Quarterly of Human Rights*, Vol. 12, 1994, pp. 287–306.

(20) Boughanemi v. France (24 April 1996), C v. Belgium (*op. cit.*, n. 17), *Bouchekita v. France* (29 January 1997), El Boujaidi v. France (26 September 1997), *Boujilifa v. France* (21 October 1997), *Dalia v. France* (31 January 1998), Baghli v. France (30 November 1999). ただし Mehemi v. France (26 September 1997)では八条違反が認定されている。また、最も新しい判決の1つ Ezzouhdi v. France (13 February 2001) でも同条違反の判断が示されている。

(21) *Boughanemi*, dissenting opinion of Judge Martens, para. 4.

(22) *Beldjoudi*, para. 77.

(23) *Boujlifa*, para. 44.

(24) *Boughanemi*, para. 246.

(25) Villinger, M,, "Expulsion and the Right to Respect for Private and Family Life (Article 8 of the Convention)", in Matscher, F. & Petzold, H. eds., *Protecting Human Rights : The European Dimension*, 1988, pp. 657–662.

(26) Dembour, M, "Human Rights Law and National Sovereignty in Collusion : The Plight of Quasi-Nationals at Strasbourg", *Netherlands Quarterly of Human Rights*, Vol. 21, 2003, p. 80.

(27) See Wolcher, L., "The Paradox of Remedies : The Case of International Human Rights Law", *Columbia Journal of Transnational Law,* 2000, pp. 335–361.

(28) Demir, *op. cit.* (n. 11), p. 3.

(29) Anghie, A., "Finding the Peripheries : Sovereignty and Colonialism in Nineteenth-Century International Law", *Harvard International Law Journal*, Vol. 40, 1999, p. 80 : Kingsbury, B., "Sovereignty and Inequity", in Hurrel, A. & Woods, N. eds., *Inequity, Globalization, and World Politics*, 1999, p. 90.

(30) See Bossuyt, M. & Vandeginste, S, "The Issue of Reparation for Slavery and Colonialism and the Durban World Conference Against Racism", *Human Rights Law Journal*, Vol. 22, 2001, pp. 341-350; Lindgren Alves, J. A., "The Durban Conference Against Racim and Everyone's Responsibility", *Netherlands Quarterly of Human Rights*, Vol. 21, 2003, pp. 361-384.

(31) アフリカ諸国の主張については次の文献を参照せよ。*African Studies Quarterly*, Vol. 2, Issue 4, 1999 available at 〈http://www.africa.uf.edu/asq/v2〉.

(32) 上村英明「ダーバンへの長い道のり、そして、差別撤廃の未来への視座」ダーバン二〇〇一編『反人種主義・差別撤廃世界会議と日本』(解放出版社、二〇〇二年)四三頁。

(33) 武者小路公秀「グローバル化と反テロ戦争に起因する諸差別との闘い」ダーバン二〇〇一編・前掲書(注32)一〇頁。

(34) この点で、日本の研究者が優先的に取り組むべき課題が日本による植民地支配の問題にあることはいうまでもない。「在日」に対する差別の撤廃、東アジアにおける「和解」の実現には、植民地支配の「過去」を法的にも克服することが不可欠である。

執筆者紹介（執筆順、＊印は、編者）

藤原《ふじわら》　修《おさむ》　東京経済大学現代法学部教授　序　論

一九五九年生まれ、東京大学法学部卒、同助手、明治学院国際平和研究所特別所員などを経て現職。専攻：国際政治学、平和学。主な研究分野：平和運動史、日本の平和・安全保障問題。主な著書・論文：『原水爆禁止運動の成立』（明治学院国際平和研究所）、「沖縄米軍基地問題の政治過程」現代法学創刊号（東京経済大学）。

進藤《しんどう》　榮一《えいいち》　筑波大学名誉教授、江戸川大学社会学部教授　I―第1章

一九三九年生まれ、京都大学大学院博士課程修了、筑波大学社会学系教授などを経て現職。専攻：国際政治経済学、国際政治外交史。主な研究分野：戦争論、公共政策学。主な著書：『脱グローバリズムの世界像』（日本経済評論社）、『現代紛争の構造』『現代の軍拡構造』、『分割された領土』、『戦後の原像』（以上、岩波書店）『非極の世界像』、『敗戦の逆説』（以上、筑摩書房）。

荒井《あらい》　信一《しんいち》　茨城大学名誉教授、駿河台大学名誉教授　I―第2章

一九二六年生まれ、東京大学文学部卒、茨城大学人文学部長、駿河台大学現代文化学部教授を経て現在にいたる。専攻：西洋史学、現代史。主な研究分野：国際関係史、第二次世界大戦史、戦争責任論。主な著書：『原爆投下への道』（東京大学出版会）、『ゲルニカ物語』（岩波新書）、『戦争責任論』（岩波書店）、『世紀史を語る』（同時代社）。

中尾《なかお》　知代《ともよ》　岡山大学社会文化科学研究科大学院准教授　**II—第3章**

一九六〇年生まれ、奈良女子大学・英国 Warwick 大学を経て東京大学大学院修了。専攻：ポストコロニアル研究、メディア表象文化論、戦争経験口述史。日本オーラル・ヒストリー学会（JOHA）設立委員。主な論文：「戦争捕虜問題の比較文化的考察・食の問題を中心に」戦争責任研究二二・二三・二六号、「捕虜たちはなぜ〈和解〉に頷けないか——英国捕虜・元抑留者問題における齟齬の構図」現代思想二〇〇〇年一一月号「失われた声をもとめて」現代思想二〇〇一年五月号。

＊内海《うつみ》　愛子《あいこ》　恵泉女学園大学教員　**II—第4章**

一九四一年生まれ、早稲田大学大学院文学研究科社会学専攻博士課程満期退学、日本朝鮮研究所所員、文化学院、立教大学などの非常勤講師を経て現職。専攻：日本アジア関係史。主な著書：『朝鮮人ＢＣ級戦犯の記録』（勁草書房）、共編著書『戦争裁判と性暴力』（緑風出版社）、『戦後補償から考える日本とアジア』（山川出版社）、『スガモ・プリズン——戦犯たちの平和運動』（吉川弘文館）。

大越《おおごし》　愛子《あいこ》　近畿大学文芸学部教授　**II—第5章**

一九四六年生まれ、京都大学文学部文学研究科博士課程満期退学。専攻：女性学、哲学。主な研究分野：フェミニズム思想、「女性の人権」論。「女性・戦争・人権」学会運営委員。主な著書：『フェミニズム入門』（筑摩書房）、『国家暴力とフェミニズム』（世界書院）。

永原《ながはら》　陽子《ようこ》　京都大学大学院文学研究科教授　**II—第6章**

一九五五年生まれ、東京大学大学院人文科学研究科博士課程中退、東京大学助手、千葉大学助教授などを経て現職。専攻：南部アフリカ史・帝国主義史。主な著書・論文：「歴史としてのアパルトヘイト」『歴史における「修正主義」』（青木書店）、「アフリカ史・世界史・比較史」『アフリカ比較研究――諸学の挑戦』（アジア経済研究所）。

徐《そ》　勝《すん》　立命館大学法学部教授　Ⅱ―第7章

一九四五年生まれの在日朝鮮人。専攻：比較人権法、現代韓国の法と政治。主な研究分野：東アジアでの重大な人権侵害とその回復運動、同地域の和解と平和。国際シンポジウム「東アジアの冷戦と国家テロリズム」日本事務局所属。主な著書：『獄中一九年』（岩波新書）、『現代韓国の民主化と法・政治構造の転換』（共編著、日本評論社）、『東北アジア時代への提言―戦争の危機を平和・繁栄へ』（共編著、平凡社）。

＊山脇《やまわき》　啓造《けいぞう》　明治大学商学部教授　Ⅲ―第8章

コロンビア大学国際関係・公共政策大学院修士課程修了（一九八五年）、国連開発計画職員、明治学院大学国際平和研究所特別所員を経て現職。研究分野：外国人政策、多文化共生論。主な著書・論文：『近代日本と外国人労働者』（明石書店）、「戦後日本の外国人政策と在日コリアンの社会運動」梶田孝道編『国際化とアイデンティティ』（ミネルヴァ書房）。

浪岡新太郎《なみおかしんたろう》　明治学院大学国際学部准教授　Ⅲ―第9章

一九七一年生まれ、フランス国立エクサンプロヴァンス政治学院比較政治学専攻博士課程退学、日本学術振興会特別研究員ＰＤ、立教大学法学部助手、在フランス日本大使館専門調査員などを経て現職。主な研究分野：比較政治学、政治社会学。主な論文：「フランス共和制とイスラーム」思想九四九号。「ヨーロッパ、ムスリムの市民アイデンティティ」国際政治一四九号

阿部《あべ》　浩己《こうき》　神奈川大学法科大学院教授　Ⅲ―第10章

一九五八年生まれ、早稲田大学大学院法学研究科博士後期課程単位取得満期退学、バージニア大学法科大学院卒、富山国際大学専任講師などを経て現職。専攻：国際法、国際人権法。主な研究分野：国際人権保障システム、難民、フェミニスト法理論。主な著書：『国際人権の地平』（現代人文社）、『人権の国際化』（現代人文社）、『テキストブック国際人権法』（共著、日本評論社）。

グローバル時代の平和学 第3巻

2004年7月10日　初版第1刷発行
2014年5月30日　初版第3刷発行

歴史の壁を超えて
—和解と共生の平和学—

編　者　内《うつ》海《み》愛《あい》子《こ》
　　　　山《やま》脇《わき》啓《けい》造《ぞう》

発行者　田　靡　純　子

発行所　株式会社　法律文化社

〒603-8053　京都市北区上賀茂岩ケ垣内町71
電話 075(791)7131　FAX 075(721)8400
URL:http://www.hou-bun.com/

印刷：㈱太洋社／製本：㈱藤沢製本
装幀　白沢　正
ISBN4-589-02762-3